Le 14 Avril 1992 -

J'avais attendu ce jo
comme on en surpr
d'un autre, qui avec ses longs
doigts soulève l'horizon
à l'autour de ton toujours beau
sourire Bon Anniversaire

Fernan

...aussi... Soazig

La patience

Série Morales

dirigée par Nicole Czechowski avec un comité international de conseillers : Marc Augé, Élisabeth Badinter, Jean Baubérot, Élisabeth de Fontenay, Julia Kristeva, Emmanuel Lévinas, Alan Montefiore (Oxford), Fernando Savater (Madrid), Harald Weinrich (Munich).

« Plus d'une fois nous nous demandons où elle s'est enfuie, notre vie morale, en quoi elle consiste, et si même elle consiste en quelque chose ! Or c'est précisément dans ces instants, où elle est sur le point de s'échapper, où nous désespérons de l'attraper, qu'elle est le plus authentique : il faut alors saisir au vol l'occasion dans sa vive flagrance ! » Vladimir Jankélévitch.
Le Paradoxe de la morale.

Tél. : 47.70.12.50. Fax : 47.70.97.52. ISBN : 2-86260-363-5.
Dépôt légal : 1er trimestre 1992. Imprimé en France.

La patience

Passion de la durée consentie

Dirigé par Catherine Chalier

Éditions Autrement - Série Morales n° 7

Sommaire

Préface

Catherine Chalier

Penser la condition humaine appelle à l'évidence une réflexion sur le temps : temps de la naissance, de la maturation et de la mort. L'être humain n'advient à lui-même qu'au prix de l'effort et de l'attente, de l'apprentissage et des multiples étapes qu'il faut franchir, une à une, à force de répétitions, de recommencements après l'échec et de joie d'aller plus loin qu'hier. Cette longue traversée des jours et des nuits qui constitue une existence connaît certes des moments où l'instant est vécu pour lui-même, et non pour ce qu'il prépare. Ainsi lorsque, laissant regrets et nostalgie, espoirs et anxiété, l'homme se rend capable d'accueillir le présent. Tel le peintre qui, pour tenter de saisir l'instant qui passe dans toute son intensité, veut tout oublier pour cela (Cézanne). Tel l'esthète qui ne prépare pas ses joies et qui consent à l'imprévisibilité de l'instant comme à une beauté qu'il faut savoir quitter aussitôt que goûtée (Gide). Mais tels aussi tous ces hommes et ces femmes qui, dans un quotidien sans doute plus ordinaire et souvent même meurtri par la fatigue et la peine, rendent grâce devant les humbles réalités de l'existence, et ne réservent pas l'amour au sublime mais s'ouvrent à lui comme au souffle de la vie, devant le sourire de l'enfant ou le pain partagé.

Sans nécessairement priver l'homme de cette belle aptitude à vivre le présent, la *patience* requiert pourtant de lui qu'il n'en fasse pas le terme des choses et un absolu qui rendrait vaine l'expectative, et futile la mélancolie. Elle lui demande de l'inscrire comme l'une des trames indispensables mais non ultimes qui doivent le conduire sur la voie de son humanité. Elle lui enseigne à vivre l'inachevé, non comme ce qu'il faut fuir à tout prix, mais comme ce qu'il faut à la fois aimer - sous peine de ne pas vivre - et dépasser. Ce paradoxe de l'accueil aimant du présent, comme temps de l'inachèvement et de l'attente d'un lendemain qui portera plus loin ses limites, reste cependant souvent insupportable aux hommes. Et ils cèdent à la tentation d'élire l'une seule de ses dimensions : en confondant le présent avec un absolu - tels sont tous les rêves de souveraineté, dans le domaine de la pensée comme dans celui de l'action - ou en partant toujours plus loin, toujours plus vite, sous prétexte d'oublier un présent décevant. Dans les deux cas, les hommes manquent à la patience qui requiert d'accepter une scansion du temps souvent laborieuse et sans triomphe, loin de tout contact direct, immédiat, avec l'absolu.

Déjà, dans la Bible, le peuple dont la demeure est une histoire de fidélité à des lettres gravées et promulguées pour « mille générations » (Psaumes 105, 8) dut apprendre, dans la peine et la révolte aussi, l'exigence de la patience. Une longue attention, une vigilance sans failles, un engagement pour l'humain allaient de pair avec le refus de la fascination pour un parcours qui, d'emblée, atteindrait son terme, en installant dans l'au-delà du temps. Mais cette patience n'allait pas de soi, elle courut souvent le risque de se perdre dans le désir d'une voie sans retard, dans l'attrait de l'ici et du maintenant - ce fut la tentation du Veau d'or. Cette idolâtrie en mal d'immédiateté, cette impasse de l'infidélité fut d'ailleurs dénoncée à plusieurs reprises par les prophètes comme une calamité. Car c'est nier le temps que de croire que tout est déjà advenu, que la Parole n'exige pas une réponse qui l'inscrive chaque jour davantage dans l'histoire pour en faire une histoire humaine.

Il faut donc veiller longtemps, et prévenir la falsification toujours tentante de l'idolâtrie. Mais la brûlure de l'immédiateté, alors qu'autour de soi tout parle d'attente et d'absence de consolations, incita pourtant les Hébreux au désert à adorer un instant l'œuvre de leurs mains plutôt que d'avancer pas à pas sur un chemin qu'il fallait tracer à force de fidélité et de persévérance. Dans l'histoire ultérieure du peuple juif, des faux messies annoncèrent de façon récurrente la fin imminente des temps (Sabbataï Tsevi) à des générations désireuses de ne plus attendre mais de consommer d'emblée les fruits de l'élection. Et, à chaque fois, le peuple dut payer chèrement son impatience, au point que ses sages le rappelèrent au devoir humain de patience comme au consentement à la condition de créature.

La patience est difficile même à ceux chez qui elle s'adosse à une promesse. Ainsi, le désir d'extase à l'œuvre dans le mysticisme conduit-il souvent à la volonté d'en finir avec le temps et de se soustraire à ses exigences en connaissant l'éternité dès maintenant, en anticipant même sur la mort à venir. Mais les hommes ne manquent-ils pas à leur vocation en préférant oublier le monde, ses déceptions et ses violences ? Et la patience n'est-elle pas patience pour *cette* vie ? Que penser d'un désir si intense d'absolu s'il ne s'accorde pas avec l'existence dure et précaire de tous ceux qui crient misère ou pitié en ce monde ? S'il leur oppose la surdité de qui vise un salut personnel ?

Mais si même ceux dont le cœur et les lèvres vibrent d'une promesse transmise par leurs pères, ou découverte par des voies plus singulières, tremblent souvent d'impatience et ne savent pas attendre, que penser de ceux, innombrables, à qui patience est demandée mais dans l'absence de toute promesse ? Que devient la patience dans un monde sécularisé, quel sens a-t-elle, vers quoi est-elle censée conduire ? La plupart des hommes ne le savent pas, et c'est sans doute pourquoi, aussi, ils la refusent en préférant l'immédiateté. Celle-ci revêt ainsi diverses formes : celle de l'idéologie qui se substitue à la patience de la pensée qui, lentement, dit le sens sans jamais prétendre le posséder, ou encore celle du culte de la vitesse et de tous les pièges mortels qui, depuis les divertissements qui privent les hommes de leur intelligence jusqu'aux plus terribles violences, font oublier le temps. C'est-à-dire permettent de vivre sans s'éveiller aux exigences d'une vie humaine, appelée à se construire dans le temps, avec autrui et pour lui aussi.

Car la patience de l'humain, même privée de toute promesse, n'est pas condamnée à la désespérance, dès lors qu'un homme en attend un autre, dès lors qu'il espère en lui. C'est parce qu'un adulte a confiance en lui que l'enfant développe ses potentialités. C'est aussi parce qu'un autre être humain est près de lui que le patient, lors d'une cure psychanalytique, garde le courage de traverser à nouveau les épreuves redoutables de son passé et de les porter au verbe. Et c'est sans doute aussi parce qu'il sait que sa vie compte au regard aimant de quelques êtres au moins que le vieillard accepte que le temps lui soit désormais compté.

Toutes ces modalités quotidiennes et humbles de la patience ne sont-elles pas portées par l'amour ? L'amour de l'homme pour l'autre homme. Et n'est-ce pas ce qui donne la force d'avancer, quand même, lorsque le monde semble sombrer dans le désarroi, et bientôt céder à la fascination par la violence et la mort ?

Mais n'est-il pas des limites à la patience ? Ne peut-elle aussi devenir destructrice lorsqu'elle est imposée à des hommes et à des femmes par des instances d'oppression ? Doit-on en effet faire l'éloge de cette longue patience des humbles dans l'histoire, patience exigée d'eux sous prétexte d'un ordre immuable et fondé sur une volonté transcendante pour qu'ils consentent à leur misère sans se révolter (Brecht) ? Que penser de la patience attendue des femmes lorsqu'elles doivent assurer les hommes dans leur pouvoir ? De celle des foules soumises aux tyrannies d'autorités qui commandent de se soumettre à leur joug et qui imposent, par exemple, de vouer des heures entières de la vie à se tenir debout dans de longues files d'attente pour tenter de se procurer nourriture ou papiers administratifs indispensables (Zinoviev). Cette patience-là ne sourd pas du désir de construire l'humain et de permettre à chacun de vivre à son rythme, lent ou rapide, mais au contraire d'en interdire l'avènement, et d'éteindre tout sentiment de l'irremplaçable singularité de chaque vie : elle brise l'homme en s'exerçant à lui faire accepter des formes dégradantes d'existence.

La patience est vertu qui donne au temps sa chance pour qu'hommes et choses mûrissent, elle porte en elle le secret d'une appréciation positive de la passivité : non comme pur et simple renoncement à agir mais comme consentement à laisser être et disponibilité envers ce qui advient. Elle prête attention aux moindres frémissements de la vie, elle sait que les premières pousses jamais ne viendront si l'impatience tente d'en accélérer la venue, elle sait qu'il ne sert à rien de vouloir, comme on dit, « pousser » un enfant pour qu'il réussisse prématurément de belles performances. Car même si le péché d'impatience réussit à accélérer le rythme de maturation des choses et à faire réaliser des prouesses par l'enfant, il passe à côté de la belle et immuable lenteur du temps qui, seule, donne son véritable prix aux choses (Hélias).

Cependant, lorsque la patience ne sert qu'à maintenir l'oppression, reste-t-elle vertu ? Lorsque ce qu'elle attend jamais ne vient, mais ne sert qu'à maintenir une vie qui n'est plus sur le qui-vive, mais au bord encore retenu du désespoir, lorsqu'elle ressemble à une « attente qui est le refus de rien attendre » (Blanchot), ne faut-il pas faire l'éloge de l'impatience qui enseigne que certaines choses du moins restent possibles ? En attendant un Messie qui tarde encore, malgré les siècles, ne peut-on, par exemple, décider de ne plus accepter le joug des nations, et s'en aller construire un État ? Tel fut en tout cas le rêve des premiers sionistes, rêve dénoncé par ceux qui préféraient attendre que le Messie vienne enfin les délivrer et qui persévèrent encore dans une millénaire patience. Plutôt que d'attendre patiemment que l'oppression politique, sociale et économique cesse, ne faut-il pas savoir lutter pour qu'elle s'incline enfin devant la force des faibles ?

Malgré ces limites que la patience ne peut franchir sans drame - car elle condamne celui qui les transgresse à la pure résignation à la misère ou à l'oppression - il faut entendre la voix de la patience comme ce qui, à contre-courant d'une société pour qui le temps s'identifie à l'argent et qui a le culte de la rentabilité, fait mémoire aux hommes que toute naissance est précédée d'une attente. Mais l'homme devient de plus en plus rebelle à cette attente, de plus en plus étranger au rythme de maturation des choses dans la nature. Il tente de leur imposer son propre rythme, voué à tirer le maximum de profit de ce qui l'entoure pour l'annexer au périmètre étroit ou large de ses intérêts. Obsédé par le temps qui passe, il oublie ainsi la patience qui fut celle des paysans, et qui est encore celle de ceux qui n'ont pas rompu avec le cosmos et la nature pour se faire seigneurs de l'univers. Si la raison à l'œuvre dans les sciences et les techniques permet de maîtriser la nature et de la mettre au service des besoins humains, elle risque, dans ses excès et ses ravages aussi, de faire perdre le sens de la patience devant la lente montée de la vie vers des formes sans cesse plus complexes. Le désir d'empire démesuré sur la nature, désir voué à des intérêts contradictoires et aveugles, conduit même à la destruction d'espèces vivantes anciennes et rares, et à une solitude accrue de l'homme dans un univers qu'il ne sait plus ni écouter ni contempler.

Pourtant, malgré la nostalgie devant ce qui finit, l'émerveillement devant le lent renouveau de la vie à chaque printemps ne dit-il pas à l'homme qu'il existe des forces plus grandes que celles de la mort ? Des forces auxquelles il faut laisser le temps de germer malgré l'incrédulité qui prend parfois devant une terre glacée et désolée. Comme il faut donner leur chance aux mois qui précèdent toute naissance et s'initier, grâce à eux, à ce que découvre une existence qui renonce à la prétention violente de détenir seule la juste mesure du temps ?

Or la naissance n'est à l'évidence pas seulement celle des différentes formes de vie dans la nature, ni même celle de l'enfant. Elle est celle de l'humain que chacun porte en soi, et que l'histoire cherche encore dans la violence et les larmes le plus souvent. Un tel temps d'attente et de patience, même lorsque l'œil ne perçoit aucun signe qui lui annonce l'imminence de sa fin, est le contraire même de celui de la stérilité, il est ce qui donne son caractère précieux et irremplaçable à chaque instant qui passe.

Si les hommes perdent le sens de la patience c'est qu'ils ne savent plus vivre au temps de l'autre : chaque chose, chaque événement devant se moduler sur leur propre façon, souvent avide, d'apprécier le temps. La patience s'exige en effet de quiconque tente de s'ouvrir au temps de l'autre, car ce ne sont pas seulement les hommes et les femmes des sociétés lointaines qui vivent différemment le temps, mais déjà ceux et celles qui, en proximité avec soi, rappellent que le temps se vit au pluriel. Seule la patience consent à cette pluralité sans vouloir à tout prix la réduire autoritairement à une norme commune qui, couramment, est celle des intérêts égoïstes. Il y a un goût unique de la temporalité de chacun. Seule la patience garde le sens éthique de cette unicité, et s'ouvre à elle comme sur un bien précieux sur lequel il faut veiller. L'impatience ne veut pas veiller, elle anticipe sur la fin et s'y précipite sans regarder autour d'elle : mais les veilleurs perçoivent l'aurore parce qu'ils savent qu'ils ne sont pas seuls et s'en réjouissent.

Catherine Chalier

1. *Une voie à travers les épreuves*

Certains parlent de la patience comme d'une vertu qui permet d'affronter les adversités sans se laisser détruire. La force d'âme de celui qu'elle anime rend possible la lutte contre la tristesse et le désespoir. Cependant son contraire, l'impatience, n'est-il que démesure et révolte ? Si le désir d'une fin de l'emprise du mal sur les vies est légitime, comment conjuguer, face à lui, patience et impatience ? Il ne dépend pas de l'homme d'abolir maintenant et à jamais les souffrances, et il se demande si leur durée porte un sens. Mais il ne convient pas de s'empresser de répondre trop vite à cette interrogation, car la quête du sens conduit toujours plus loin.

Renoncer au renoncement

William Baranès

Si la force peut être pensée comme une habitude de l'âme qui la dispose à tenir bon, la patience, comme force d'âme, autorise alors un renversement du pâtir en agir. Condition d'une juste action sur les choses, elle n'est pas seulement vertu stratégique de l'attente du moment opportun, mais capacité à supporter le mal avec fermeté, en luttant contre la tristesse d'âme.

Profitant du retour aux préoccupations morales et éthiques, saisissons la chance de revenir à une discipline plus ancienne encore, l'étude des vertus. Termes qui ne recouvrent peut-être pas de concepts, et qui nous désorientent d'abord, nous qui sommes habitués à une morale de l'acte isolé, de l'obligation qui s'impose à l'occasion de cet acte, morale héritée de Kant, morale d'un que-dois-je-faire adouci et enrichi de l'idée d'une responsabilité plus immédiate pour autrui, telle que l'a développée Emmanuel Lévinas. Or l'étude des vertus nous renvoie à l'idée de tendance morale, c'est-à-dire à l'examen de ce substrat spirituel de l'homme qui lui permet d'agir, acte après acte, dans le même sens avec régularité. Saint Thomas écrit qu'agir vertueusement, c'est « agir de la manière qui convient, vite, fermement et joyeusement » (*De virtutibus*, 1, 13). La responsabilité n'est plus alors seulement une vocation ou un appel auxquels répondre, mais un champ d'action de l'homme sur lui-même et sur autrui, une conduite.

Pour faire facilement le bien, pour bien se conduire, l'homme doit avoir les vertus correspondantes aux actes qu'il doit faire. Or ces vertus sont rien moins qu'innées : elles s'acquièrent, se développent, s'affermissent par la répétition, jusqu'à constituer une seconde nature supérieure à la nature, parce que raisonnable. La véritable responsabilité est sans doute plus dans l'attitude à l'égard de ses propres habitudes morales que dans des actes isolés qui mettent clairement en jeu la moralité : rendre un service, faire preuve, à l'occasion, de tolérance, etc.

Dès lors, la vertu est le vieux nom dont nous pourrions parer le bon usage de la volonté dans la vie psychique. Nous savons que la vertu est un mot qui éveille beaucoup moins d'intérêt que celui de passion, objet d'une attention supérieure depuis Descartes, et surtout depuis l'invention de l'individualité romantique, au risque d'un malentendu profond sur la réalité de la vie morale, assimilée à une série de sursauts contre des déterminations physiques, puis psychologiques et psychanalytiques, qui nous pousseraient à (mal) faire. Il s'agit aussi, en étudiant les vertus, de répondre à ceux qui mettent en garde contre le libre déploiement de l'être volontaire, et le développement d'un moi stigmatisé en ce qu'il se ferme à l'autre et n'en fait plus qu'à sa tête. Au contraire, les connaisseurs en vertu (les vertuoses, aimerait-on écrire), et saint Thomas d'Aquin spécialement, peuvent nous conduire sur le chemin, délaissé par la théorie, mais toujours pratiqué par les justes, d'un travail de l'âme qui est aussi une stratégie de l'être visant à obtenir, ensemble, parce qu'elles ne sauraient être séparées sans être mutilées, consistance et légitimité du moi par l'exercice conjoint de la volonté et de l'intelligence.

De la force et de la patience

Prudence (plutôt que sagesse), justice, force (plutôt que courage) et tempérance, les quatre vertus cardinales (les deux premières, vertus de l'intelligence, les deux autres de la volonté, leur ordre étant hiérarchisé) sont pour les philosophes scholastiques les moyeux (elles sont cardinales, du latin *cardo, cardinis* : moyeu) de la vie morale de l'homme. À la fois buts et moyens de la morale, les vertus cardinales concourent, pour saint Thomas, à faire vivre à l'homme une vie terrestre à la fois vraie, bonne et pleine d'être, puisqu'il y a pour lui identité du vrai, du bien et de l'être. C'est en vertu de cette identité que saint Thomas peut départager non plus actes mauvais et bons mais, de manière beaucoup plus frappante et absolutiste, actes de l'homme, que peut faire l'homme, et actes véritablement humains, parce qu'ils sont rationnels.

Si la place de choix réservée par la théorie scholastique des vertus à la prudence, à la justice et à la tempérance n'est pas pour nous surprendre, il nous est néanmoins permis de nous étonner de la faveur qu'elle réserve à la force. La force, n'est-ce pas avant tout l'arrogance du fort et sa brutalité à l'égard du faible ? En réalité, la force ne doit pas ici être comprise comme la source de la violence, mais comme une habitude de l'âme (les vertus sont des habitudes, écrit saint Thomas) qui la dispose à tenir bon. Force d'âme, donc. Et, à cet égard, peut-être nous faudrait-il substituer au terme de force celui de patience, renversant en cela la hiérarchie médiévale qui veut que les vertus qui répondent aux passions les plus fortes soient considérées comme supérieures. Pour saint Thomas, en effet, la force est la vertu exceptionnelle qui consiste à supporter les périls mortels, et la patience la vertu qui consiste à supporter tout le reste. La patience serait donc la force de l'âme dans la vie ordinaire, et par là une vertu sans doute aussi indispensable que la force.

Le très profond paradoxe de la patience tient dans le renversement du pâtir - pâtir, c'est-à-dire être offert, passif, à l'impact des circonstances extérieures - en patience, c'est-à-dire en dernière analyse, en agir. Kant a tort (dans *L'Antrophologie du point de vue pragmatique*) de ne voir dans la patience qu'une « vertu féminine *(sic)*, puisqu'elle ne fait pas appel à la force de résistance, mais qu'elle espère rendre la souffrance imperceptible par l'habitude ». La patience, dans l'esprit de Kant, n'est qu'une pratique de l'engourdissement, un exercice d'amoindrissement de l'affect, qui vise à émousser la pointe de la douleur. Au contraire, le mot lui-même nous éclaire sur sa dimension agissante : patience, et non pâtir. La patience est le mot d'ordre de cette belle conduite qui nous fait supporter le fardeau de l'existence sans faiblesse, et surtout sans abattement. C'est-à-dire précisément résister, et, ce faisant, consister. C'est dire combien il faut se garder de comprendre la patience au sens qu'en donne le discours vulgaire d'une certaine tradition chrétienne, qui valorise à l'intention de ses ouailles une conception de la vie terrestre qui n'est qu'une attente du ciel, et qui consiste à tout supporter du monde tel qu'il est, et à prendre la souffrance pour une donnée indépassable de chacun des moments de l'existence dans ce monde.

La patience - à l'égard des causes extérieures - est tout d'abord ce qui nous permet de donner une consistance, une permanence ou une constance au fil continuellement filé par nous de notre action. Il nous faut ici, comme le fait Descartes, reprenant la tradition stoïcienne dans *Les Passions de l'âme*, distinguer « les choses qui dépendent entièrement de nous de celles qui n'en dépendent point ». La patience est, en effet, à l'égard des premières et de tout ce qui est même partiellement en notre pouvoir, une vertu stratégique. La patience est la condition d'une juste action sur les choses, c'est-à-dire d'une action au moment voulu, moment à la fois nécessaire et choisi. Patience de ceux qui travaillent une matière vivante, et doivent donc accompagner sans précipitation la maturation des choses. Cette patience-là demande à l'homme de se mettre au rythme d'une vie qui n'est pas la sienne. Et, par définition, cette patience ne peut s'exercer que sur une nature.

Il y a une parenté profonde entre la patience du paysan ou du cuisinier, qui s'exerce sur la nature première, et celle du stratège, soldat ou homme politique, appliquée à la société humaine, considérée comme une nature qui, elle aussi, évolue au cours du temps. C'est à cette patience que peut être opposée l'impatience de l'enfant, ou de l'homme-enfant, qui ne veut pas attendre que l'événement soit mûr pour le cueillir, ou qui agit à contretemps, et qui ainsi gâche son travail. Cette patience n'est, ou ne devrait pourtant pas être difficile, parce qu'elle est toujours récompensée : elle n'est en effet qu'une suspension de l'action en vue d'agir à bon escient, quand les temps seront mûrs. Sa grande difficulté tient en réalité à ce que, comme le remarque Alain dans *81 chapitres sur l'esprit et les passions*, l'impatience a partie liée avec la peur de mal faire. « Pour la vaincre, ajoute Alain, et faire ce qu'on veut, il faut ne faire que ce qu'on veut. » Ce qui est, au fond, une affaire tout à fait délicate.

Et c'est cette patience qui disparaît du travail humain lorsque est introduite la machine... La machine n'a pas de temps propre, et l'homme n'a plus dans le travail machinisé à saisir un moment d'agir toujours imprévisible par avance, mais à subir un découpage arithmétique et arythmique de la production. Le travail se renverse en non-action, il n'est plus qu'un faux travail, puisqu'il est appliqué à des choses sur lesquelles nous ne pouvons en réalité rien, que supporter leur éternel retour. Et le travail alors n'est plus, malheureusement, une patience stratégique, mais une patience qu'on pourrait dire métaphysique, une attente sans espoir, attente de l'inéluctable réalisé dans le travail machinisé par le mouvement même de la machine.

C'est en effet à l'égard de celles des choses qui nous laissent impuissants que la patience prend son sens le plus profond. Patience face à la maladie qui porte la mort lointaine ou prochaine (et peut-être que la patience, confrontée aux seuls périls mortels que nous devions véritablement craindre, à notre époque et dans nos pays épargnés par la violence, doit en effet changer de nom, comme chez saint Thomas, et face au pâtir pur révéler sa pure identité avec la force), patience face à la nature et à la contingence qui nous surprend de mille mauvais tours. Or, le mal supporté avec fermeté, nous savons qu'il n'est plus le mal même, mais l'occasion pour l'homme d'éprouver sa force devant le mal. Renversement du pâtir en patience. Paradoxalement, cette patience est peut-être plus agissante encore que la patience stratégique, puisqu'elle est un exercice infini de la volonté pour tenir bon face à l'indépassable, tandis que la patience du stratège n'est qu'un moratoire et une suspension de l'action en vue de l'action.

Mais saint Thomas propose sans doute une compréhension plus intime encore de la patience. Patience à l'égard de l'extérieur défini comme ce sur quoi nous pouvons agir, la patience n'est pas essentiellement pour lui constance et persévérance, affirmation à travers le temps d'un dessein qui lui donne sens. La constance, qui est la vertu de persistance dans le bien malgré les difficultés qui proviennent d'obstacles extérieurs, et la persévérance, définie comme la vertu qui fait persister dans le bien malgré la difficulté propre à la longueur de l'entreprise, sont pour lui des vertus annexes de la patience et non pas la patience elle-même. Mieux encore, la persévérance est considérée comme une vertu médiocre, car elle est la vertu nécessaire à ceux qui se heurtent à beaucoup d'obstacles, alors que le plus vertueux est celui qui accomplit le bien le plus aisément. Mais surtout la patience est par lui définie comme la force, en soi, à l'égard de soi, contre non pas seulement les excès des passions, mais la tristesse d'âme. Patienter, c'est ne pas se laisser aller à l'affliction. Un de mes amis dirait : « Renoncer à l'accablement et au malheur. »

La patience en son plein sens ne saurait en aucun cas être assimilée à la résignation et à la démission morale, mais doit être comprise, bien au contraire, comme cet exercice extraordinairement difficile qui consiste à renoncer au renoncement. En ce plein sens, la patience n'est plus opposée à la précipitation et à l'impatience, mais à tout ce que la psychologie moderne recouvre rapidement du terme de dépression, et que Descartes décrit, dans *Les Passions de l'âme*, sous les termes d'humilité vicieuse, ou de bassesse, et d'impudence. Il y a en effet bassesse, selon Descartes, lorsqu'« on se sent faible ou peu résolu et [...] comme si on n'avait pas l'usage de son libre arbitre, on ne se peut empêcher de faire des choses dont on sait qu'on se repentira après ». Quant à l'impudence, qui est une bassesse portée à son comble, elle est un « mépris de honte et souvent aussi de gloire ». Ce qui est à l'origine de ces vices, c'est bien la résignation, faiblement avouée ou crânement proclamée, à sa propre faiblesse. C'est-à-dire l'impossibilité de la supporter au sens actif que donne la patience à l'expérience du malheur et de l'insuffisance.

Les anciens moralistes connaissaient cet état de l'âme sous la forme de la pusillanimité (littéralement : le fait d'avoir une petite âme), et saint Thomas découvre bien la parenté de ce vice avec l'orgueil : « s'estimer moins qu'on ne vaut », ce qui est le propre de la pusillanimité, est volontiers le fait de l'orgueilleux quand il est faible, parce que l'orgueil vise à exalter le moi et que, le moi étant le plus souvent médiocre, l'orgueilleux choisit plus volontiers la pusillanimité que son contraire, la magnanimité, qui consiste à « s'efforcer de faire ce qui est digne d'honneur », parce qu'il est plus commode de se mésestimer que de tenter de se hisser à la hauteur de ses ambitions. Et, ajoute saint Thomas, « la pusillanimité est un péché plus grave que la présomption, parce qu'elle éloigne l'homme du bien ». (Magnanimité, magnificence, pusillanimité, longanimité, constance, persévérance..., concepts en perdition dont nous n'entendons plus le sens qu'au prix d'un effort étymologique. Si l'on ne peut que regretter que l'abandon de l'éthique descriptive héritée d'Aristote, mais aussi des stoïciens, au profit d'éthiques explicatives, comme celle que tente déjà d'établir Descartes, ait abouti à la déshérence de ce si riche vocabulaire des tendances de la vie morale, ce n'est pas par passéisme, mais bien parce que l'oubli des termes est aussi celui des choses, et que la désignation des biens nous incite déjà à les rechercher.)

Il y a donc une parenté profonde entre humilité et magnanimité d'une part, et orgueil et pusillanimité d'autre part. C'est ce que révèle saint Thomas en décrivant la patience, comme la force, contre la tristesse d'âme. La plus grande des patiences consiste en effet à nous supporter, nous-mêmes et notre faiblesse, sans faiblesse. Mieux encore, la patience doit être comprise comme une lutte contre l'acceptation des passions tristes, et c'est ce qui en fait une vertu essentielle, parce que la tristesse est ce qui sape le plus sûrement le moi, et toute envie de vie. Vertu négatrice, donc de second rang, la patience est pourtant ce qui nie le négatif, refuse le manque à être. Elle nous convie non pas à l'espoir, état changeant et instable, qui peut nous prendre comme nous abandonner, mais au travail de l'espoir, à la création et à la perpétuation de l'espoir, malgré les peines. Et cela n'est possible que parce que, comme le dit saint Thomas, « il revient à la vertu de force », dont nous avons vu qu'elle n'est que la patience la plus forte, « d'écarter l'empêchement qui retient la volonté de suivre la raison ».

La patience est donc ce qui nous enjoint et nous permet à la fois de refuser à notre volonté de se laisser aller au plus déraisonnable, c'est-à-dire à la démission même de notre volonté ou, ce qui revient au même, à l'acceptation de notre mauvaise volonté. Elle est donc une vertu à la fois modeste et prééminente, parce qu'elle nous garde contre le danger à la fois le plus commun et le plus grave, qui est de renoncer, par tristesse, par lassitude, par fatigue, à l'acharné travail du moi que nécessite la confortation de nos vertus, c'est-à-dire de nos tendances ou de nos habitudes bonnes, pour nous permettre de faire le bien rapidement, aisément et joyeusement.

William Baranès

« La terre ne se presse pas »

Pierre-Jakez Hélias

Enfin, il y a le rythme de la terre, auquel les laboureurs se sont pliés depuis des siècles par une sorte de mimétisme si parfait que leurs attitudes, leurs gestes les plus anodins dénoncent l'un des plus vieux métiers du monde. Et cette curieuse noblesse dans le comportement physique, ce temps qu'ils prennent pour négocier avec l'espace, cette harmonie naturelle les font paraître de plus en plus balourds à mesure que l'énervement gagne le commun des mortels.

Je connais des gens irrités par la lenteur des paysans qui circulent dans leur ville. Peut-être feraient-ils mieux de s'irriter de leur propre hâte. Nous arriverons à Noël ensemble.

En ville, le paysan marche à son pas, c'est-à-dire au rythme de sa vie quotidienne, la vie des champs. Les chemins creux, les terres labourées, les prés même ne s'arpentent pas comme un trottoir de rue. Et il faut d'autres chaussures que des escarpins vernis, d'autres talons que des aiguilles.

Sauf le cas de foire ou de marché, et encore ! le paysan en ville est un flâneur, une espèce de touriste. Il marche, il s'arrête, il observe comme un touriste sérieux. Le spectacle de la ville est son délassement et son étude à la fois. Et soyez sûr qu'il n'y voit pas les mêmes choses que vous. C'est qu'il n'a pas les mêmes yeux. Les siens sont plus neufs. Toujours.

Cette lenteur paysanne, cette admirable économie de corps qui n'est ni lourdeur ni gaucherie, est imposée par le rythme des travaux. Et ce rythme est celui du temps lui-même. L'unité de mesure est le jour, non pas l'heure. On voit rarement un paysan tirer sa montre. Il se lève avec le soleil, il finit son travail avec lui. Je sais encore des fermes où les moments des repas sont marqués par l'angélus. J'en ai fréquenté une, autrefois, où la fermière appelait les hommes à la galette ou à la bouillie en soufflant dans une corne. Les hommes revenaient sans se presser. Quand on se presse, c'est qu'il y a nécessité, urgence grave, un orage qui se prépare ou quelque chose qui brûle quelque part. Il y a trois sonneries de cloche avant la grand'messe pour donner le temps de se préparer, de se mettre en route, et d'arriver sans cette hâte qui compromettrait le recueillement dominical.

Et puis, l'essentiel est ailleurs. L'essentiel est que la terre ne se presse pas. Il lui faut son temps. On lui confie des semences et on attend qu'elles lèvent, fassent des tiges, nouent des fruits. On attend l'août pour moissonner. Peut-être, un jour, les hommes de science trouveront-ils le moyen de faire produire dix récoltes par an. Alors, les femmes feront des enfants en six semaines. En attendant, attendons ! Attendre, le maître mot.

On ne saurait sans injustice reprocher aux paysans d'être restés en arrière délibérément par mauvaise volonté, étroitesse d'esprit ou incapacité de s'adapter. C'est qu'ils travaillent sur le vif, eux. La terre est vivante et fragile comme un ventre de femme. Les animaux, les végétaux sont vivants. Il est relativement facile de tirer, de plus en plus vite, une automobile d'un bloc de métal. Le métal se laisse faire par plus fort que lui. Mais essayez donc de transformer un porcelet en cochon gras sous huit jours ! Ce n'est que lorsqu'il est engraissé et tué que vous pouvez le débiter sous trente-six formes dans une chaîne électromécanique. Mais à quand votre usine à faire des porcs ? Et quand remplacera-t-on le pain ? Avec quoi ?

Ensuite, la plupart des techniques de progrès ont été trouvées par les gens des villes et pour leur usage. Il y a fort peu de temps que les ingénieurs se sont attaqués aux problèmes des paysans. Le moins qu'on puisse dire, c'est que leurs réussites ne sont pas éclatantes. Ils font ce qu'ils peuvent, bien sûr. Mais il est apparemment plus facile de creuser un tunnel sous la Manche que de normaliser l'agriculture. Et plus facile, peut-être, de construire un radôme à Pleumeur-Bodou que de mettre en valeur les monts d'Arrée.

Mais aujourd'hui déjà, l'avez-vous remarqué ! les jeunes paysans ne marchent plus comme leurs pères. C'est qu'ils ont d'autres chaussures, des routes goudronnées, moins de talus. Ils ne se tiennent plus comme les vieux. C'est qu'ils travaillent avec d'autres outils. Ils vont plus vite parce que les tracteurs ont changé leur rythme millénaire et que le temps, désormais, pour eux aussi, c'est de l'argent. Ils ont des montres au poignet et ils savent être à l'heure. Leurs pères étaient toujours en avance et en retard.

In *Le Cheval d'orgueil*, Paris, Plon, 1975.

Pierre-Jakez Hélias

Le retournement du mal

Bertrand Vergely

Patience et impatience ne sont-elles que des passions inutiles, relevant de l'illusion qui attend encore quelque chose de la vie alors qu'il n'y a rien à attendre ? Ou ne sont-elles pas des ripostes à l'apathie et à l'hystérie en reconstruisant, par un retournement du mal, un désir forcément contradictoire car débordant ?

« Il ne vous appartient pas de connaître les temps, mais je vous enverrai une force qui fera de vous mes témoins. »
Actes, 1.8.

Il existe, s'agissant de la patience, deux attitudes opposées. La première, classique, est celle qui tend à stigmatiser l'impatience, en valorisant la patience. On peut rapidement en tracer le profil.

Chez les Grecs, comme en témoigne la critique platonicienne, l'impatience sera identifiée à une *ubris*[1]. Une démesure. Celle consistant à se prendre pour un dieu en oubliant que l'on est un homme. À remplacer donc le culte que l'on doit aux dieux par un culte du corps. Dionysisme débridé abritant un mécanisme infernal : celui d'une pulsion tyrannique asservissant l'homme aux forces obscures de sa violence cachée. Celui d'une servitude à l'égard de la violence propulsant ce même homme dans une soif insatiable de domination.

Dans le christianisme, l'impatience sera identifiée à une révolte. Celle d'Adam détruisant la limite entre Dieu et l'homme, d'où seul Dieu peut apparaître comme différent et inouï, afin d'« être comme Dieu ». À l'impatience d'Adam refusant toute altérité, le Christ substituera sa passion. Il acceptera la finitude radicale de l'existence,

1. Platon, *La République*, liv. XII, trad. L. Robin, La Pléiade.

d'où seule peut jaillir la figure du Tout-Autre, afin de défasciner les hommes de leurs fantasmes d'autosacralisation. C'est Anne, la prophétesse, fille de Phanuel, de la tribu d'Asar, l'image de la patience, « qui ne quittait pas le temple et qui servait Dieu nuit et jour dans le jeûne et la prière », qui le reconnaîtra la première[2]. Lui-même ne cessera de se soumettre au temps comme on se soumet à un Autre, en disant parfois, comme à Cana, « mon heure n'est pas encore venue »[3] ou bien au contraire, avant la Pâque, « mon heure est venue »[4]. Pour mieux marquer que, avant le temps, ce n'est pas le temps. Avant l'Autre, ce n'est pas l'Autre. Avant Dieu, ce n'est pas Dieu.

Dans la modernité, enfin, comme en témoigne l'hégélianisme, l'impatience sera identifiée au pire adversaire de l'esprit, sous la forme d'une pulsion idéaliste adialectique néantisant tout ce qu'elle touche par trop grande avidité fusionnelle de s'assimiler l'absolu[5]. Sous la forme, aussi, d'une pulsion utopique déchaînant le cortège des terreurs qui ensanglantent l'histoire par trop grand appétit de toucher, à travers le mythe du grand soir, un commencement absolu et pur de l'histoire. Approfondissant l'importance vitale de la finitude, comme Hegel et comme le Christ peut-être, la psychanalyse montrera, avec une profondeur mêlée d'un étrange humour hérité sans doute de l'ironie des choses, que nous tombons malades à force de ne pas faire de nous-mêmes des « patients », alors que se faire « patient » guérit. Pour mieux marquer sans doute que seule l'acceptation du corps, en la limite qu'il nous impose à travers les dessaisissements de nous-mêmes qu'il pratique, nous délivre des fantasmes de fusion incestueux avec l'Autre, aussi totalitaires que meurtriers[6].

En stigmatisant, autrement dit, l'impatience comme démesure, comme idéalisme, comme révolte ou comme fantasme, tout une tradition faite de pensée et d'expérience spirituelle mêlées a peu à peu dévoilé l'impatience comme structure et non pas seulement comme précipitation. À nos yeux qui regardaient trop superficiellement l'impatience comme une erreur de jeunesse, elle a soudain

2. Évangiles, Luc 2, 37.
3. Évangiles, Jean 2, 5.
4. Évangiles, Jean 12, 32.
5. Hegel, *Encyclopédie des sciences philosophiques*, p. 177 et sq, trad. B. Bourgeois, Vrin.
6. Freud, *Essais de psychanalyse appliquée*, Payot.

dévoilé que celle-ci était bien plutôt une faille de la vieillesse que nous portons sous la forme d'une idolâtrie archaïque du moi. Un trou dessiné par un narcissisme hystérique voilant derrière quelques considérations rassurantes sur la jeunesse le fait que c'est le tyran, et non la jeunesse, qui fait en nous l'impatience. Il y a des signes à cet égard qui ne trompent pas. Le refus d'attendre l'Autre est le signe par excellence du non-amour. L'idée qu'il y a plus urgent que l'éthique est l'argument par excellence que l'on avance toujours contre celle-ci. L'idée enfin que l'homme se nourrit avant tout de pain, et que le ciel peut attendre, nourrit la commune idolâtrie de la terre.

Sous toutes ces formes, l'impatience est, derrière le refus du temps, un refus de l'Autre et un asservissement aux pulsions du même. En nous racontant qu'elle n'a pas le temps de différer un désir, elle nous raconte l'histoire de son secret désir de jouissance illimitée abolissant toute altérité. Aussi est-ce avec une profonde pertinence que toute une tradition en a fait la critique. On a soutenu qu'en sa figure moderne une telle tradition était nihiliste, parce qu'elle entreprenait de décevoir toutes nos impatiences en désenchantant le monde. En fait, c'est l'inverse qui est vrai. Le désenchantement contemporain du monde, en se refusant à satisfaire nos impatiences, apporte la seule réponse qui convienne à des mécanismes mortifères : celle d'attendre encore. D'attendre pour attendre. Et de trouver, dans l'approfondissement du corps, du temps et des autres, la capacité de déceler à nouveau l'inouï de l'Autre et de le saluer. La force d'une pratique moderne des impatiences perdues est de nous faire comprendre que « ça n'arrive pas » quand « ça arrive ». Et, au contraire, que quelque chose se met à advenir lorsque, faisant le deuil de nos leurres, nous acceptons patiemment que, d'une solitude et d'un vide, vienne à se dire quelque chose du « différent » à partir de la limite.

Parce que donc l'archaïque est du côté de l'impatience, il est juste de dire que la liberté se trouve partout où se trouve la patience qui, en se laissant altérer par le temps, découvre le mystère de l'altérité à travers celui de l'altération. Toutefois, cela ne doit pas voiler le fait que, si la patience est une vertu, elle ne l'est pas toujours, et qu'il y a malgré tout, dans l'impatience, autre chose que de l'hystérie pure et simple.

La vie n'attend pas !

Cet aspect positif de l'impatience, il faut le deviner presque dans la pensée, car il y demeure caché ou bien marginal. Ainsi, chez les Grecs, Platon a tellement fait des sophistes les suppôts des tyrans que l'on en est arrivé à ne même pas imaginer que leurs critiques du socratisme puissent être autre chose qu'un mépris de la sagesse, alors que les choses ne sont pas si simples. Est-ce être un « homme pressé », tyrannique et ambitieux, que de vouloir goûter les choses ici et maintenant, et non ailleurs et plus tard ? Qui est le plus tyrannique ? Celui qui, refusant de sacrifier le présent à un avenir idéal, finit par faire vivre un bonheur d'exister à force de cueillir des plaisirs immédiats ? Ou celui qui, à force de sacrifier le présent à un avenir idéal et grandiose, finit par faire désespérer du bonheur à force de ne jamais risquer une joie immédiate ?

Le fait de désirer impatiemment n'est-il pas le signe que l'on désire vraiment ? Et toujours différer, celui d'un rejet qui n'ose pas s'avouer ? Ne sont-ce pas parfois des désirs impatients et passionnés qui viennent réveiller les consciences et secouer l'attentisme de certaines sagesses qui endorment ? Dans le christianisme, il est faux de ne voir que patiente soumission ascétique. Le Christ n'a pas été que patience. N'a-t-il pas dit souvent à la foule passive « Jusques à quand serai-je avec vous et vous supporterai-je ?[7] » Autre façon de dire : « Méfiez-vous du jeu diabolique qui consiste à abuser de la patience de Dieu en vous servant de l'amour qu'il vous porte pour persister dans vos errances. Par amour pour vous j'ai été patient mais, par amour pour vous, il me faudra briser cette patience. » Ce qui pourrait éclairer la phrase apparemment violente qu'il prononce dans un autre passage, lorsqu'il dit : « Je suis venu jeter un feu sur la terre, et combien je voudrais qu'il fût déjà allumé. Il est un baptême dont je dois être baptisé, et combien il me tarde qu'il soit déjà accompli.[8] »

N'a-t-il pas aussi admiré la foi des impatients ? De la femme atteinte d'un flux de sang, lui ravissant sa force en le touchant à

7. Évangiles, Luc 9, 41.
8. Évangiles, Matthieu 12, 49.

son insu[9] ? Du paralytique se faisant porter par le toit d'une maison pour se faire guérir ? De l'aveugle criant sur le chemin : « Jésus, fils de David, aie pitié de moi[10] » ? N'a-t-il pas dit que le royaume des cieux serait fait pour les violents, et non pour les tièdes ? Quant à la modernité enfin, il revient à Nietzsche et à sa définition de la philosophie comme aurore et non comme chouette crépusculaire[11] d'avoir démystifié la patience. Ceux qui en effet confessent aujourd'hui leurs erreurs révolutionnaires d'hier disent tous avoir été dupés par le même mythe, celui d'un avenir radieux qui ne manquerait pas de venir demain combler les lacunes d'aujourd'hui. Tous avouent avoir toléré l'intolérable et justifié le mal, tant ils s'imaginaient qu'il fallait bien avoir un peu de patience si l'on voulait que les choses changent.

Si la « patience du concept »[12] ne nous avait pas habitués à voir dans le mal un passage obligé vers le bien, peut-être que les totalitarismes de ce siècle se seraient moins bien portés ! Peut-être que quelques révoltes auraient été plus sages, et certaines sagesses moins révoltantes ! Peut-être qu'il y aurait eu moins d'innocence bafouée, humiliée et assassinée... La croyance appelant la patience et la patience appelant la croyance, force est de constater que l'enfer s'est construit sur l'ambiguïté de certaines de nos vertus, comme la foi ou la patience, qui ont été toutes deux perverties. Nous devons à Nietzsche de nous l'avoir montré, comme nous devons à Dino Buzzati d'avoir montré la complexe et perverse obscurité de la patience, puisque l'attente de l'ennemi, qui doit transformer les personnages du *Désert des Tartares* en héros, les détruit[13].

Si l'impatience est la tentation pour l'homme d'être immédiatement Dieu et de l'absorber, la patience peut être la tentation de ne jamais devenir homme et de s'abolir. Rien n'a beau se faire sans temps, rien ne se fait non plus sans la décision rompant avec la fatalité de ce qui se fait tout seul. L'histoire n'est pas magique ! Elle n'est pas autoréalisation d'elle-même malgré les hommes, mais résultat de ce qu'ils décident de devenir. Trop céder à la patience, c'est céder à son hypnose et à la douceur exquise et

9. Évangiles, Matthieu 9, 20 ; Marc 5, 25.
10. Évangiles, Luc 18, 39.
11. Hegel, *Principes de la philosophie du droit*, préface, p. 45, « Tel », Gallimard.
12. Gérard Lebrun, *La Patience du concept*, Gallimard.
13. Dino Buzzati, *Le Désert des Tartares*, Robert Laffont.

vénéneuse qui ne laisse apercevoir que trop tard, quand tout est consommé, que le néant est la seule chose qui se fasse toute seule. À refuser à la vie la décision dont elle a besoin pour donner sa force à toute vie humaine, la vie se venge en laissant surgir la fatalité derrière la fascination pour le miracle. En stigmatisant, autrement dit, la patience comme négation du désir, absence de foi, croyance ou fantasme morbide, toute une tradition de pensée s'est appliquée à montrer qu'il y avait un péché à trop attendre. Qu'on le veuille ou non, la patience a quelque chose de diabolique, dont les stratégies totalitaires ont su et savent encore fort bien se servir.

Quand on veut tout justifier et tout absorber, il n'y a pas de meilleur argument que celui qui nous invite à aller toujours au-delà de ce qui est, afin de voir apparaître ce qui ne saurait manquer d'arriver et qui, une fois réalisé, fera accepter ce que trop d'impatience conduit à refuser aujourd'hui. Qu'il s'agisse de politique ou de religion, la stratégie d'aplatissement des indignations est toujours la même. L'incitation à la patience permet de façon systématique d'écraser en douceur l'adversité, tout en préparant les esprits à tolérer l'intolérable et à trouver du positif dans le négatif. Il y a là aussi des signes qui ne trompent pas. Quand on veut se débarrasser en douceur de l'autre, on le met toujours en attente. Pour ne pas montrer trop ouvertement qu'on ne veut pas agir comme l'éthique le demande, la patience permet de noyer bien des exigences et de remettre à plus tard ce qu'il importerait de faire dès maintenant. Pour étouffer, enfin, l'appel de Dieu, rien de mieux que l'invitation à ne pas se précipiter. Aussi est-ce avec pertinence que la patience a fait l'objet d'une critique.

En faisant apparaître tout ce qu'il pouvait y avoir de ruse dans la patience, elle a fait apparaître tout ce qu'il pouvait y avoir de légitime dans l'impatience disant : « Moi aussi, j'existe, et je ne tiens pas à me sacrifier. » Si la patience est quelque part attention à l'autre, l'impatience est souci de soi. Refus de s'abolir à des avenirs impersonnels. On a soutenu que l'individualisme moderne, qui prônait le refus de négliger le moi, était narcissique et vide. C'est oublier qu'il y a dans le moi réclamant un droit à l'existence un formidable instrument de résistance contre toutes les logiques de dépersonnalisation. L'homme qui réclame impatiemment de vivre heureux nous ramène à nous-mêmes, et nous rappelle que les hommes ont besoin d'un bonheur de chair et de sang qu'ils puissent vivre, et non d'illusions. Quelque part, refuser d'attendre est une anti-utopie qui, mettant les idéologies au pied du mur, les oblige à se déclarer et à sortir de leurs esquives.

La passion de l'attente

Comment trancher, dès lors ? Si la patience qui devrait nous délivrer des pulsions tyranniques de l'impatience installe, par une partie d'elle-même, une fascination fatale pour le miracle, et si l'impatience, qui devrait nous délivrer des attentismes destructeurs ou rusés, nous précipite dans des dérives tyranniques, ne sommes-nous pas dans un cercle vicieux ? Comment interpréter la contradiction qui nous fait simultanément dire une chose et son contraire à propos de la patience comme de l'impatience ? Pour tout un mouvement de pensée, cette contradiction est révélatrice d'un vide que l'on veut se masquer, et qui enfin apparaît sous son vrai jour. Si en effet il existe un flottement autour de la patience comme de l'impatience, c'est que les esprits qui pensent en ces termes sont flottants. S'ils ne s'imaginaient pas qu'il y a quelque chose à attendre de l'existence de l'ordre d'une révélation, ils ne passeraient pas comme ils le font de la passivité qui attend tout à la violence qui veut tout.

Patience et impatience relèvent, autrement dit, du faux problème d'esprits allant chercher en dehors d'eux ce qu'ils ne sont pas capables de trouver en eux. Déjà, en son temps, Épicure ne perdra pas son temps à discuter de la patience comme de l'impatience. En rappelant que les dieux sont loin et qu'ils participent à leur banquet sans l'ombre d'un intérêt pour les hommes, il enseignera que la liberté se trouve dans le fait de s'affranchir de tout fantasme à l'égard des dieux, en entreprenant de vivre au mieux ce qu'il nous est donné de vivre. En son temps également, Spinoza dépassera aussi cette question en rappelant que l'ignorant, qui est victime de son impuissance à être, a tendance à aller chercher dans la transcendance ce qu'il est incapable de trouver en lui-même. Alors qu'être pour rien, sinon pour être, fait déboucher sur une gratuité révélatrice de la générosité de l'être, vivre pour quelque chose comme un but conduit à manquer cette générosité et à s'appauvrir, car qui vit pour un but vit nécessairement dans l'espoir et la crainte qui sont des joies et des tristesses inconstantes « nées de l'idée d'une chose future ou passée, de l'issue de laquelle nous doutons[14] ».

Enfin, en l'époque qui est la nôtre, on trouve également la tendance à dénoncer l'illusion de la foi, génératrice de nos patiences ou de nos impatiences pathologiques. Patience et impatience auraient un intérêt, dit-on, s'il y avait quelque chose à attendre de l'existence. Or qui nous dit que c'est le cas ? Qui nous dit également que c'est souhaitable ? Si les hommes cessaient d'attendre, ils cesseraient de vouloir vivre et, renouant avec le pessimisme radical du bouddhisme pour qui l'existence n'est qu'un bol de cendres, ils cesseraient de s'enchaîner à la roue du malheur (Schopenhauer)[15]. Comme ils cesseraient d'y enchaîner les autres, à travers des passions messianiques qui n'ont cessé de faire exister des servitudes et des tyrannies. « La rose est sans pourquoi » disait Angelus Silesius[16], et l'homme serait bien avisé de se faire quelque part rose car, cessant d'attendre le salut venant d'un Dieu, il renouerait alors avec sa propre humanité à travers une sagesse lui faisant découvrir le don de l'émerveillement dans la vertu du désespoir, comme l'écrit A. Comte-Sponville[17].

Il faut en un mot cesser d'attendre et de nourrir des rêveries en direction de la transcendance, car tout le problème est là. Tout le malheur de l'homme provient de sa propension à croire qui, générant chez lui une passivité, suscite par contrecoup une violence à laquelle il n'est d'autre remède que la passivité. Plus au contraire on entreprend de désespérer, plus on découvre au cœur d'une solitude radicale les éléments d'une pratique poétique de l'existence. Faut-il rejeter un tel nihilisme ? La chose n'est pas simple, car comment nier les problèmes qu'il a le mérite de pointer ? Il est bien vrai qu'il existe une impuissance à être que l'on cherche à combler en attendant, soit patiemment soit impatiemment, ce qui viendra conjurer le vide que l'impuissance a forgé. La psychanalyse l'a fait apparaître aujourd'hui, comme les discours mystiques ou sapientiaux l'ont fait apparaître hier : il ne faut pas trop vite chercher

14. Spinoza, *Éthique*, part. 3, définitions 12 et 13, Garnier-Flammarion.
15. Schopenhauer, *Le Monde comme volonté et comme représentation*, p. 325-332, trad. R. Ross, PUF. Voir aussi le numéro du *Magazine littéraire* consacré au nihilisme, de septembre 1990, avec en particulier l'article de R. Jaccard.
16. Angelus Silesius, *La Rose est sans pourquoi*, trad. R. Runnier, Arfuyen.
17. A. Comte-Sponville, *La Chute d'Icare. Traité du désespoir et de la béatitude*, PUF.

à combler la difficulté d'être, car, à trop vite refouler les brèches que provoque l'angoisse, on finit par saturer le vide créateur qui peut seul accueillir le plein.

Un malaise, une solitude ne sont pas forcément négatifs car, passé le cap d'un certain vide où l'on se sent abandonné, on finit par découvrir en soi des forces insoupçonnées. Privé au contraire de cette confrontation avec soi qu'engendre le vide, on demeure à jamais coupé de la possibilité qui était offerte de pouvoir découvrir un surcroît de forces cachées. Le désespoir, à cet égard, comme la mort de Dieu ne sont pas dépourvus d'effets thérapeutiques. Pour terrifiant qu'il puisse paraître, l'abandon est nécessaire si l'on veut apprendre à marcher seul. On découvre son potentiel vital quand on sait que personne ne viendra à notre aide pour vivre à notre place. Le Christ lui-même n'en fera pas mystère en rappelant aux pharisiens et aux saducéens que tout homme possède en lui le signe qu'il attend de Dieu. Aussi leur dira-t-il en substance : « Abandonnez-vous, cessez d'attendre comme vous le faites un signe que vous puissiez contrôler, et vous aurez la réponse que vous attendez[18]. » Parole ô combien sage mais ô combien difficile à réaliser, puisque lui-même, lors de l'épreuve ultime, n'en criera pas moins : « Père, Père, pourquoi m'as-tu abandonné ? » Le désespoir, autrement dit, qui revient à démystifier la question de la patience en enseignant qu'il n'y a rien à attendre, n'est pas superficiel et nous avons besoin de lire Beckett. Est-ce à dire pour autant qu'il épuise à lui seul toute sagesse ?

La passion du désespoir

Ne rien attendre, en effet, n'a pas que des vertus purificatrices. À l'égard de soi, nous savons bien que le détachement qui se veut sans dépendance à l'égard de quoi que ce soit n'est pas si détaché que cela et que, sur le mode d'une vulnérabilité qui n'ose pas dire son nom, il relève plus de la carapace que de la liberté. À l'égard d'autrui, nous savons bien, aussi, que la superbe absence de demande, qui soi-disant respecte l'autre, cache une volonté de rupture qui, en empêchant l'autre de répondre à un désir, l'empêche

18. Évangiles, Matthieu 16, 1-4.

du même coup de révéler ce qu'il est. À l'égard de Dieu, enfin, nous savons bien que le désespéré qui n'attend rien de l'existence est souvent le frère de l'orgueilleux qui n'attend rien parce qu'il a déjà la réponse, quand il n'est pas le frère de l'humilié qui n'attend rien parce qu'il prend son échec pour l'échec même de l'existence.

Il y a des désespoirs qui, n'ayant pas poussé le sens du vide jusqu'à se vider de leur propre vide, ne sont plus que des certitudes dogmatiques remplaçant les idoles religieuses d'hier par les idoles du néant d'aujourd'hui. S'il est donc vrai que l'âme flottante cherche à se rassurer en poursuivant le fantasme d'une transcendance patiemment ou impatiemment attendue, force est de constater que ce fantasme a la vie dure, et qu'il se survit bien souvent à lui-même dans le refus de toute transcendance cherchant à se rassurer dans une idolâtrie du néant. Il est des patiences et des impatiences qui ne sont point sages. Mais il est des sagesses qui ne le sont point non plus et qui, derrière le déploiement d'une ataraxie apparemment adulte, ne sont que des passions prolongées. Face à de telles sagesses, c'est alors le discours de la foi, disant qu'il y a quelque chose à attendre de la vie et non rien, qui est paradoxalement sage car, en légitimant à nouveau l'attente, il n'est pas tant un optimisme béat qu'une sagesse de deuxième degré venant bousculer le dogmatisme du désespoir, afin de relancer une dynamique de la réflexion.

Lorsque la foi cesse d'être ce sens de l'avenir permettant d'ouvrir la création et la pensée, il est normal que la réflexion prenne le relais pour redonner par ses doutes à l'esprit la vitalité qui lui manque. Mais, quand la réflexion cesse d'être un doute créateur vis-à-vis de ses limites afin de les dépasser, il est urgent que ce soit la foi qui viennent démystifier le doute. La sagesse, autrement dit, n'est pas là où on l'imagine. Si, en un premier temps, le pathos de la patience ou de l'impatience est une impuissance dont le logos rationaliste qui se veut sans espoir et sans crainte nous délivre, en un deuxième temps, c'est du feu d'un désir tour à tour impatient et patient que provient une énergie pour penser et créer, que le nihilisme cléricalisé épuise à force de promener la morne systématicité de ses négations. Il faut donc aller plus loin que le désespoir, et dire non pas, avec Spinoza, que nos contradictions sont l'expression d'un vide renvoyant au flottement d'une âme impuissante mais, avec Pascal, qu'elles sont un signe. Le signe d'un mystère et d'un excès présents dans un désir en nous et hors de nous que ni la patience ni l'impatience ne sauraient résorber.

Du bon usage de la patience

Ainsi, pour ce qui regarde la patience, s'il est vrai qu'il est des attentes absurdes et délirantes, révélatrices d'une obscure fascination pour la fatalité derrière un espoir et une attente défiant toute raison, la patience est néanmoins un signe permettant de lever un coin du voile qui recouvre nos rapports avec le mal. À l'égard de nous-mêmes, en effet, dans l'expérience que nous pouvons faire de la souffrance, la patience guérit. Elle guérit parce que, comme cela l'a souvent été rappelé humoristiquement, la maladie étant le plus court chemin vers la guérison, plus on lutte contre la maladie en s'intoxiquant de pensées de mort pour la vaincre, plus on pâtit. Plus on accepte, au contraire, d'être patient, plus on ménage, à la faveur d'une désintoxication de ses pensées agressives, la place nécessaire à l'autoréparation de la vie pour se faire. L'homme qui patiente ne subit pas. L'homme qui subit est celui qui est incapable de patienter.

S'agissant d'autrui, dans l'épreuve qui est celle de la violence, la patience pacifie car, à l'image de la prophétie autoréalisatrice faisant advenir le succès à force d'y croire, elle fait advenir la réconciliation et la paix à force d'attendre. Le violent étant souvent un faible se rassurant au détriment des autres, la patience est souvent ce qui parvient à désarmer son agressivité en lui ôtant l'adversité qui alimente son sentiment de faiblesse. Le langage courant, qui parle de patience désarmante qui « fait mieux que force et que rage », ne s'y trompe pas. Le temps qui altère est parfois aussi ce qui dés-altère en nous donnant la distance que nous n'avons pas pour que l'autre, altéré par la violence et la haine, récupère son visage d'autre. Il y a, autrement dit, dans la patience un mécanisme de retournement du mal. Qu'il s'agisse de la souffrance comme de la violence, les causes de notre pâtir sont les mêmes. C'est notre propre agressivité contre le mal qui, paradoxalement, nourrit celui-ci. Et ce parce que l'agressivité qui riposte charrie souvent avec elle une volonté de punir et de châtier qui n'exprime pas simplement le besoin de se défendre et de rétablir la justice, mais une sourde complicité avec la persécution.

Le mal est, on le sait, une peste contagieuse qui appelle le mal. Dès que quelque chose nous persécute, et nous fait du mal, jaillit avec elle la tentation de persécuter ce qui nous persécute, et de faire ainsi rebondir le mal en devenant nous-mêmes des persécuteurs. C'est pour cela que la patience est profonde car, en ne rendant pas le mal pour le mal, elle est une véritable déconstruction du mécanisme de provocation des persécuteurs. Elle est, à elle seule, une véritable science du mal. Mais elle est plus. Elle est aussi une ouverture sur Dieu, car, dès lors que l'on comprend pourquoi la patience est intelligence et non soumission vis-à-vis du mal, on comprend mieux pourquoi Dieu semble se taire vis-à-vis de celui-ci. Le silence de Dieu n'est pas, en effet, comme l'ont dit certains, le signe d'une perversité de sa part à nous regarder souffrir du haut de son trône céleste, mais celui d'une patiente miséricorde à l'œuvre cherchant elle aussi (elle avant toute autre) à ne pas persécuter. Si Dieu se tait, c'est parce qu'il est le premier des non-persécuteurs visant à faire de l'humanité une communauté de non-persécuteurs. Après avoir détruit Sodome et Gomorrhe, ne l'oublions pas, il s'est repenti en décidant une alliance avec l'humanité afin d'opposer la patience au châtiment[19].

L'argument donc d'Ivan Karamazov, qui veut que Dieu ne puisse pas exister parce que le mal existe, n'est pas recevable[20]. Il faut au contraire oser dire : le mal existe, donc Dieu est. La non-persécution des persécuteurs est un signe pour celui qui sait lire. Derrière l'apparente indifférence de Dieu se cache un amour patient à l'œuvre. Une volonté d'établir avec l'humanité un régime de non-persécution dans lequel celle-ci puisse se délivrer du mal par ses propres forces de vie et non par des forces d'extermination. Dieu est patient pour que l'homme le devienne, et puisse retourner le mal autrement que par le mal. C'est là le sens de son silence. Quand, dans ces conditions, le langage usuel parle de la patience des saints et des anges, il ne s'agit pas là d'un vain mot. La patience face à la souffrance et au mal montre manifestement qu'il y a en l'homme quelque chose qui passe l'homme. Elle est d'une façon pratique un véritable argument ontologique en acte. La vertu sur-

19. Le Livre de la Genèse VIII, 20.

20. Dostoïevski, *Les Frères Karamazov. Le Mythe du grand inquisiteur*, p. 345 et sq, trad. M. Rougault, Folio, Gallimard.

humaine des hommes patients nous interroge. Quelque part, elle montre Dieu comme Dieu se montre à travers elle. Et, paradoxalement, sans que cela soit exclusif de l'impatience, dont l'analyse montre qu'elle n'est pas qu'une simple pulsion tyrannique, mais l'un des autres éléments de notre structuration vis-à-vis du mal.

Du bon usage de l'impatience

Si, en effet, notre souffrance procède souvent de notre refus de la souffrance, l'inverse est vrai. Elle procède aussi de notre attentisme. De notre trop peu d'empressement à vouloir guérir. À trop refuser la souffrance, on s'intoxique d'agressivité et de mort. À trop peu oser le faire, on parvient au même point en pratiquant une agressivité contre nous-mêmes sous la forme d'une passivité qui n'est rien d'autre qu'une autocondamnation déguisée et une sourde fascination pour le suicide. De même, s'agissant d'autrui, si la violence procède souvent des ripostes à la violence qui ne cessent de fournir aux violents les justifications qui leur manquent pour exercer leur agressivité, l'inverse est vrai. La violence procède aussi de notre trop peu de vigilance vis-à-vis des mécanismes de provocation des persécuteurs. À trop manquer de patience, on finit par nourrir la violence. À trop en faire preuve, on finit par aboutir au même point en pratiquant un attentisme que rien ne distingue plus d'une tacite complicité avec une complaisance envers les déploiements de force.

Il y a, autrement dit, dans l'impatience une autre forme de retournement du mal, qui n'est pas tant le contraire de celui que l'on peut trouver dans la patience que son prolongement sous une forme subjective. Si, en effet, la vertu de la patience est de savoir désamorcer les mécanismes de persécution, l'impatience est, elle, ce qui dénonce les mécanismes d'autopersécution qui alimentent, par leurs conduites suicidaires ou attentistes, toutes les logiques de persécution. Le mal, on le sait, provoque toujours un effet de sidération. En se propageant, il fascine ceux qu'il contamine. Tout persécuteur est un passif médusé par la peste de la violence, qui lui distille une narcose captivante en même temps qu'elle lui procure le vertige d'un pouvoir halluciné. Dès que le mal jaillit, jaillit avec lui sa puissance d'intoxication venant assouvir une soif humaine d'oubli par le biais des effets opiacés d'une ritualisation de la mort. C'est pour cela que l'impatience est profonde et qu'elle est, à travers la protestation de l'être charnel refusant de s'abolir, la seule façon de briser l'étrange langueur émanant des dispositifs de la perversion.

Mais elle aussi va plus loin. Elle aussi dit une ouverture sur Dieu car, dès lors que l'on comprend pourquoi l'impatience est intelligente, on comprend mieux pourquoi Dieu parle à travers quelques grandes impatiences. Pourquoi ceux qui viennent secouer la torpeur des sociétés sont de grands défascinateurs permettant à quelque chose de l'ordre de la loi de venir se réinscrire dans l'histoire. Quand on comprend le caractère créateur de quelque chose d'aussi charnel et humain que l'impatience, on commence à comprendre quelque part le caractère charnel de la création, et à s'élever au niveau des mystères de la Révélation et de l'Incarnation. Comme pour la patience, on trouve également dans l'impatience une sorte d'argument ontologique en acte, car il est permis de penser que l'impatience n'aurait pas le pouvoir qu'elle peut avoir de dé-fasciner le mal, si quelque chose de sur-humain ne venait pas animer la vie jusque dans les profondeurs de la chair.

Si l'impatience a été à l'origine de dangereuses dérives dans l'histoire, et si nous avons tout à redouter des extrémistes proclamant, comme cela s'est fait en Amérique dans une secte : « We want Messiah now ! », il faut aussi des révélateurs et des catalyseurs qui, en cherchant à précipiter les choses, et parfois même à les provoquer, rappellent qu'il y a quelque chose à provoquer dans l'existence et dans l'histoire, et non rien. Il y a dans l'impatience une vertu qui conduit à réhumaniser celle-ci, quand les hommes sont tentés de se fabriquer des sagesses dans lesquelles il s'agit de trouver une paix qui ressemble à un oubli, en se désincarnant et en se fondant dans un cosmos immuable et divin. Quand la patience n'est plus que le voile d'une passivité n'attendant rien parce que communiant immédiatement avec l'éternité de l'univers, c'est paradoxalement l'impatience qui réinscrit de la patience et de la transcendance, en refusant une passivité éternelle. Force est, dès lors, de constater que toutes nos idées sur la patience comme sur l'impatience sont à revoir, car les départages pertinents ne sont pas là où on les imaginait. Nous pensions que celles-ci étaient les deux figures opposées d'une âme flottante, or ce sont les deux termes complémentaires d'une même résistance au mal.

Construire le désir

En effet, le mal dont nous souffrons en profondeur ne procède pas de notre simple absence de patience ou d'impatience, mais de notre incapacité à tolérer contradictoirement en nous leur double présence afin de nous ouvrir à une vie dont le débordement ne se résume jamais à un seul terme. Ainsi, la patience comme l'impatience sont pertinentes à chaque fois qu'elles permettent de s'ouvrir à ce débordement en se contredisant l'une l'autre, et d'être non pas des réponses épuisant nos horizons mais des relais bousculant nos limites. Elles sont au contraire perverses à chaque fois qu'idolâtrées en elles-mêmes elles nous enchaînent dans une existence privée de tout débordement du fait d'une banalisation de son sens provoquée par le refus apathique ou hystérique de toute contradiction.

Ainsi, s'agissant de nous-mêmes et de l'expérience de la souffrance que nous pouvons faire dans notre chair, nous souffrons de ne pas tolérer la contradiction. Tout désir étant débordement, tout désir est nécessairement contradictoire. Toujours au-delà de lui-même, il est à la fois excès et énigme, l'excès dévoilant une énigme pour qui a l'audace de désirer, et l'énigme dévoilant un excès pour qui a la patience d'attendre. Quand, dans ces conditions, on devient capable jusque dans son rapport au corps de conjuguer l'attente à l'élan comme l'élan à l'attente, l'attente conjurant l'hystérie et l'élan conjurant l'apathie, l'existence chargée de mystère et de richesse guérit de la tentation de sombrer dans la dialectique infernale de la frénésie et de l'ennui. Quand au contraire l'existence répugne à se laisser déborder par la contradiction d'un désir réclamant autant l'attente que l'élan, privée de richesse et de mystère, il ne lui reste plus pour autre horizon que le lent enfermement dans le doublet pathologique de l'hystérie et de l'apathie.

De même, s'agissant d'autrui et de l'expérience de la violence qu'il nous arrive de rencontrer avec lui, nous souffrons là encore de ne pas tolérer la contradiction. Autrui comme nous-mêmes étant des désirs, toute relation s'avère être nécessairement contradictoire. De par l'excès et l'énigme qui sont en lui, autrui est toujours déroutant, sauf pour celui qui a la patience de sonder ses énigmes pour en découvrir la richesse cachée. Sauf également pour celui dont l'élan vers l'autre est tel qu'il lui permet d'entrevoir celle-ci comme mystérieuse et non comme banale. Quand, donc, on devient capable à la fois d'attendre et de ne pas attendre, la patience désarmant les provocations de l'agressivité et l'impatience secouant la fascination pour la provocation, l'autre entrevu comme mystère et richesse guérit de la tentation de faire basculer la relation avec lui dans la violence ou la passivité. Quand, au contraire, la relation avec celui-ci répugne à se laisser déborder par la contradiction d'une altérité énigmatique et riche, privée de richesse et de mystère, il ne reste plus à celle-ci que la perspective de la violence ou de la passivité.

Il y a, autrement dit, dans le couplet contradictoire que forment ensemble la patience et l'impatience les éléments d'un retournement du mal. Toute existence étant le débordement d'un mystère et d'une richesse venant révéler le mystère et la richesse qui sont en nous comme en autrui, plus on accepte en soi comme en autrui la contradiction qui consiste à ce que l'être ne coïncide jamais avec lui-même, plus ou devient en mesure de s'affranchir de la tyrannie du même et de ses compulsions obsessionnelles et répétitives, qui sont à la base du mal. Plus, au contraire, on cherche à faire coïncider l'être avec lui-même en éradiquant tout ce qu'il peut véhiculer de mystère et de richesse incontrôlables, plus il ne reste comme alternative à une existence désespérément banalisée que le morne face-à-face de la démission et de l'agression, pour tenter de réinscrire dans un horizon désolé le débordement qui lui manque.

Toutefois, il y a plus. Si la contradiction permet de sortir de la tyrannie du même, elle est aussi un signe. Le fait, en effet, que la construction de l'homme ne puisse se résumer ni à la patience ni à l'impatience renvoie à un irréductible en lui qui nous interroge. D'où vient une telle contradiction ? Si l'homme en vient ainsi à être disproportionné, si quelque chose l'empêche visiblement de coïncider avec lui-même au point de demeurer un mystère, n'est-ce pas le signe que le Tout-Autre vient à travers l'altération empêcher que l'existence humaine ne s'abîme dans le même ? La patience et l'impatience qui sont les éléments contradictoires d'une construction de notre désir ne sont-elles pas le signe d'un désir autre se révélant du fond de notre propre désir en le suscitant[21] ?

On a souvent reproché au discours de la foi d'être anthropo-

21. Pascal, *Pensées*, « Pensée 131 », éd. Lafuma, Seuil.

morphique, et de nourrir toutes sortes de projections humaines délirantes engendrant les cauchemars de l'histoire, à travers la fiction d'un Dieu patiemment ou impatiemment attendu. S'il est vrai qu'il existe un comportement religieux de type pathologique qui relève plus de son détournement pervers que de la foi proprement dite, il est également vrai que la foi proprement dite s'inscrit en faux contre ce type de jugement. L'homme qui attend quelque chose d'une existence qu'il expérimente à la fois comme mystérieuse et riche dans sa chair et dans sa relation à autrui, et qui donc attend Dieu à la fois patiemment et impatiemment en conjuguant l'attente et l'élan, est le moins disposé qui soit aux dérives anthropomorphiques, du fait de l'impossibilité de pouvoir jamais coïncider avec lui-même comme avec Dieu, et conforter ainsi un fantasme de souveraineté. Rien, au contraire, ne nourrit plus les fantasmes de souveraineté et tout leur cortège de dérives anthropocentriques que le fait de ne plus rien attendre de l'existence, et de se replier sur soi dans une vie hermétique à toute attente comme à tout élan.

Entre la passivité religieuse, qui véhicule le fantasme de s'abolir en Dieu, et la rébellion antireligieuse, qui véhicule le fantasme d'abolir Dieu en soi, l'écoute de la patience, de l'impatience et de leur contradiction permet de sortir de ces logiques du même où, la valeur coïncidant toujours avec elle-même, tout le débordement qui pourrait délivrer l'existence humaine est censuré. Une telle écoute fait apercevoir qu'il existe une autre logique possible que celle de la clôture religieuse ou areligieuse. Celle d'un Dieu du mystère et de la richesse faisant péché non pas de vivre mais de ne pas vivre assez. Celle d'un Dieu s'adressant à chaque existence par l'invitation à la patience comme à l'impatience, afin de conduire celle-ci propédeutiquement jusqu'en ce point où, rebondissant sur elle-même sans se lasser, elle devient comme la cascade d'un printemps glorieux bondissant sur les pierres, avant d'aller se perdre dans la mer.

Bertrand Vergely

Plaidoyer pour les heures

Betty Rojtman

La patience est duplicité, souffrance qui neutralise le désespoir par son intégration à l'espérance, sa reconversion dans le temps. Souffrance et consentement à la souffrance, comme tribut payé à l'impossible, mauvaise foi de l'harmonie revendiquée. D'où vient qu'il faille la fêlure de l'attente, comme un souvenir de renoncement, dans l'affirmation du bonheur ?

Patience est le nom de mon consentement au monde, de la souffrance et de la promesse multipliées. Le réel est écart, défaite de l'Idée, où ma certitude s'effrite. Le Temps nous dit qu'il fera jour, que l'erreur sera réparée, il suffirait d'attendre. Impatience d'être au-delà, de l'autre côté déjà, impatience de pouvoir déchirer le voile, et rétablir le sens. Nous croyons à la fin de l'exil. Nous croyons au bonheur rêvé de l'être, qui dit patience, et qui s'inscrit dans le temps. Qui installe et légitime l'obscurité de vivre ce qui nous est donné à vivre, dans l'absence éternelle de présent, bientôt au goût d'esquive, bientôt au nom d'espérance qui s'évide dans l'immédiat. Patience : ce qui sera, à force de ne pas être, dépossession qui fonde la promesse[1].

À savoir, de quelle vertu est faite cette soumission qui collabore, au nom de quelle étrange félicité, cet accueil oublieux du scandale, qui dit l'évanescence nécessaire du présent, tout une vie qui s'efface sous l'avenir qui vient.

1. Inversion de la proposition de saint Augustin : « Donc si le présent, pour être du temps, doit rejoindre le passé (l'avenir...), comment pouvons-nous déclarer qu'il est aussi, lui qui ne peut être qu'en cessant d'être ? » *Les Confessions*, livre XI, ch. 14, Garnier-Flammarion, 1964, p. 264.

*

En termes platoniciens, le temps mesure l'écart de notre ciel à l'éternité, le décalque du modèle dans le concret du monde. « Le temps est né avec le ciel », épousant la distance, « image mobile de l'éternité[2] » ; le plus proche du même originel par la représentation qu'il en donne dans le multiple. Pourtant il n'agit pas, ne transforme pas le monde et ne prétend pas modifier ce rapport. L'idée juive confère au temps une même position d'ambivalence entre l'Être et le vivant, une même fonction médiatrice. Cependant, le mouvement de la vie y apparaît orienté vers un point de coïncidence asymptotique, où le monde des phénomènes est appelé à se confondre avec l'essence. Le temps n'est plus compris comme la seule mesure mathématique de l'effort rédempteur, mais avant tout comme l'enjeu d'un retour à l'être et le milieu même où se travaille cette difficulté. Il signifie alors un décalage qu'il contribue à réduire, il joue contre lui-même dans l'Histoire : le temps qu'il faut au monde pour rejoindre l'exigence d'éternité, le temps que la conscience doit assumer pour transcender la finitude temporelle.

La vertu de patience salue ce rapport au divin à partir du monde, le tribut payé à la création ; déplacement des enjeux par quoi la conscience ne cherche plus à s'évader hors du réel, mais à y inscrire l'expérience même de sa fuite, à inscrire l'Idée dans la chute, en assomption d'incomplétude. La patience juive affirmant la gravité du monde dit l'attente comme le mode fondamental et le principe même de l'Alliance, conférant à la durée l'essentielle valeur qu'elle s'efforce de dépasser, adhérant au procès médiateur qu'elle voudrait nier.

Cette persévérance mesure un progrès, selon une loi irrégulière et secrète. Ainsi, chaque année, de la Pâque à la Pentecôte, rejouant sa disponibilité au salut, Israël traverse l'espace du printemps, qui sépare dans son histoire la délivrance d'Égypte de la Révélation au Sinaï[3]. D'une saison à l'autre, s'éprouvent les vicissitudes de la Rédemption, la modification d'un rêve qui se brise et se recommence, les blessures de l'ajournement. Alors que la nuit de Pâque

---

2. Cf. Platon, *Le Timée*, 37c-38d. Cf. également Plotin, *Ennéades*, III, 7, par. 11.
3. « Aujourd'hui vous sortez, au mois du printemps » (Exode XIII, 4).

marque le souvenir d'irréfutables noces[4], les jours qui suivent commémorent la déroute des Hébreux au désert, leurs récriminations, l'incertitude du chemin - jusqu'au serment renouvelé du Sinaï[5]. Alors qu'à l'époque de la Pâque grandit l'orge précoce, apportée au Temple au premier réveil de la nuit pascale, il faut cinquante jours encore pour que les fruits de la Pentecôte, consacrés en prémices, mûrissent sur les branches des arbres[6]. Offrande redoublée des saisons, selon des rites complémentaires, séparés par un intervalle de cinquante jours où s'avouent la nécessité des cycles et la quête d'un rythme juste, du chiffre secret par quoi s'ajusterait au réel la vérité qui presse.

Printemps : la Pâque est fête de jouvence et d'immédiateté. Heureuse issue d'un marivaudage mystique, ombré d'appels et de fausses rencontres, où par le Cantique des cantiques le Bien-Aimé dit sa fièvre à l'Élue. Allégresse du printemps, à l'heure où le peuple s'apprête à quitter la terre d'esclavage, dans la confiance des premiers émois. Israël devait y souffrir quatre cents ans, selon la supputation exacte du prophète, la dialectique de l'expiation et de la faute, ainsi qu'il avait été annoncé à Abraham[7]. Mais la liberté est impatiente, et le Bien-Aimé franchit les montagnes, bondit sur les collines comme un jeune faon[8], pour arracher Israël à l'exil. Déjouant tout calcul, malgré la sagesse de l'histoire et le compte des mérites[9], Israël se bouscule hors d'Égypte, avec l'empressement des peines remises, d'un désordre injustifié : par rien d'autre qu'une réfutation de la durée, une accélération débordant la morale et le croire. Et chaque juif à son tour, au printemps de la Pâque, sort symboliquement d'Égypte, ainsi que le veut la tradition[10]. Le quinze du mois de Nissan, il éprouve le goût acidulé du départ,

4. Cf. Jérémie II, 2.
5. Cf. Exode XIV, 11-12 ; XVI, 3 ; XVII, 2-3. Les Hébreux arrivent au désert du Sinaï « à la troisième néoménie » depuis leur départ d'Égypte, et reçoivent la Tora, d'après la tradition, le six du mois de Sivan, soit cinquante jours après la sortie d'Égypte (cf. *Chabbat*, 86b).
6. Cf. Lévitique XXIII, 9-16, et Nombres XXVIII, 26.
7. Cf. Genèse XV, 13.
8. Cf. Cantique des cantiques II, 8-12. La lecture rituelle du Cantique des cantiques est intégrée à la liturgie de la Pâque. Le mot « Pâque », en hébreu *Pessa'h*, signifie d'ailleurs lui-même « sauter par-dessus » (les étapes).
9. Cf. *Chir Hachirim Rabba*, 2, 19.
10. « Chaque juif doit considérer qu'il est lui-même sorti d'Égypte » (Haggada de Pessa'h).

un ébouriffement qui le fait tressaillir ; le goût de l'*Afikoman* sur nos lèvres, qui dit l'extase et l'instant ébloui[11].

Parce que cette délivrance vient du dedans, elle coïncide avec l'Idée ; elle est l'Idée qui aurait pris possession de nous-mêmes, en un songe rebelle ; explosion, en nous, de l'éternel - mais par l'abstraction de toute mesure. Au creux du monde et dans le refus de ses normes, elle instaure l'incommensurable, nous faisant rejoindre l'exacte brûlure, l'impossible mémoire de l'origine. Dans une absence au monde, qui pare le désert de printemps, qui joue contre tout réveil la symphonie aveugle du bonheur.

Cependant la fête se dissipe. Dans l'exaltation passagère des parfums d'oranges s'oublie la discordance, l'approximation inévitable du rapport au salut. La promesse d'avril nous transporte, mais elle est sans lieu et sans fixité. En l'espace du Tohu, les Vases se brisent, comme jadis les Tables dans les mains du Législateur[12]. Paradis de la Pâque offert pour être perdu, révélant à l'homme la mesure de son exil[13]. Le Saint-Graal présent et retiré[14], le don d'abandon. La déchirure-témoin de ce qui a pu, de ce qui pourrait être. Ainsi naît le désir. Déjà s'ouvre au monde la nuit du Retour, embrumée de concrétude.

Car, s'il faut choisir son salut contre l'éternité, si l'âme désolée malgré elle se tourne vers l'étant, s'il faut saisir l'être hors de son mirage, tout est à refaire, dans l'épaisse boursouflure du temps. L'Être qui se propose à la conscience dans une intuition immédiate est inaccessible hors de sa *réduction* dans la durée ; impraticable, sinon par le biais de l'accident. Ce qui s'est avéré instantanément dérape aussitôt dans l'imaginaire, séduction qui domine et construit le sens de notre vie, en même temps qu'elle nous voue à l'inconsistance, niant le geste séparateur de la Création.

---

11. Cette idée de précipitation, marquée par le texte biblique (Exode XII, 11), est soulignée par le Midrach (*Chemot Rabba*, Bo, 19, 7). Voir sur ce thème, également, le commentaire hassidique du rabbin C.-Y. Rubinstein, *Sefer Cheerit Mena'hem* (« Legs de Mena'hem »), t. III, Paris, Agoudath Hakehiloth, 8, rue Pavée, 1954, p. 253. L'*afikoman* est un morceau de pain azyme que l'on mange *à la fin du Seder* de Pâque, en souvenir de l'agneau pascal, et dont le goût symbolique reste sur les lèvres (cf. *Pessa'him*, 119).

12. Cf. Exode XXXII, 15-19. L'épisode est mis en parallèle avec le thème cabaliste de la Brisure des Vases dans le monde inachevé du Tohu.

13. Cf. rabbin Rubinstein, *op. cit., ibid.* Cf. Rav Tsadok Hacohen, *Peri Tsadik* (Lublin, 1901, 1922), Jérusalem, 1972, t. III, sur Pessa'h, par. 40, p. 73

14. Cf. *La Quête du Graal*, éd. A. Béguin et Y. Bonnefoy, Paris, Seuil, coll. Sagesses, 1965, p. 63. Le Graal *apparaît* voilé au début du roman, puis disparaît, éveillant la Quête.

Patience est le nom de ce choix, de cette option prise sur le monde, place faite à ce qui nous dément - l'étrangeté reconnue aux misères du chemin, à la monotonie des espaces sidéraux. D'emblée, l'ennui nous immerge dans l'imperfection du monde, et tisse sa Réparation de ces consentements dérisoires, d'un rêve renoncé. La leçon sera reprise d'un élan vers l'Idée, mais lesté désormais du poids des choses, traînant la vie et la chute, portant la contingence sur l'autel. Le désir est albatros, sur le pont du navire - mais résigné, accueillant le monde sous ses plumes humides[15].

Le rapport à l'*au-delà* qui traverse le temps est mesuré, suivant la tradition, par le compte des jours séparant la Pâque de la Pentecôte ; sept semaines attentives à guetter Sa venue, et dont nous cochons l'entaille au cœur de notre passivité[16]. Cinquante jours orientés vers la Révélation finale, qui se cherche une assise, un réceptacle mondain. Ce temps-là est discontinu, il s'échelonne selon les sphères initiatiques de la sanctification, spiritualité peu à peu captée dans la matière, tels des pains de proposition[17], telle une nourriture qui rayonnerait confusément sous l'appel. Dans l'intervalle qui la sépare encore du Sinaï, la conscience réactive puis maîtrise la Rencontre originelle, son traumatisme affadi au fil des jours, dilué et reconstruit dans le temps.

Et le temps est à lui-même la rédemption et l'outil. Car l'attente la plus vide et le compte des instants font la *mitsva* même, réalisent le précepte d'impatience qui nous lie au futur. La durée *nous agit* avant toute action, en nous le temps périt et s'agrandit, quand bien même nous resterions rivés à l'immobile face-à-face de l'espérance. Entre nous et l'Idée, le retard produit est *déjà* consumation de la chair et sacrifice, l'essentiel qui se joue et qui se donne, la vie même au cœur de notre vie cédée au temps qui passe, dissipée vers l'éternité. Le sens symbolique de notre destinée se paye d'un *désœuvrement* mortel, plus conséquent que tous les rites, plus arraché à notre substance, semé au néant.

Ainsi, l'Éternel dit à Moïse : « Façonne-toi deux nouvelles Tables[18] » - celles du Temps -, qui tiendront la tempête de nos vies. Les premières se sont brisées d'être gravées à l'écriture de Dieu,

15. Voir *supra*, note 11, et *Zohar*, Éd. du Soulam, Emor, par. 145-146.
16. Cf. *supra*, note 6.
17. Cf. Exode XXV, 30.
18. Cf. Exode XXXIV, 1.

fragiles de cet absolu même. Les tables recommencées disent la Révélation différée et durable, la joie ternie du possible, l'envergure diminuée d'un Sauveur qui nous attend, désespérant et familier.

Ainsi l'âme consent à sa chute hors de l'instantané. « Je crois d'une foi parfaite en la venue du Messie et, *bien qu'il tarde*, chaque jour je l'attends. » Rédempteur nécessairement déphasé de notre présent, distancié. Pourtant l'Exode nous avait dit l'immédiat qui ruisselle au cœur de la nuit, cette grande fête de la hâte, un pain qui n'avait pu lever, et le départ précipité à l'aube d'Israël[19]. L'homme juif est pris entre ces deux rythmes, exposé à la tentation de l'imminence. Il suffirait du refuge de l'extase, paradis des reniements, du grand repli de l'âme vers ses neiges éternelles. C'est pourquoi le Cantique adjure Israël : « N'éveillez pas, ne provoquez pas l'amour avant qu'il le veuille[20]. » Serment prêté par la nation d'être fidèle aux délais, de ne pas brusquer l'avènement. « Six serments furent exigés par Dieu d'Israël : qu'ils ne forcent pas la délivrance, qu'ils n'en révèlent pas le terme[21]... »

Serments prêtés ? L'impulsion était donc autre, qu'il fallût l'endiguer d'une parole donnée ? Qu'il fallût cette requête du Tout-Puissant, contre un pouvoir parallèle de l'homme, sa mainmise sur le temps et sa propre douleur ? Comme s'il ne dépendait que du peuple qu'il fit venir *dès à présent* le Rédempteur - aujourd'hui, si vous écoutez Sa voix[22] - plutôt que d'acquiescer à l'espérance déçue, plutôt que d'endurer le sursis ? Dieu adjure Israël - au nom, peut-être, d'ici-bas, de ce qu'il reste à gagner dans la perte de l'être, de ce qui ne se pétrit que d'un levain d'absence... Comme si le monde ne pouvait rien sans l'homme - et toute cette tristesse à emporter, la lourde hypothèque des corps -, sans qu'un peuple complice offre en gage sa connivence, l'aveu d'incarnation sans piège, et qui mène par la douleur des chemins à la patience finale.

« Qu'ils ne pressent pas la fin, et qu'ils ne révèlent pas le secret (du *Ibour*)[23] » : remis à Israël, un calendrier dédoublé, à la fois

---

19. Cf. Exode XII, 39.
20. Cf. Cantique des cantiques II, 7 ; III, 5 ; VIII, 4.
21. *Ketoubot*, 111a. Une variante citée par Rachi porte au contraire : « qu'ils n'en *repoussent* pas le terme ». Cf. également *Chir Hachirim Rabba*, 2, 18.
22. Cf. Psaumes XCV, 7.
23. *Ibid.*

lunaire et solaire, accorde les rythmes décalés des astres. Au temps dynamique et spiritualisé de la lune s'oppose ainsi la fixité de l'éclat solaire, sa permanence sisyphienne. Par son déclin même, la lune dit la retraite dans le champ symbolique, l'infini reflet, une vérité libre de toute attache ; le soleil au contraire est mesure d'un autre temps, l'odeur des saisons et la discipline de vivre, la sagesse de besoins mesurés. Le Sanhédrin est pris entre ces deux cadences, maîtrisant le rythme de l'histoire, et sommé de choisir. Tandis qu'au renouveau de la lune Israël inconsidérément prie vers sa Lumière, le soleil impavide règle les pluies, rend impraticable les chemins : tout une vie s'organise en attendant l'Heure, une vie docile et sans raison, qui occupe l'espace, qui grignote l'avenir de ses urgences, dans la longue lassitude de n'en pouvoir plus. Ainsi le *Ibour* est loi d'équilibre chronologique, qui ajoute un mois excédentaire au compte de la lune, pour tempérer son avance, pour l'accorder aux aléas du réel[24]. Pâque pourrait venir, déjà : mais l'orge n'est pas mûre dans les champs. La Pentecôte pourrait être célébrée : mais les fruits seront verts au fond de leurs corbeilles. Il faut attendre, s'il faut des fruits. Il faut prendre en compte la marche des pèlerins vers Jérusalem, et l'état des lieux, toute l'intendance d'une humanité prise à d'autres soucis que ceux de la Rédemption, au nom de la Rédemption même. On ne peut que trahir Jérusalem, dit le poète[25] - quand on fait route vers Jérusalem. C'est le sens du temps. *Ibour* : c'est le nom du secret, qui signifie *conception*, promesse réservée dans la matrice, patience engrossée de renoncement. *Ibour*, c'est le nom que la Cabale assigne au mystère du réenfantement qui précède le Retour ; une forme d'aménagement cosmique, pour que les Vases se réparent et demeurent, endurant la lumière. Un travail sur la mesure et l'incommensurable. Un travail d'obscurcissement, contre la brûlure de l'Idée. Nous portons en nous le chiffre impossible - lune et soleil - et seule la volonté libre peut harmoniser la rencontre, le souci du ciel dans la fulgurance acosmique.

Et Dieu adjure ses sages de compter avec la poussière du che-

24. D'après une série de critères agricoles, climatiques (astronomiques) ou humains, le tribunal rabbinique *(Sanhédrin)* déclarait l'année « engrossée » et décidait le redoublement du mois d'Adar (mars). Pour toute la discussion sur ce sujet, cf. *Sanhédrin* 10b-13b (en particulier 11a et b).

25. Irving Layton, *Ô Jerusalem*, 1976.

min, de ne pas presser le dénouement, comme ils devraient, voudraient le faire ; de rendre au soleil sa part d'immobilité sous l'éclat diminué de la lune. Les rabbins s'éprouvent au calendrier de l'éveil qui dit leur pouvoir sur l'attente, et le risque de s'y conformer. Car il faut attendre, ne pas précipiter la fin, pour qu'en son temps la fin puisse être précipitée. Quatre cents ans avaient été voués à l'exil d'Égypte, qui furent deux cent dix *en réalité*[26]. Calcul énigmatique que celui de cet exode prématuré, s'il répond à la nécessité de la hâte, s'il s'avère exact à son tour, selon la précision de l'erreur : quatre cents ans, qu'il fallait compter depuis la naissance d'Isaac, et qui tombent toujours juste, à l'heure de l'événement. C'est bien *en son temps*, alors, quoique anticipée dans l'explosion du besoin, que la délivrance surgit.

En cette confusion, Israël se débat, anxieux de mesurer le temps, inquiet d'avoir mal mesuré, inquiet d'un rendez-vous trop longtemps cherché. Aux sinuosités du raisonnable, dépister la déraison, déchiffrer, entre avidité et abandon, le double parcours de l'erreur toujours fatale ; reconnaître la transcendance qui frappe au fond de l'obscurité, dans l'égarement mondain de la Parole : en ce dilemme, qui fait du politique l'enjeu fondamental, l'interdit de la Fin continue de peser sur nous, avec l'effroi de rater, au pavillon des lépreux, le Messie qui nous attend[27].

Et, pour tromper l'attente, pour rejoindre le double temps de l'histoire, Israël mime la mondanité, fait semblant, vit l'histoire en faux-semblant : « Je dors, mais mon cœur est en éveil »[28]. Oublieuse raison, prétendue, aux aguets, couvrant la démesure, il sera trop tard, bientôt, - et pratique des signes, « Qui frappe ainsi à la porte ? J'ai ôté ma tunique, dit la fiancée »[29], saurons-nous, à temps, la remettre et nous lever, saurons-nous garder la mesure entre ces deux oscillations, entre les enfants d'Éphraïm, qui partirent trop tôt pour avoir mal lu les signes et se firent massacrer sur la

26. Cf. Genèse XV, 13, et le commentaire de Rachi sur ce verset. Le calcul des années de servitude effective en Égypte prend appui sur un raisonnement indirect à partir du texte (cf. Genèse XLII, 2, et le commentaire de Rachi, ou *Beréchit Rabba*, 91, 2).

27. Cf. *Sanhédrin*, 98a, et tout le contexte, qui traite des signes de reconnaissance de la venue du Messie. La tradition insiste sur cette visibilité/invisibilité du Rédempteur : voir *Chir Hachirim Rabba*, 2, 22.

28. Cantique des cantiques V, 2.

29. *Ibid.*, 3.

route[30], et les enfants du désert qui partirent trop tard vers la Terre promise, et moururent sur la route. Ombrageuse déesse, qui demande cette science du paradoxe, du sommeil et de la veille, savoir jouer la patience, les pieds dans nos sandales, savoir jouer au jeu du temps, jouer l'inadvertance, puisque c'est dans le désintérêt que viendra le Messie, puisqu'il ne peut venir que de n'être plus attendu, puisque notre patience doit construire l'oubli qui rend sa venue possible.

*

Patience : passion de l'incertitude. Elle est la faille admise dans notre espérance, un désir qui compte avec ce qui le subvertit, soumis à la médiation qui l'ajourne. Le drame ne vient pas de notre exil hors de l'être, mais de ce qu'il nous faut donner l'être pour ce rejet. « Et, bien qu'il tarde, malgré tout je l'attends. » La foi parfaite se construit sur ce retard, connaissant la nécessité de son imperfection. Jouant la duplicité du désespoir, qu'elle neutralise par sa reconversion dans le temps. Exil des jours, qui reprend sens d'être notre vie consentie, consacrée contre elle-même, perdue pour dire qu'elle est autre. Souffrance et consentement à la souffrance, comme tribut payé à l'embrassement des mondes, mauvaise foi de l'harmonie revendiquée. D'où vient qu'il faille la fêlure de l'attente, comme un sceau de néant, dans l'assertion du bonheur ? Visage du vrai dans le temps, mesurable et limité, le voir et vivre, mesure nouvelle de la capacité, qui reçoit le frère jumeau, frelaté, le possible, le frère viable du vrai - et croire pour remercier.

Patience : passion de la durée consentie. Annonce du malheur intolérable, au cœur de la promesse, du nom toujours effacé de la promesse. Qui demande le deuil comme assurance et péage, l'étouffement répété de l'innocence. Patience vénéneuse qui fait venir le cri, au nom du cri peut-être qu'elle tait, de la protestation éclatée, mémoire rajeunie et vivante, rejointe, donnons-nous un chef et retournons à l'origine, où cela fut, quand les arbres palpitaient. Patience est le nom de ce refus.

Patience est le nom de mon rayonnement. De cette fulgurance

30. Cf. *Chemot Rabba*, 20, 10.

qui nous déchire, en brusques appels nostalgiques. De cette source sous les jours, humides et frais. Patience est le nom de ma croyance, et de mon errance, de la paix des grandes défaites. De la paix de l'écoute, dans le silence des châteaux forts. De la nuit où j'écoute. Du secret qui nous tient, du désir qui brise ses chaînes, demain, demain, déjà, du silence de ma nuit, où s'éclaire l'attente, comme un doux sang de femme. Patience est de croire, sous notre espoir se lèvent des jardins, les embruns de la nuit. Je suis déjà du côté de la lune, comme un lointain souvenir que ma pensée ranime, ma force à le traverser, comme des soldats qui se lèvent dans les champs humides, comme des moissons de nuit. J'entends l'appel de si loin, au nom de rien, je commence avec moi-même, indestructible, mon corps immense et tissé d'espaces parcourt la nuit. Nous n'avons plus peur d'être déjà dans la promesse, consacrés.

« Le sens profond du système »

Alexandre Zinoviev

Tu ne reviens pas le lendemain, mais le surlendemain, tu fais la queue, on te dit qu'il y a du retard à l'usine, revenez demain. Si tu es un homme d'expérience, tu ne reviens que quelques jours plus tard. Tu fais la queue, on te dit que ce n'est pas prêt, revenez demain. Tu te dis : que diable, ça devient de la métaphysique ! Et c'est vrai, c'est de la métaphysique. Dans une telle situation, on ne peut éviter toutes les procédures obligatoires de mensonges, de files d'attente, de grossièreté, d'exaspération... On doit toujours demeurer dans un état de désarroi, d'énervement, on doit toujours attendre toutes sortes d'ennuis. Tel est le sens profond du système. Tout ce qu'on obtient sans difficulté particulière, on doit le considérer comme une grâce divine, une grande réussite, un bienfait. D'un autre côté, on est forcé de perdre son temps pour rien, son temps qu'on pourrait utiliser dans ses intérêts, y compris par exemple pour réfléchir sur sa vie, sur l'art, et de façon générale pour prendre conscience de sa personne et pour s'élever. Dites-vous bien que lorsqu'un homme passe son temps à faire la queue et à s'énerver pour des détails de la vie pratique, sa personnalité se dégrade. Ce n'est pas dans les queues qu'on peut faire des découvertes. Ce n'est pas dans les queues que le sens de l'honneur et de la dignité humaine peut se fortifier.

In *Les Hauteurs béantes*, trad. W. Berelowitch, Paris, l'Âge d'homme, 1977.

Un voyage au paradis...

Marc-Alain Ouaknin

Contrairement aux prétentions de l'idéologie, le sens se construit patiemment, il ne s'identifie pas à une vérité toute faite qu'il faudrait s'approprier et imposer aux autres. La logique du sens et celle de la vérité diffèrent, les talmudistes le savent, dont la pratique interprétative résiste sans cesse à l'emprise de l'idéologie sur les esprits.

Pour Claude Mendibil

Le siècle aura été marqué par un ensemble de destructions, d'explosions, tant au sens physique qu'au sens métaphysique, et en tout premier lieu dans les processus d'analyse de la réalité du monde. La physique de la destruction aura été violente, immonde, abjecte, portant, apportant, avec la force la plus brutale et la plus profonde, le négatif et la mort. Paradoxalement, l'éclatement de la métaphysique, qu'il revête les habits de la psychanalyse, de la « Déconstruction » ou de l'« Autrement qu'être », ou encore de la mort de Dieu, représente un moment, négatif, certes, mais nécessaire pour une dynamique de la culture et tout simplement de la vie. La métaphysique dont nous parlons ici est celle qui s'est construite en Occident, et qui a choisi de fonder (ou de se fonder sur) une définition de l'être comme présence, manifestation dans le maintenant, Être en vérité, vérité définitive de l'Être : victoire de Parménide sur Héraclite, de l'être définitif sur l'être infinitif, de la « parole d'Évangile » sur le Commentaire. Mais en vérité, en vérité, je ne vous dis plus rien...

Nous voulons montrer comment, dans la *pensée talmudique*, un des fondements de la pensée du judaïsme, sont à l'œuvre des processus d'interprétation, de déconstruction positive du sens, patience du sens qui nous enseignent que la signification du monde n'est pas donnée, qu'elle s'approche lentement, difficilement et parfois dangeureusement. Renversement de la métaphysique de la Présence. Recherche en une parole patiente de la vie qui n'arrête pas de se faire en se défaisant...

Qu'est-ce que le Talmud ? — De la racine hébraïque *Lamed* (étudier, enseigner) le Talmud est l'ensemble des interprétations et des commentaires, à la fois juridiques, philosophiques et littéraires de la Bible juive, qui ont été pensés et mémorisés, depuis *Ezra le Scribe* (VIe siècle avant notre ère) jusqu'au milieu du VIe siècle de l'ère chrétienne pour le texte principal et jusqu'au XVIe siècle pour les commentaires les plus importants retenus dans l'édition princeps faite à Venise en 1523 (édition Bomberg). Le texte principal est en fait composé de deux catégories de textes :

La première, que l'on désigne sous le nom de *Michna*, est un recueil de décisions et de lois traditionnelles embrassant toutes les parties de la législation civile et religieuse. Ce code, à la constitution duquel ont travaillé plusieurs générations de Maîtres appelés *Tanaïm*, fut rédigé par Rabbi Yéhouda Hanassi (le Prince) vers la fin du IIe siècle. Il se divise en six ordres, qui se subdivisent à leur tour en traités, chapitres et alinéas. De façon synthétique, les six thèmes de ces six ordres concernent les rapports 1) à la terre ; 2) au temps ; 3) aux femmes ; 4) aux dommages ; 5) aux choses saintes ; 6) aux purifications.

La seconde catégorie est l'ensemble des commentaires de la première : c'est la *Guémara* (terme araméen qui veut dire apprendre). Elle se présente à nous sous deux formes ou rédactions différentes. L'une est l'œuvre des Maîtres résidant sur la terre d'Israël, et a été rédigée à Tibériade vers 380. L'autre émane des écoles de Babylonie, et a été rédigée par Rav Achi et son disciple Ravina, puis terminée par Rav Yossé vers 500. La *Michna* et sa *Guémara* babylonienne constituent le « Talmud de Babylone » ; accompagnée de sa *Guémara* de Tibériade, elle est appelée le « Talmud de Jérusalem ». Pour de complexes raisons de transmission, c'est le Talmud de Babylone qui a été retenu et a ainsi forgé toute la culture et toute l'âme du peuple juif, jusqu'à nos jours[1].

Le projet talmudique

Comme tout grand texte, le Talmud recèle son projet plus entre les lignes que dans les lignes. En deçà et au-delà de tous les thèmes et tous les problèmes du Talmud, s'agitent la question de l'ouverture et de la vie du sens, la recherche d'une parole en train de se construire qui ne vient pas s'échouer dans une vérité définitive, l'émergence de « nouveaux visages » du sens qui constitue la temporalité même. La problématique du Talmud est aussi essentiellement politique, car elle vise l'organisation d'une socialité fondée sur la liberté et le refus radical de tout enfermement. Nous allons exposer ici plusieurs stratégies mises en place par le Talmud, qui permettent d'assumer la patience du sens, et de refuser l'idolâtrie du « main-tenant », souvent présentée dans les habits lumineux de l'idéalisme, grimaces souriantes de l'idéologie. Que ce soit par la mise en chantier dialoguée de la pensée - la *Mahloquèt* -, ou les différentes techniques d'interprétations comme l'intertextualité - la *Guezéra chava* -, ou encore plus simplement l'attitude fondamentale du questionnement - *Hokhma* -, tout concourt dans le Talmud à « lire aux éclats », à faire éclater l'immanence de paroles et d'existences définitives pour leur rendre tout simplement la force de continuer à s'inventer[2].

Le Talmud nous enseigne qu'un texte est indéfini, ouvert à des interprétations toujours nouvelles, qui ne sont garanties par aucune encyclopédie. Les interprétations les plus diverses, philosophiques, sociologiques, politiques, linguistiques, historiques, etc., n'épuisent, chacune, qu'une partie des possibilités du texte ; celui-ci demeure

---

1. Pour une plus ample exploration du monde du Talmud, cf. Arsène Darmestetaer, *Le Talmud*, Éditions Allia, 1991 ; cf. aussi Raphaël Cohen, *Le Talmud*, Éditions Grancher, 1991, et notre *Livre brûlé, lire le Talmud*, Lieu Commun, 1986, 1re partie : « Repères talmudiques ».

2. Pour des raisons techniques de limitation de notre exposé, nous aborderons dans cet article les deux points suivants : la *Mahloquèt* et la *Guezéra chava*. Pour la réflexion sur « le questionnement », cf. *Le Livre brûlé, op. cit.*, p. 127 et sq., et M.-A. Ouaknin, *Lire aux éclats, éloge de la caresse*, Lieu commun, 1989, p. 215 et sq., et 235 et sq., ainsi que M.-A. Ouaknin, *Concerto pour quatre consonnes sans voyelles*, Balland, 1991, p. 207 et sq.

inépuisable et infiniment ouvert. Le Talmud vient certainement souligner cette idée fondamentale : « Le peuple juif n'est pas le peuple du Livre, mais le peuple de l'interprétation du Livre ; et le Talmud est le lieu de la mise en jeu de ces interprétations » (A. Abecassis). La question essentielle n'est pas « qu'est-ce que l'interprétation ? » mais « pourquoi y a-t-il interprétation ? »

Il y a interprétation pour montrer que « contrairement aux prétentions de l'idéologie, le sens se construit patiemment, qu'il ne s'identifie pas à une vérité toute faite qu'il suffirait de s'approprier une fois pour toutes et d'imposer aux autres » (C. Chalier). Il y a interprétation pour rappeler qu'aucune parole ne peut se faire imposition, dogme ou vérité. Il y a interprétation pour que le Texte - quel qu'en soit le lieu théologique - ne se transforme pas en idole. Il y a interprétation, enfin, pour dénoncer les immenses dangers de l'idée de vérité.

La philosophie n'est jamais neutre ; elle implique toujours une philosophie de l'histoire et une philosophie politique. La philosophie du Talmud, c'est-à-dire celle qui se dégage du Talmud, n'est pas seulement une philosophie de l'interprétation, une théologie ou un juridisme liturgique. Elle est avant tout un combat contre la « pulsion de Vérité » dans laquelle s'enracinent les tragiques réalités de l'intolérance et du fanatisme. Le Talmud joue une « logique du sens » contre une « logique de la vérité », permettant ainsi de rejeter la violence des concepts abstraitement élaborés par la raison spéculative d'un ou de plusieurs individus, concepts qui interviennent ensuite brutalement au sein d'existences singulières, en décidant pour celles-ci, de manière arbitraire, du sens de leur vie... L'interprétation n'est pas seulement commentaire, le fait de dire autre chose ou de le dire mieux. Plus essentiellement, elle met en jeu le mouvement même de penser qui consiste précisément en l'ébranlement des institutions préfabriquées du sens, dans lesquelles toute chose a son lieu et tout moment a son heure.

Le commentaire talmudique est un long voyage qui invite à l'urgence de renoncer à ce besoin, souvent passionné, de tirer des conclusions, de se forger une opinion et un jugement définitif. L'interprétation c'est la patience du sens : pour renoncer, selon l'expression de Flaubert, à la « rage de vouloir conclure ».

Visite de la maison d'étude. — Avant d'entrer plus avant dans la réflexion théorique, arrêtons-nous un instant sur l'expérience concrète de l'étude talmudique en visitant une maison d'étude ou, en hébreu, *Bèt-Hamidrach*, qui veut dire plus littéralement : la « maison de l'interprétation ». Dans l'organisation sociale hébraïque traditionnelle, le centre des activités n'est pas la synagogue, mais la maison d'étude. Certaines personnes y passent leur vie entière, plus de dix heures par jour, complètement traversées par la passion de l'étude, celle du Talmud en particulier. Les écoles talmudiques - *Yéchivot*, singulier *Yéchiva* -, encore fort nombreuses à travers le monde, perpétuent non seulement un savoir, mais aussi une pédagogie originale fondée sur la relation dialogique entre les élèves eux-mêmes, d'une part, et entre Maîtres et disciples d'autre part. L'académie talmudique est une sorte de « monastère » ouvert au public, l'austérité et le silence en moins.

Poussons la porte de la salle d'étude : les étudiants penchés sur des textes du Talmud sont assis, debout, un genou sur un banc ou une chaise, dans une ambiance où le désordre, le brouhaha, la gesticulation véhémente et les allées et venues incessantes sont la règle. Sur des tables rarement alignées, pêle-mêle, foisonnent des traités du Talmud de grand format et divers ouvrages de commentaires, ouverts, empilés les uns sur les autres. L'un à côté de l'autre, mais plus généralement l'un en face de l'autre, les étudiants lisent à haute voix, se balançant d'avant en arrière, de gauche à droite, ponctuant les articulations difficiles du raisonnement avec de larges gestes du pouce, frappant frénétiquement les livres ou la table, voire l'épaule du compagnon d'étude, feuilletant avec fébrilité les pages des commentaires pris et remis rapidement dans les rayons de l'immense bibliothèque qui fait le tour de la salle.

Les protagonistes de cette « guerre du sens » essayent de comprendre, d'interpréter et d'expliquer. Rarement d'accord sur le sens du passage étudié, ils vont consulter le Maître qui explique, prend position, argumente les thèses proposées, et calme pour un instant le combat passionné des consultants. Sur une autre table, plus loin, un étudiant s'est endormi, les bras croisés sur son texte du Talmud. À côté de lui, un autre sirote un café et fume une cigarette en prenant un air méditatif, concentration nécessaire à la suite de la recherche. Tout bouge ! Le *Bèt-Hamidrach* connaît une effervescence ininterrompue où, de jour comme de nuit, résonnent les voix, le bruissement infini de l'étude...

Que nous sommes loin de l'ambiance des bibliothèques et de leur salle de lecture dans lesquelles on peut assister avec surprise, et peut-être avec angoisse, à ce phénomène d'indifférence qu'entretiennent des personnes qui se côtoient des jours et des mois entiers sans échanger un seul mot, sans esquisser le moindre signe de reconnaissance.

Le dialogue entre les Maîtres. L'intersubjectivité ou la Mahloquèt. — Si nous avons tenu à donner une description de la maison d'étude talmudique, c'est qu'elle nous semble révélatrice des modalités spécifiques du penser qui s'y déploient. C'est peut-être dans cette ambiance que nous pouvons sentir le mieux la dimension et la fonction politique de ces textes, c'est-à-dire leur aspect anti-idéologique. Ce qui frappe d'emblée le lecteur du Talmud et du Midrach, c'est l'importance du dialogue dans la mise en chantier de la pensée. Rares sont les sujets sans controverses. Dès qu'un Maître propose une interprétation, son interlocuteur l'ébranle de sa position, de sa positivité : déstabilisation incessante, pensée athétique qui résiste à la synchronisation, à la synthèse qui voudrait se faire concept unique et universel énonçant la vérité.

Ce dialogisme fondamental a un nom : c'est la *Mahloquèt*[3]. Elle est la première ouverture, le premier espace qui « désigne l'écart et la séparation comme l'origine de toute valeur positive ». Cet espace d'entre-deux est en quelque sorte politique puisqu'il est la manifestation la plus éclatante du refus de l'enfermement. La *Mahloquèt* est une situation anti-idéologique par excellence. Les perspectives contrastées et conflictuelles du sens, le pluralisme interprétatif forment un tissu serré dans lequel chaque point de vue advient à lui-même à travers son rapport à d'autres points de vue. Chaque interprétation représente un enchevêtrement noué à l'intérieur d'un réseau infiniment compliqué toujours tournoyant et toujours soumis au tournoiement.

La *Mahloquèt*, c'est l'impossibilité de penser seul, évitant ainsi le risque de transformer une parole propositionnelle en parole impositionnelle qui ne peut être source des pires violences. Par ce dialogue entre les Maîtres, se met en place une intercritique qui permet à la rationalité de chacun de se raffiner en prenant des dis-

3. De la racine HLQ qui signifie partager, diviser, mais de façon paradoxale. Cela veut aussi dire lisse, sans problème.

tances par rapport à une acceptation non critique de ses propres évidences et évite ainsi l'unidimensionnalité typique des idéologies[4]. L'intercritique talmudique implique que chacun suppose à l'autre du dialogue un degré égal de rationalité, ce qui doit, entre autres, empêcher l'ironie ou la caricature de la position adverse, ce qui serait une manière différente de retomber dans le monologue et l'autosatisfaction, voire la suffisance de sa propre argumentation.

Grâce à la *Mahloquèt*, aucune opinion ne peut prétendre énoncer la vérité unique. Nous entrons ainsi dans un relativisme souvent perçu comme dangereux, surtout aux yeux de ceux qui sont avides de certitudes et de croyances absolues. La *Mahloquèt* n'est pas une dialectique, au sens courant du terme, où deux thèses opposées sont résorbées et effacées dans une synthèse ou dans le choix de l'une d'elles. Les deux thèses sont là pour créer une tension infinie, un intervalle dans lequel se met en mouvement une « hyperdialectique » au sens donné à ce mot par Merleau-Ponty[5]. L'« hyperdialectique est consciente que toute thèse est une idéalisation, que l'Être n'est pas fait d'idéalisations ou de choses dites, comme le croyait la vieille logique, mais d'ensembles liés où la signification n'est jamais qu'en tendance...[6] ». À propos des discussions de la *Mahloquèt*, le Talmud dit : « Les paroles des uns et les paroles des autres sont paroles du Dieu vivant. » Il faut entendre cette phrase sous une forme conditionnelle : « S'il y a paroles des uns et des autres, alors ce sont des paroles du Dieu vivant, paroles vivantes de Dieu. »

L'antiplatonisme de la philosophie talmudique. — Les implications philosophiques de la *Mahloquèt* sont importantes. Le fait qu'un même texte ou qu'une même situation concrète de la réalité puissent offrir d'innombrables interprétations implique qu'il n'y a pas d'interprétation « vraie », mais seulement des interprétations « justes » qui ne sont que des possibilités de monde, et non le monde lui-même. On sort ainsi de la logique binaire du « vrai » et du « faux » pour entrer dans ce que nous appelons la « logique du sens ». Comme le formule très bien Nietzsche : « Il existe toutes sortes d'yeux... aussi, il y a en conséquence toutes sortes de

4. Sur ce point, cf. H. Atlan, *Tout, non, peut-être*, Éducation et Vérité, Seuil, 1991, p. 275 et sq.
5. Merleau-Ponty, *Le Visible et l'invisible*, Gallimard, 1964, p. 129.
6. *Ibid.*

vérités, et en conséquence il n'y a aucune vérité[7]. » Par la *Mahloquèt*, le Talmud fait éclater la notion de vérité et instaure un pluralisme interprétatif qui fait obstacle à l'idéologie de l'« explication vraie ».

Dans le pluralisme interprétatif, aucune interprétation n'est rejetée - sauf, nous le verrons, celles qui ne respectent pas la règle de l'« interdiction des pierres taillées ». Chaque commentaire ou explication est transformé en une hypothèse parmi d'autres, en un élément explicatif parmi une diversité d'autres possibles. Si la force explicative d'une hypothèse l'impose comme la solution la plus plausible, son intégration dans un faisceau d'autres causes et d'autres motifs lui épargne les excès réducteurs inhérents au dogmatisme. La démarche pluraliste laisse alors aux futurs interprètes le soin de mettre l'accent plutôt sur tel niveau de l'interprétation que sur tel autre, étant bien entendu que le choix d'un de ces niveaux constitue une abstraction méthodique par rapport à la façon dont ils se trouvent étroitement imbriqués dans la réalité historique concrète.

La philosophie talmudique de la signification s'oppose ainsi à la philosophie platonicienne sur un point fondamental. Percevoir le monde ne consiste pas en une prise, par la conscience, d'un objet ou d'une personne qui seraient atteints dans leur réalité vraie ou dans leur essence organisée en structure idéelle et atemporelle. Il n'y a pas pour le Talmud un monde de significations qui précède le langage et la culture qui l'expriment. Dans la logique du sens, « la signification donnée par l'interprétation ne se sépare pas de l'accès qui y mène. L'accès fait partie de la signification elle même » (Lévinas). Il y a une « historicité fondamentale »[8] qui fait entrer, dans l'interprétation subjective de chaque proposition de monde, toute l'épaisseur concrète de l'existence, corporelle, technique, sociale et politique. « L'intelligible n'est pas concevable en dehors du devenir qui le suggère. Il n'existe pas une signification en soi qu'une pensée aurait pu atteindre en sautant par-dessus les reflets déformants ou fidèles, mais sensibles, qui mènent vers elle[9]. »

La *Mahloquèt* talmudique montre que notre perception s'effectue à travers une suite de profils patiemment mis à jour de génération

7. Cité par Jaspers, in *Nietzsche*, « Tel », Gallimard, 1979, p. 189, cf. aussi pp. 291 et 292.
8. Au sens de Merleau-Ponty et au sens de l'historicité fondamentale chez Heidegger. Cf. *Être et Temps*, chapitre 12, « La tâche d'une destruction de l'ontologie ».
9. Lévinas, *L'Humanisme de l'Autre Homme*, Biblio. essai, 1990, p. 31.

en génération, selon lesquels la chose apparaît. On peut bien dire qu'en droit ces profils sont infinis, alors qu'en fait nous nous contentons d'une suite nécessairement finie de profils pour aller à l'objet ou saisir une situation concrète de la réalité. À côté de l'objet, il reste, cependant, cette réserve inépuisable de profils qui donne à l'objet, pour le sujet percevant, un ensemble ouvert et infini de possibilités indéterminées qui ne sont pas elles-mêmes actuellement perçues. Cette conscience des « marges » de la perception, que la phénoménologie husserlienne a nommée « halo », « horizon » ou « surplus », introduit un infini dans toute situation d'être-au-monde, un au-delà, en un mot une transcendance[10]. Ainsi la perception ne « comprend » plus, elle perd cette signification d'emprise, de concept (de Begriff)[11]. Le rapport au monde n'est plus, par l'existence des « marges », ce geste de la main où le doigt désigne et la main saisit, ce faisant « main-tenant » et ainsi présence, arrêt du temps.

Dans le dialogisme talmudique, l'autre du dialogue n'est pas seulement celui à qui l'on s'adresse, il est le garant d'une déficience de la représentation, « marge » vivante, déjouant la satisfaction d'une intentionnalité « araignée », qui se donne le monde par re-présentation, rassemblement de la diversité et de la dispersion temporelle. Par cette existence non englobable dans une synthèse, dans cette impossible annulation de deux thèses contradictoires, naît la proximité, le face-à-face et, tout simplement, la société selon les formules maintenant classiques de Lévinas[12]. C'est en ce sens que la *Mahloquèt* talmudique doit être dite « dialectique transcendante », car l'autre homme du dialogue n'est pas seulement un effet de style. Il n'a pas pour rôle de mettre en valeur celui qui parle. Ici encore nous pouvons évoquer Platon, mais cette référence ne sera éclairante que négativement.

La dialectique platonicienne est une « dialectique immanente ». L'interlocuteur, dans bon nombre de cas, se contente de dire : « Oui... ! », « Non... », « C'est exact... », « Je le pense aussi... », etc. C'est en fait le personnage central du dialogue qui formule

10. Cf. Husserl, *Méditations cartésiennes*, Vrin, p. 103, sur le thème de l'apprésentation. Voir aussi J.-P. Charcosset, « Marges », in *Psychiatrie et Existences*, Jérôme Villon, 1991, p. 143 ; cf. aussi toutes les analyses de Merleau-Ponty, in *La Phénoménologie de la perception*.
11. Cf. E. Lévinas, *De Dieu qui vient à l'idée*, Vrin, 1982, p. 163.
12. *Ibid.*, p. 242 et 244.

les questions et les réponses. Au contraire, le Maître du Talmud, à un certain moment de sa recherche, sait qu'il sait ; son étude dans le dialogue ne vise donc pas à conforter un savoir préalable, il demande à être ébranlé, inquiété, mis en échec, débordé. Il refuse ainsi le danger de sa propre impatience qui le guette sans cesse « tapi à la porte » (Genèse 4, 7). Apprendre n'est pas l'acquisition d'un savoir déjà là, se trouvant de toute éternité chez l'élève ; apprendre n'est pas « réminiscence » et l'enseignement n'est pas une « maïeutique ».

Voyage au paradis : textes et contextes. — « Quatre Maîtres pénètrent dans le jardin. Le premier meurt d'impatience. Le second devient fou. Le troisième devient autre, l'autre. Le quatrième entre et sort indemne, lui seul a su attendre, a eu la force de la patience. » Ce voyage rapporté dans le traité talmudique *Haguigua* 14 b est devenu dans le monde des lettres juives, depuis la lecture qu'en fit Moïse de Léon dans le Zohar, le paradigme épistémologique de l'herméneutique (de l'art d'interpréter). Le jardin est le jardin du sens, des sens, des multiples significations de l'Écriture. En hébreu, il porte le nom de *Pardès*, qu'évoque en français le mot paradis. Le paradis du sens. Le jardin-paradis-Pardès se lit comme l'anagramme de *pchat*, *rémèz, drach, sod* : les quatre niveaux de significations, respectivement le sens littéral, le sens allusif, l'interprétation-commentaire, le sens caché, secret.

Le premier aventurier du « paradis du sens » s'appelle Ben Azaï. Il entre, regarde et meurt. Mort d'impatience. Désir et illusion de la possibilité de prendre le monde dans sa totalité, comme si l'expérience était faite d'éléments isolés, logés en quelque façon dans un espace euclidien où ils pourraient s'exposer, chacun pour son compte directement visible, signifiant à partir de soi[13]. La structure du « paradis du sens » le montre bien. On ne peut s'arrêter à ce niveau premier du tout est visible et préhensible. Au-delà du *Pchat* (1er niveau), il y a le *Rémèz* (2e niveau) dont le mot hébreu dit le « clin d'œil, le « renvoi à... », le « faire signe ». Dans l'herméneutique talmudique, un mot n'est jamais seul, il est toujours déjà signifiant à partir d'un contexte ou, selon l'expression de Lévinas, d'un « paysage ». Nous retrouvons la notion de « marge » ou d'« horizon » que nous avons déjà esquissée dans le paragraphe pré-

13. Lévinas, *Humanisme de l'Autre Homme, op. cit.*, p. 21.

cédent, mais que nous avons utilisée pour souligner le rôle de l'autre du dialogue, garantissant la non-synthèse de la perception, altérité offrant le non-repos, l'inquiétude, l'infini du mouvement de la pensée.

Nous allons insister ici sur le rôle des « horizons » comme fondement d'une nécessaire patience du sens. Le *Rémèz* ou le « clin d'œil » enseigne pour le langage - mais c'est aussi valable pour les objets de l'expérience - que les mots n'ont pas de significations isolables, telles qu'elles figurent dans le dictionnaire, et que l'on pourrait réduire à des contenus et à des données quelconques. Les mots ne sont pas figés dans un sens littéral. Peut-être, d'ailleurs, n'y a-t-il pas de sens littéral. « Les mots ne renvoient pas à des contenus qu'ils désignent, mais, en premier lieu, latéralement, à d'autres mots[14]. » Ainsi, le mot perçu, entendu ou lu, n'est jamais une donnée qui est d'emblée munie d'une identité et qui pourrait entrer dans la pensée par l'effet d'un simple choc contre la paroi d'une réceptivité. Le mot reçoit le don d'être entendu à partir d'un contexte auquel il se réfère. La signification est le résultat, l'éclairage à partir de cet horizon. De même que tout objet de conscience est d'emblée éclairé par tel ou tel horizon. Il suffit de souligner que chaque horizon a lui-même un horizon, qu'il fait lui aussi un *Rémèz*, « clin d'œil » à, pour sentir que l'infini a une place et la transcendance un avenir[15].

Le sens est donc contextuel et l'analyse talmudique consistera à la mise en évidence de tous les contextes possibles et de leurs jeux possibles. Les contextes et les contextes de contextes et l'intertextualité font obstacle à la thématisation définitive d'un sens et constituent un long et patient effort de déconstruction à l'égard de toutes les entreprises systématiques qui tentent de résorber les différences, de ramener à l'unité la multiplicité des sens et des êtres séparés. Le *Rémèz*, « clin d'œil », « signe fait à... » annonce la volonté de vivre une réalité plurielle et différenciée qui échappe

14. *Ibid.*, p. 20.

15. Il faudrait ici poursuivre l'analyse des autres niveaux de significations. Nous pouvons donner une indication pour le *Sod*. Il consiste en la mise entre parenthèses du mot ou de la lettre ou de l'objet, pour le faire sortir de la contextualité et réaliser le passage d'une perception sémantique à une perception autre, graphique et esthétique par exemple. Cf. notre *Concerto, op. cit.*, le chapitre sur le rapport esthétique au langage, « Kandinsky et la cabale », p. 79 et sq.

au pessimisme mortifère d'un certain besoin d'homogénéisation. L'Infini de ces horizons, qui constituent une extériorité fondamentale, nécessite le temps, celui de l'interprétation, exige la patience difficile que requiert le sens vivant et ouvert.

Il est vrai que, dans le monde quotidien de la perception, nous reconnaissons les objets et les personnes en fonction d'horizons qui sont quasiment invariables. L'identité d'un objet dont les modes d'apparition sont souvent si différents est garantie par la permanence d'un horizon invariable. L'interprétation talmudique montre la richesse d'un personnage, d'un objet ou d'un mot en les extrayant de leur horizon invariable ou statistique qui leur confère une identité, et en les faisant entrer dans un processus de variations contextuelles qui leur donne une « épaisseur » de sens toujours inattendue et originale. L'originalité de l'herméneutique talmudique réside dans le dépassement du sens contextuel - qu'elle accepte, bien sûr - par une mise en œuvre du sens intertextuel. Il y a, dans ce cas-là, non seulement multiplicité d'horizons, mais aussi, en plus, « brouillage » des sens contextuels encore repérables. Cette technique se nomme la *Guezéra chava,* et elle peut être considérée comme le fondement par excellence de la pensée talmudique et midrachique.

Patience et non-violence : les limites de l'interprétation. — Nous avons essayé, tout au long de cette réflexion, de souligner, à partir de l'herméneutique talmudique, que le rapport au monde, qui est d'abord un rapport aux Textes, devait s'envisager en termes de respect, de distance ou, en reprenant un terme de la philosophie de Lévinas, de « caresse[16] ». Le « Paradis du sens » ne permet pas à l'homme de saisir du texte, de comprendre immédiatement et impatiemment le sens. Les niveaux de signification et les diverses règles d'interprétation rendent impossible l'appropriation du texte, et l'annulation de son altérité et extériorité. « Jamais l'esprit ne donne congé à la lettre qui le révèle. Bien au contraire, l'esprit éveille dans la lettre de nouvelles possibilités de suggestion[17]. » Le texte n'est jamais atteint. On peut dire qu'il est caressé. Ainsi, malgré le travail d'analyse, de recherche, d'éclatement, de mise à nu, le

16. Pour toutes les références, cf. M.-A. Ouaknin, *Lire aux éclats, éloge de la caresse, op. cit.*
17. Lévinas, *Quatre Lectures talmudiques*, Minuit, 1968.

texte se dérobe, reste inaccessible, toujours à venir. Il se présente pour se retirer aussitôt. Il est, selon l'expression talmudique du traité *Yoma 54* a, « visible et invisible » *(nirin véeïn nirin)*[18], ambiguïté, clignotement, énigme.

Par la « caresse », le monde et le texte ne tombent pas dans le piège de l'idole. Fini le langage totalitaire, finie la langue de bois, qui reste figée dans des significations posées et imposées une fois pour toutes sans regard pour les situations et les expériences qui ont pu changer...

Nous terminerons par une dernière remarque que nous introduisons par la question : il faut interpréter, mais peut-on tout dire ? Qu'est-ce qui fonde la légitimité d'une parole ? N'y a-t-il pas quelques limites à la parole interprétative ? Le pluralisme de la *Mahloquèt* nous a rappelé que le réel est toujours transcendant à la connaissance qu'on en a, qu'il ne permet aucune « compréhension » totalisante, mais seulement des « préhensions » discrètes, momentanées, parcellaires, propres à une multitude de discours ou de langages diversifiés.

La philosophie en général et le Talmud en particulier ont pris acte de la fragilité des théories. La pensée de la patience s'installe désormais dans une « sagesse de l'incertitude » qui ne signifie pas pour autant que penser soit devenu une affaire d'opinions, l'acceptation du « dire n'importe quoi ». Comme dit fort bien Robert Maggiori, si le débat démocratique est fondé sur l'égalité de droit de tout dire, cela ne signifie pas qu'il y a une égalité sémantique de tous les dires : « Qu'on ne fasse pas passer l'égalité des droits à l'expression pour l'égalité des expressions[19]. » Le Talmud s'est penché de façon précise sur cette question, et propose un critère des limites de l'interprétation. Ces limites sont exprimées dans ce qu'on pourrait appeler une phénoménologie de la Révélation.

Au chapitre 20 de l'Exode (versets 1 à 11) apparaissent deux idées essentielles : l'interdit de la représentation et la nécessité d'un autel en terre, et non en pierres tuilées. Le verset concernant la représentation est intéressant : « Vous ne ferez pas avec moi... vous ne ferez pas pour vous. » Ce n'est pas « pour Dieu » qu'il est inter-

18. Sur ce thème cf. notre chapitre « Érotisme et transcendance », in *Le Livre brûlé, op. cit.*, p. 260 et sq.
19. R. Maggiori, *De la convivance*, Fayard, 1985, p. 145.

dit de le représenter. Aucune représentation ne peut L'enfermer. L'infini ne se résorbe pas. Mais pour vous, pour votre perception de l'infini, ne vous créez pas des objets de définition. Souvenez-vous : il n'y a pas d'idoles, seulement des idolâtres ! La seconde idée, celle d'un lieu de présence, est liée à la matérialité de ce lieu, qui peut recevoir ou pas la présence du Nom : « Dans tout endroit où Je mentionnerai Mon Nom, je viendrai. » Le texte enseigne alors l'opposition radicale entre la « terre » et la « pierre », *Adama* et *Évène*. Le lieu de la relation où une écoute du divin est possible doit être en terre-*Adama* ; c'est-à-dire un lieu fertile, qui peut donner des fruits, lieu que l'on peut travailler, dans lequel le temps introduit des mutations, des maturations, des germinaisons.

Si le rapport herméneutique et, de manière générale, le rapport à la Tora ne permettent pas une expression, un épanouissement et ne portent pas de fruits, le Nom ne peut faire séjour... Le rapport avec l'infini est dynamique. Pas de pierres taillées, pas de mots taillés, « car ton épée les a touchés et les a profanés ». Leçon ultime : l'usage de l'épée, de la violence représente un obstacle radical à la mise en place d'une relation avec l'infini. Tout est-il dicible ? Tout, sauf ce qui naît de la violence et qui conduit à la violence ! Même si on ne veut pas se faire juge de la valeur sémantique des interprétations, même si nous sommes tous égaux quant au droit de parler, la Tora nous demande de nous porter garants que le Nom ne soit jamais le prétexte des armes...

Marc-Alain Ouaknin

2. *Pourquoi des veilleurs ?*

Au nom d'une parole qui demeure tandis que les vies brèves des hommes se succèdent, les grands livres de l'humanité enseignent souvent la patience. Ainsi, malgré la promesse de sa venue, le Messie tarde encore, et il faut se tenir prêt à l'accueillir sans succomber aux tentations de l'immédiateté. Pour d'autres, le Christ doit revenir, et il ne convient ni de dormir pendant le temps de son attente ni de croire que le désir de béatitude mystique puisse s'accomplir en toute lumière ici-bas. En prêchant le renoncement au désir comme à la source des souffrances, la sagesse bouddhique fraie la voie à une patience portée par une immense compassion pour la douleur du monde.

Ne pas hâter les temps de la fin

Catherine Chalier

Les sages de la tradition juive ont toujours prévenu leur peuple contre la tentation de l'impatience. Vouloir poser des actes censés faire venir le Messie plus vite relève de la fronde contre le temps de patience que Dieu impose aux hommes. Mais ce temps de patience est-il pure passivité ?

« Toutes les fautes humaines sont impatience, une rupture prématurée du méthodique, la pose apparente d'une clôture autour de la chose apparente. »
« Il y a deux péchés capitaux humains d'où tous les autres dérivent, l'impatience et la paresse. Ils ont été chassés du Paradis à cause de leur impatience, ils n'y rentrent pas à cause de leur paresse. Mais peut-être n'y a-t-il qu'un péché capital : l'impatience. Ils ont été chassés à cause de leur impatience, à cause de leur impatience ils ne rentrent pas. »
F. Kafka, *Préparatifs de noces à la campagne*, trad. M. Robert, Paris, Gallimard, 1957, p. 37.

« Les vieillards étaient devenus songeurs, ils pensaient à ce qui, surpassant la naissance, le rang, la richesse et le savoir, rapproche le dernier mendiant de Dieu : à la faiblesse de l'homme, à sa douleur, à sa patience. »
A. Tchekhov, *Jours de glace*, La Pléiade, t. 2, p. 15-17.

Dans une note sur un poème de Jehuda Halevi, Franz Rosenzweig oppose les « meilleurs » aux « plus forts[1] » des fils

1. *Franz Rosenzweig, his life and thought* présenté par N.N. Glatzer, New York, Schoken Books, 1953, p. 350. Rosenzweig (1887-1929), Jehuda Halevi (1075?-1141?).

d'Israël. Les premiers, soucieux de voir enfin l'attente du Messie prendre fin, incapables de pactiser avec la souffrance et l'oppression de leur peuple, et désireux de mettre un terme à son statut d'exception sur des terres étrangères, se laissent séduire par les faux messies qui, de façon récurrente, traversent l'histoire. Au siècle de Rosenzweig, ceux-ci ont d'ailleurs souvent cédé la place aux idéologies - le communisme, le socialisme et le sionisme - qui, pour beaucoup, ont représenté l'espoir d'une fin heureuse de l'histoire. L'idéalisme et le désintéressement des « meilleurs » des fils d'Israël les ont conduits à s'engager dans ces mouvements, et à vivre enfin au diapason de leur siècle plutôt que de veiller sur la très ancienne fidélité de leurs pères, jugée par eux trop passive et trop soumise à l'injustice. Or cette fidélité fait précisément la force de la seconde catégorie des fils d'Israël distinguée par Rosenzweig. Indéfectiblement confiants en la réalisation de la Promesse faite par Dieu à leurs pères, malgré les drames de l'histoire qui semblent l'invalider, et en dépit des accusations des nations destinées à les faire douter du sens même de leur millénaire persévérance, ils restent fermes en leur attente. Refusant de pactiser avec tout péché d'impatience, ils ne se lassent pas d'espérer la venue, de nos jours et maintenant, d'un Messie qui, pourtant, tarde.

Parce qu'ils ont oublié le sens de la Promesse qui la sous-tend ou parce que cette Promesse leur semble illusoire et destinée à maintenir l'oppression, les « meilleurs » jugent donc trop longue et trop obstinée la patience des « plus forts ». Ils s'émancipent de toute allégeance envers elle et entendent agir en toute autonomie pour que viennent enfin des temps meilleurs. D'autres parmi eux, sans mettre en doute cette Promesse, pensent que le temps de sa réalisation est venu maintenant, et qu'il convient de poser des actes destinés à accélérer la venue du Messie. Face à eux, les « plus forts » sont-ils seulement ces obstinés incapables d'admettre l'absence de Dieu ou de prendre activement en charge le moment où promesse et histoire se réconcilieront ? Faut-il réprouver leur patience et bientôt la confondre avec une passivité sans grandeur et sans âme, peut-être même avec une résignation au mal ? Ou bien, parce qu'elle garde le sens de l'éternité, cette patience ne donne-t-elle pas à penser l'urgence de l'attention au présent comme à tout ce qui jamais ne reviendra ?

L'impatience messianique

Lorsque Moïse rapporte aux Hébreux opprimés en Égypte les paroles de Dieu annonçant leur libération future, « ils ne l'écoutèrent pas, *mikotser rouah*, par insuffisance de souffle ou d'esprit, à cause de l'esclavage trop dur » (Exode 6, 9). Les sages interprètent cette double insuffisance comme le signe d'une angoisse et d'une impatience qui, toutes deux, rendent paradoxalement incapables d'écouter la promesse de libération. L'angoisse condamne au drame, et bientôt au vertige mortel d'un présent à jamais irrédimé, d'un présent vécu comme destin insurmontable, alors que l'impatience, refusant cette condamnation, veut le salut dans l'instant. Ni l'une ni l'autre ne savent penser et vivre le temps comme maturation d'une délivrance et advenue d'un commencement où la liberté affrontera le destin.

Au temps même où la souffrance accule à soi, prive d'espérance et ferme tout horizon, la hâte à la voir enfin disparaître constituerait souvent l'obstacle majeur à son terme véritable. C'est du moins ce qu'enseigne cette interprétation des sages. En enfermant dans les coudées trop étroites de l'espace d'un soi remis à la seule garde de lui-même, l'angoisse rendrait indisponible pour le don de la délivrance ; en exigeant la fin des souffrances immédiatement, l'impatience oublierait qu'à trop vouloir régir l'homme passe à côté de ce qui se reçoit.

C'est là l'une des raisons de la mise en garde traditionnelle contre ceux qui prétendent « accélérer les temps de la fin » ou « forcer le terme », contre ceux qui ne veulent pas ou ne peuvent pas attendre patiemment que Dieu veuille enfin les délivrer et faire d'eux, selon l'expression du *Midrach*, des hôtes des cieux (*Chir HaChirim Raba*, II, 7). En décidant de briser le joug angoissant par eux-mêmes, ils rendraient vaine l'attente messianique, et défieraient le ciel. Ce célèbre *Midrach* fait injonction à Israël de « ne pas provoquer l'amour avant qu'il ne le veuille » (Cantique des cantiques II, 7), ce qui en l'occurrence signifie que le peuple ne doit pas se révolter contre l'assujettissement aux nations, ni vouloir précipiter la fin, ni révéler ses secrets aux autres peuples ni enfin décider par lui-même de mettre fin à l'exil. Le *Midrach* ajoute, alors, rendant Israël responsable de son sort, qu'à cette condition seulement les nations, de leur côté, ne l'opprimeront pas trop durement. Longtemps ce texte fut médité comme un enseignement de patience : il fallait savoir attendre sans forcer l'amour et, fût-ce dans la détresse, que le Messie vienne.

L'histoire du messianisme constitue pourtant une continuelle fronde avec un tel impératif. L'impatience de la délivrance rendit en effet, à maintes reprises, le peuple sourd à ces injonctions. Car enfin devait-il vraiment attendre, sans mot dire, sans se charger lui-même de son sort et sans s'initier aux gestes héroïques, que le Messie vienne ? Déjà, dans l'Antiquité, le mouvement de révolte contre les Romains (132-135), conduit par Bar Kokhba, laissa croire à certains, tel R. Aquiba, qu'ils avaient devant eux le Messie, celui qui restaurerait le royaume de David, ramènerait le peuple à l'observance de la Tora et mènerait les guerres de Dieu. Mais d'autres sages se méfiaient : le temps n'était pas encore venu, il fallait attendre (*T. Yerouchalmi, Taanit*, 4). Bar Kokhba, le « fils de l'étoile », devint ainsi Bar Koziba, le « fils de la désillusion ».

Par son envergure et ses conséquences redoutables, le mouvement messianique de Sabbataï Tsevi (1626-1676) reste l'un des plus célèbres. Pour la première fois, dit G. Scholem[2], un tel mouvement toucha le peuple dans son ensemble, il survécut même à l'apostasie du faux Messie, celui-ci préférant en effet se convertir à l'islam plutôt que de perdre la vie. L'expulsion d'Espagne (1492), les persécutions des juifs durant les guerres cosaco-polonaises (1648-1650) constituaient alors deux grandes tragédies et, selon l'auteur, elles ouvrirent une période de grande tension eschatologique. Comme souvent dans l'histoire, les atrocités et les souffrances subies par le peuple reçurent le nom de « début des douleurs de l'enfantement du Messie ». Ainsi, par exemple, Nathan Nata Hannover termine-t-il *Le Fond de l'abîme*, dans lequel il interprète chaque moment des atrocités infligées aux juifs à la lumière de versets bibliques censés en livrer immédiatement le sens, par un appel à la venue du Messie de justice, *Meshiah tsidqenou*[3].

2. G. Scholem, *Sabbataï Tsevi, le Messie mystique* (1626-1676), trad. M.-J. Jolivet et A. Nouss, Lagrasse, Verdier, 1983.

3. N.N. Hannover, *Le Fond de l'abîme. Les juifs dans la tourmente des guerres cosaco-polonaises (1648-1650),* trad. J.-P. Osier, Paris, Cerf, 1991.

Supporter la souffrance, la persécution et le martyre, sans sombrer dans le désespoir absolu ou se résigner au nihilisme comme au dernier mot des choses, sans prendre non plus les armes de la révolte, sous-tend souvent le désir de donner sens au pire. Or, pour un peuple dont le Livre constituait l'unique viatique sur les chemins difficiles de son exil, ce sens dépendait des versets fidèlement scandés, de leur interprétation sans cesse approfondie au cours des générations. Certains cabalistes pensèrent ainsi qu'il fallait aller au fond du mal pour que le monde soit purifié et que le bien prédomine enfin, car le Messie ne viendrait pas avant que la dernière étincelle de sainteté ait été extraite des gangues du mal. Ce qui ne peut se faire sans douleur - les douleurs de l'enfantement du Messie précisément.

La tentation d'identifier ce Messie à tel ou tel personnage charismatique équivaut dès lors au désir de penser que non seulement les détresses ne sont pas vaines mais qu'elles vont définitivement disparaître. Elle dit l'impatience et la nostalgie d'un monde enfin pacifié, l'impossibilité d'attendre encore un Messie qui tarde pendant que le peuple souffre, et la volonté de percevoir maintenant les signes de la grande consolation et du grand dénouement. Après d'autres, le mouvement de Sabbataï Tsevi répondit certainement à la hâte de voir enfin s'accomplir la Promesse et à l'impatience de donner immédiatement sens au cours visible et dramatique des événements en les lisant comme les germes de la fin annoncée par les prophètes. Or cette hâte allait de pair avec la volonté de s'émanciper du joug de la Tora et des préceptes. Sabbataï Tsevi, malgré ses exhortations au repentir, transgresse ainsi ouvertement la Loi à plusieurs reprises. La tentation de l'anomie - comme si le passage à un au-delà de la Tora était d'ores et déjà licite - constitue, selon les sages, l'un des critères de reconnaissance des faux messies. Le message du vrai Messie devra être conforme à la Loi, enseigne ainsi Saadia Gaon.

Pourtant, l'idée que le joug de la Loi disparaîtra un jour anime souvent l'impatience messianique. Cela signifie que les impératifs divins seront alors pleinement intériorisés mais certains, peu enclins à la longue patience du travail sur soi que représente cette intériorisation, l'interprètent dans un sens qui satisfait d'emblée leur désir de s'émanciper de toute loi. Ils transgressent ouvertement les commandements sous prétexte que le grand jour est arrivé. On sait que le christianisme crut que le temps de la Loi était clos, que Jésus l'accomplissait et que ses fidèles pouvaient passer immédiatement à une religion absoute de sa contrainte. « Ainsi se trouve abrogée la prescription antérieure, en raison de sa faiblesse et de son inutilité - car la Loi n'a rien amené à la perfection » (Épître aux Hébreux 7, 18-19). Vivre selon l'Esprit suffit désormais à ceux que nul ne peut séparer de l'amour de Dieu manifesté en Jésus (Épître aux Romains 8, 14 et 39). « La fin de la Loi, c'est le Christ pour la justification de tout croyant » (*ibid.*, 10, 4).

Au cours de l'histoire tourmentée des rapports entre juifs et chrétiens, ce thème fut constant : le temps des nombreuses prescriptions de la Loi est dépassé, l'amour suffit ; Israël spirituel remplace désormais Israël selon la chair. La Nouvelle Alliance atteste donc que l'amour transcende la Loi. Le messianisme chrétien ne voit ainsi dans la longue patience juive qu'entêtement et aveuglement. Sa propre impatience de la Rédemption, sa certitude de détenir la bonne nouvelle du salut l'empêchent de penser cette patience comme une fidélité aux exigences afférentes à l'Alliance et lui interdisent de voir dans la Loi « le harcèlement même de l'amour »[4]. Pour ne pas supporter l'affirmation lancinante de cette patience - le temps n'est pas encore venu - elle la dénonce comme incapacité à s'émanciper du joug de la Loi. Car, si celle-ci vaut encore, que devient la bonne nouvelle du salut ? Le poids des souffrances et de la mort ne demeure-t-il pas alors irrédimé et la patience encore exigée ?

L'islam connaît aussi la tentation impatiente d'une fin des contraintes rituelles et juridiques. Ainsi la « Journée » d'Alamût (8 août 1164), dans le shî'isme ismaélien, fut marquée par le désir de s'émanciper enfin du joug de la *Charia*. « L'abolition de la Loi est la récompense promise aux justes, l'état angélique est le propre des Fidèles de l'imâm[5]. » Comme dans les mouvements messianiques précédents, et même si cette Journée n'instaura certes jamais une religion comparable au christianisme, cette abolition va de pair avec l'idée que le sens caché des Écritures, en l'occurrence du *Qorân*, est enfin levé. La Loi n'aurait de validité que pour ceux qui n'ont pas encore perçu le sens purement spirituel des versets.

4. E. Lévinas, *Hors sujet*, Montpellier, Fata Morgana, 1987, p. 83.
5. C. Jambet, *La Grande Résurrection d'Ajamût. Les formes de la liberté dans le shî'isme ismaélien*, Lagrasse, Verdier, 1990, p. 107, 46 et 316.

La patience nécessaire à la traversée laborieuse et sans triomphe du temps historique, l'impossibilité de jouir enfin d'une lumière sans ombre cesseraient.

L'intrusion soudaine d'une autre temporalité, surnaturelle, dirait enfin le terme venu : « Or voici qu'en ce point où l'imaginaire et le réel se nouent des hommes désirent qu'existe le jour par excellence où ils seraient séparés du mal, et ils attendent qu'un tel jour s'incarne en une ''journée'' vécue par eux. » Cette délivrance constitue « l'instant où commence une vie d'éternité »[6], une vie absoute de l'opprobe du temps, de tout labeur et de toute loi. Mais leur retour atteste de l'échec du désir messianique d'un accomplissement définitif. Car comment vivre dans le temps et l'histoire ce qui arrache à eux ? Comment annoncer la Rédemption advenue alors que les hommes n'en finissent pas de souffrir ? Le salut spirituel suffit-il à la chair qui ploie sous la détresse ? Doit-on, sous prétexte d'une bonne nouvelle advenue, enseigner aux hommes que la faim et la maladie constituent des mises à l'épreuve, l'effort et la patience des mérites et la révolte une impiété ?

Bien des hommes ne le pensent pas. À l'interrogation du moine troublé par la doctrine de Galilée qui bouleverse l'ordre établi par l'Église - « À quoi serait encore nécessaire ou utile une telle patience, une telle connivence avec la misère[7] » - il faut répondre, disent-ils, que cette patience-là entretient l'illusion et renforce l'oppression. La hâte à la voir céder ne signifie pas forcément rupture avec la religion, mais dénonciation d'un usage possiblement pervers de la patience. Usage paradoxalement entretenu souvent par ceux qui croient la réalisation advenue de la Promesse et qui, en son nom et en celui d'un amour soustrait à la Loi, enseignent la soumission au joug des royaumes terrestres.

Certains se lèvent avec colère contre cette prédication de la patience aux pauvres et aux humiliés car, sous couvert d'amour, elle justifie asservissement et honte, commande de plier le genou devant l'insolence et souscrit à l'infamie. Ainsi, au XVIe siècle, Thomas Münzer dénonce ceux qui considèrent « l'injustice sans émotion » et proclame « le temps venu » où l'indéfectible patience des

---

6. *Ibid.*

7. B. Brecht, *La Vie de Galilée*, texte français A. Jacob et E. Pfrimmer, Paris, L'Arche (1955), éd. 1983, p. 64.

misérables doit céder la place à leur zèle ardent pour « l'ultime combat entre les Ténèbres et la Lumière ». À l'époque de la récolte, il ne faut en effet plus attendre que le fruit mûrisse mais s'empresser de le cueillir, sans compassion pour les mauvaises herbes. « Il faudra donc que beaucoup se réveillent, afin que, mus par le plus haut zèle et dans une sérieuse ardeur, ils nettoient la chrétienté de ses gouvernants impies [...] car le Christ lui-même n'a pas supporté avec patience que les chrétiens impies fissent souffrir leurs frères[8]. » Le prédicateur révolutionnaire pense qu'à l'heure messianique il ne convient plus de patienter encore - ce serait lâcheté et bientôt complicité avec le mal -, il faut prendre soi-même les armes de la révolte : « C'est à lui-même que l'homme vivant fait désormais appel ; c'est par sa propre activité que s'instaure la promotion du bien[9]. »

Hanté par les spéculations eschatologiques et, singulièrement, par le millénarisme d'un Joachim de Flore, qui prédisait la venue d'un royaume purement spirituel, après celui de la Loi et celui de la Grâce, Thomas Münzer ne veut plus rejeter le bonheur et la paix dans l'au-delà. Il enseigne l'imminence de « l'irruption du Royaume », la proximité non pas d'un avenir meilleur, mais de la fin des temps ou encore l'heure de l'ouverture du septième sceau (Apocalypse 8, 1). Quand cette heure sonne, nul ne peut se permettre d'attendre, encore, le dernier combat fait rage contre les blasphémateurs, bientôt il mettra un terme définitif à l'histoire et le monde entrera dans une paix éternelle. Alors les vocables de patience et d'impatience, comme tous ceux liés à la condition temporelle et finie de l'homme, disparaîtront, n'ayant pas de sens au regard de l'éternité.

Les luttes impatientes, menées par Thomas Münzer et bien d'autres, avant et après lui, se lient à la certitude d'une « ultime finalité ». Il dénonce donc la patience exigée des faibles car elle signifie le retard de l'échéance promise et maintenant possible. Il interdit aux humbles de pactiser plus avant avec leurs souffrances, en se taisant et en se résignant, car ce serait l'aveu de leur consentement secret et condamnable à leur avilissement. Quand le temps

8. E. Boch, *Thomas Münzer*, trad. M. de Gandillac, Paris, Julliard, 1964, p. 47-48, p. 171, p. 61 et 86.
9. *Ibid.*

vient où la grande libération s'annonce, comment pourrait-on encore patienter ?

Dans la perspective des mystiques révolutionnaires, dénoncer la patience comme démission de l'homme devant la tâche requise se justifie au nom de l'ultime Royaume et du dernier Jugement promis par les textes. Peut-on cependant instruire le procès de la patience si l'on manque de l'assurance et de l'ardeur entretenues par les grands mythes sur la fin des choses ? En ce siècle, différentes idéologies, qui se voulaient en rupture avec toute religiosité et avec l'idée même de messianisme, ont vu dans la longue patience des opprimés une détestable passivité. Pour différents, voire antagonistes, qu'aient été leurs engagements, les premiers communistes comme les premiers sionistes ne se réclamaient pas d'une fin messianique de l'histoire mais de la nécessité de mettre un terme à l'oppression de l'homme - classe ou peuple - par l'homme. Les uns se fondant sur l'idée que l'histoire suit des lois - plutôt qu'elle ne répond à une Promesse - qui justifient ce terme, les autres sur la volonté raisonnée de donner une patrie et un statut politique à un peuple humilié. Les deux assimilant la patience à un renoncement contraint, à une pure intériorisation de la souffrance imposée par la puissance, à une démission de sa tâche d'homme libre et, pour en emprunter l'expression à La Boétie, à une « servitude volontaire ». Par abandon à la volonté des oppresseurs sous prétexte d'obéissance à une Transcendance censée la fonder, la patience préférerait fermer les yeux devant ce que le présent permet, et passer à côté des occasions qu'offre l'histoire quand les hommes savent s'en saisir.

Ainsi, à ses débuts du moins, le mouvement sioniste voulut rompre avec la millénaire patience imposée au peuple juif qui, à ses yeux, équivalait à une résignation condamnable. Il se heurtait ainsi à la grande majorité des rabbins, pour qui la moindre tentative « d'accélérer les temps de la fin » constituait une transgression et un véritable péché d'impatience. Israël se trouvant en exil par décret divin - négativement pour expier ses fautes, positivement pour rassembler toutes les étincelles de sainteté dispersées dans le monde -, il restait interdit de poser des actes destinés à faire advenir la Rédemption tant que cette tâche n'était pas accomplie. Or Dieu seul pouvait décider du terme de la patience. Après l'émancipation, le sionisme voulut rompre avec cette tradition de pensée en ne se contentant plus d'entretenir la nostalgie de Sion - « l'an prochain à Jérusalem » - mais en décidant d'agir concrètement pour ce retour, sans attendre donc la permission divine, et en se heurtant le plus souvent aux rabbins. Le Rav Kook (1865-1935) fut l'une des rares autorités religieuses de l'époque à cautionner ce mouvement, il y vit non une transgression de la patience imposée par Dieu à Israël mais les prémices même de la Rédemption. Car, enseignait-il, il faut activement « frayer la voie au Messie », dans sa vie personnelle comme dans sa vie nationale[10]. Ce qui le différenciait des sionistes laïcs, qui entendaient veiller sur la distinction entre possibilité d'édifier un État et attente messianique.

Peu sensibles aux idéologies d'émancipation politique, mais refusant aussi l'idée d'un sionisme religieux, certains pourtant continuent d'attendre patiemment. Faut-il penser qu'ils pactisent passivement avec l'oppression ? Ou bien faut-il juger qu'ils témoignent d'autre chose, et oser les nommer les « plus forts », comme le fit Rosenzweig ?

Le sens d'une attente

« Retournez dans la place forte, vous qui ête prisonniers de l'espérance *(asirei hatikva)* », commande le prophète (Zacharie 9, 12). Quitter cette prison de l'espérance pour s'en aller sur les routes balisées par la fierté de ceux qui, se voulant lucides, confondent espérance et illusion n'attesterait donc pas, pour le prophète, de sa force mais constituerait l'aveu résigné de sa faiblesse. Car la force invoquée n'est pas celle du glaive mais celle d'une âme vivant constamment au diapason de la Parole révélée. Elle annonce à celui qui l'écoute, toujours attentif et comme sur le qui-vive de peur de manquer l'instant où elle se dit, que le monde ne se ferme pas sur sa solitude ontologique, que le mal n'est pas l'ultime mot des choses. Que signifie donc une patience « prisonnière de l'espérance » ? Doit-on dire de ceux qui attendent sans faillir la venue du Messie, en refusant de prendre d'autres armes que celles de l'étude, de la prière et du respect scrupuleux des préceptes *(mitsvot)*

10. Cf. I. Ben Chlomo, *Introduction à la pensée du Rav Kook*, trad. C. Chalier, Paris, Cerf, 1992, chapitres 12 et 13.

pour se défendre contre la violence du monde, qu'ils vivent dans une passivité aliénante ?

Consentir patiemment à une vie sans gloire car privée de tout triomphe mondain équivaut, pour beaucoup, à un pacte avec la soumission. Car enfin vaut-il de persévérer dans une patience entretenue par une espérance dont les événements historiques semblent attester qu'elle est vaine ? Quand, partout, l'impitoyable dureté de la puissance et le parti pris de l'égoïsme émancipé de tout scrupule dominent, n'est-ce pas pure obstination et, en vérité, incapacité à entrer dans le jeu cruel du monde que de patienter encore au nom d'une espérance pourtant clairement persécutée ? Les hommes et les femmes fidèles à cette patience n'acceptent à l'évidence pas ce verdict en lequel ils voient surtout un consentement au désespoir, dût-il s'abuser lui-même en se déguisant en splendeur. Ils ne se lassent pas d'attendre la Rédemption promise alors qu'ils constatent, et singulièrement dans leur propre histoire douloureuse, que presque partout le mal domine, que souvent le Dieu dont ils se réclament semble les abandonner ou, du moins, se faire silencieux. Comment donc penser leur patience ?

Rosenzweig nomme les « plus forts » ceux que la lassitude d'attendre jamais n'effleure parce qu'ils veillent sur un dépôt confié - celui d'une Parole - depuis des millénaires, sans se laisser distraire, détourner de leur tâche et encore moins corrompre par les voies d'un monde qu'envoûte le désir de puissance et d'expansion. Ils constituent le « reste » dont le prophète assure qu'il « demeurera » (Isaïe 11, 11), et dont la veille patiente est indéfectible malgré les injures répétées d'une histoire qui voudrait la pervertir ou la tourner en dérision en en démontrant, par la force de la brutalité, l'absurdité. Pourtant, cette patience n'est-elle pas étrangère à la passivité et ne se voue-t-elle pas à une œuvre aussi essentielle au monde que la respiration aux vivants ?

Indissociable de l'étude ou de l'approfondissement incessant du sens des versets qui interdit le repos sur une vérité définie à jamais, cette œuvre inscrit les exigences d'une orientation vers ce qui ne passe pas dans la durée éphémère des choses et dans une histoire vouée le plus souvent à la tragédie. Son style de vie commande de ne jamais croire le terme advenu, car toujours quelque chose en l'homme doit demeurer dans l'attente. Même aux pires moments, même quand la destruction de Jérusalem laisse frappé de stupeur, revêtu des cilices du deuil, ne connaissant que poison et absinthe, inclinant la bouche vers la poussière, dans une résignation silencieuse, car Dieu S'est « entouré de nuages pour empêcher les prières de passer » (Lamentations 3, 44). Même quand l'âme a perdu tout souvenir de bonheur, la pensée s'éveille en effet d'une miséricorde plus forte que toute détresse : « Le Seigneur ne délaisse pas à tout jamais ; quand Il a frappé, Il exerce sa pitié selon l'étendue de Sa bonté » (*Ibid.*, 3, 31).

Mais, objectera-t-on, ce peuple foulé aux pieds par la puissance, pourchassé comme un passereau et haï sans motif (*Ibid.*, 3, 52) ne ferait-il pas mieux de se décider enfin à prendre les armes du seul combat compris des persécuteurs : l'imposition de sa force ? À quoi lui sert sa patience puisqu'il va mourir ? N'atteste-t-elle pas surtout de son incapacité foncière à prendre son destin en main ? Ne doit-il pas rejeter cette attente passive d'un secours divin dont l'histoire dément constamment l'annonce - « Je vais me *hâter* d'accomplir Ma parole » (Jérémie 1, 10) ? Ne doit-il pas prendre acte de l'oubli par Dieu de Sa promesse ? Plutôt que de louer, comme Rosenzweig, la « force » de sa patience, ne devrait-on pas l'encourager à affronter activement et violemment le monde ? Répondre positivement équivaut à assimiler la patience du « reste » fidèle à une passivité impuissante à changer le monde. Mais n'est-ce pas passer à côté de son sens ? Car, pour le comprendre, il ne suffit pas de regarder cette patience de l'extérieur, il faut en vivre ou, du moins, interroger et écouter ceux qui en vivent. Alors elle se dévoile comme une stupéfiante force de résistance à la violence mondaine, à l'injustice, à la jalousie et à la haine, comme une impossibilité inscrite au plus profond de l'âme de pactiser avec elles, ou donc de souscrire au mal comme au dernier mot du devenir des hommes.

Cette patience ne commande pas un style de vie au diapason des événements cruels ou heureux de l'histoire profane, elle tente de faire de chaque acte, chaque parole et chaque pensée qui naissent en l'homme au cours de son existence éphémère une réponse à l'éternité d'une Parole qui appelle à la sainteté (Lévitique 11, 45). Si elle s'avère absurde au regard des valeurs mondaines du triomphe, de la puissance et de la gloire, c'est que son sens se situe ailleurs : dans l'orientation constamment maintenue, malgré les désastres renouvelés de l'histoire, vers ce qui ne passe pas. La patience indéfectible de ceux dont chaque moment de l'existence est orienté par cette Parole constitue en soi une dénonciation de l'émancipation humaine envers toute valeur transcendante, telle celle du bien et du juste. Elle dit que souffrir l'injustice, l'oppression et la persécution ne justifie pas qu'on prenne à son tour les armes impatientes de l'injustice, de l'oppression et de la persécution sous peine de succomber à la tentation de l'inhumain. Endurer ces tourments sans chercher à s'en venger ne doit pas, dans cette perspective, s'assimiler à une incapacité à rendre coup pour coup, à une passivité inerte et à une illusoire espérance que le Ciel se décide enfin à aider les humiliés et les offensés mais, plus difficilement, à témoigner, jusqu'au martyre parfois, de ce que toute cette violence cherche obstinément à détruire : l'image divine en l'homme.

Accuser la millénaire patience du « reste fidèle » de passivité manque tout à fait sa cible. Ou, plus justement, si cette patience rencontre la passivité, c'est à condition d'entendre par là une constante disponibilité à se laisser affecter par la Parole, surtout au moment où elle semble inaudible, et à convertir toute sa vie en réponse à elle. Seuls ceux qui estiment que cette Parole est un pur leurre destiné à consoler les faibles, et qu'il faut donc en dénoncer l'illusion et le pouvoir aliénant, voient dans cette patience et dans cette passivité une pure et simple inertie.

Certains, par douleur et par colère, mais aussi par mépris, accusent la longue tradition de patience de ce « reste » : à cause d'elle, il s'est laissé conduire à une mort terrifiante, sans comprendre et sans résister, sans se défendre et sans violenter l'adversaire. Prisonnier de son espérance, il n'a pas vu l'horreur qui le menaçait, et a attendu passivement, jusqu'au dernier instant, que Dieu le sauve. Mais s'agit-il bien de cela ? Quant, aux dernières extrémités, les hassidim, au lieu de se révolter comme les insurgés du ghetto de Varsovie, cherchent simplement comment continuer de prier, de s'instruire mutuellement et de veiller au respect des préceptes, n'enseignent-ils rien aux survivants ? Lorsque, par exemple, ils se demandent ce que le judaïsme leur commande de faire en telles circonstances, et ainsi s'interrogent sur la bénédiction à prononcer avant d'aller à la mort - « car ceux qui élevaient chaque parcelle de vie élevaient aussi bien la mort[11] » -, doit-on se moquer ou

11. Revue *Kountrass*, n° 17, été 1989, p. 26 ; cf. E. Berkovits, *With God in hell*, New York-Londres, Sanhédrin Press, 1979 ; et B. Berkowitz, « Comme des moutons à l'abattoir... », in *Le Messager européen*, n° 4, p. 219 à 228.

chercher à entrevoir quel secret donne force et vie à cette millénaire patience ?

Cette patience résiste en effet aux outrages sur un mode plus subtil que l'impatience à faire mal à son tour. Cela n'implique pas qu'elle réussit à vaincre ce mal et à en triompher enfin, mais cela signifie encore moins qu'elle pactise avec lui et ratifie la victoire de la brutalité. Elle se situe ailleurs, en tentant de demeurer fidèle à sa vocation, elle témoigne, au cœur du temps, de l'éternité d'une Parole qu'elle continue d'entendre comme à elle adressée, sans vouloir à tout prix que les hommes la reconnaissent. Grâce à elle, le « reste fidèle » ne se laisse pas emporter par le courant du monde, il « demeure au rivage » et, en même temps, il « demeure dans l'attente »[12]. Cette double et paradoxale demeure donne le sens de sa patience : c'est dans l'unique mesure où il est fermement arrimé au rivage d'une Parole éternelle qu'il peut attendre si longtemps.

Il faut alors aussi comprendre ceux pour qui cette Parole s'est tue à jamais : comment pourraient-ils donc admettre une telle patience ? Ne ressemble-t-elle pas pour eux à une pure et simple connivence obstinée avec le malheur ? Car si la patience reçoit son sens d'une Promesse que chacun doit entendre comme s'il en était le contemporain - tout Israël se trouvait au pied du mont Sinaï, enseigne le *Midrach* -, ne perd-elle pas toute sa valeur si la Promesse s'avère caduque, si elle a décidément assez dupé des générations d'hommes et de femmes crédules ? Si un avenir inévitablement voué à la mort remplace l'éternité ? Dans ce cas, l'urgence de ce qu'il faut faire maintenant ne vient-elle pas de l'horizon d'une radicale finitude ? L'instant perdu aujourd'hui ne pouvant jamais se réparer, les vies uniques sacrifiées au nom de tant de causes injustes, et souvent simplement de celle du cynisme, n'ayant aucune chance d'être sauvées. Il faut, bien sûr, entendre ce discours de l'impatience à dire et à faire ce que le moment exige, même quand il semble aussi l'interdire. Sans lui bien des causes, privées et collectives, resteraient lettre morte, sans sa brûlure bien des angoisses finiraient par détruire l'appel à la vie qui frémit même au cœur des pires détresses. Mais convient-il pour autant de tourner en déri-

12. F. Rosenzweig, *L'Étoile de la Rédemption*, trad. M. Schlegel et A. Derczanski, Paris, Seuil, 1982.

sion ceux qui, vivant le temps au diapason de l'éternité, empruntent d'autres chemins ? Le monde n'a-t-il pas autant besoin des « plus forts » que des « meilleurs » ?

La patience des premiers enseigne en effet à l'impatience des seconds comment penser et vivre le présent autrement que pour ce qu'il prépare selon les avancées comme selon les reculs de l'histoire et l'empressement à voir les justes causes triompher. Car, si la tension vers le futur n'est pas étrangère aux « plus forts » puisqu'ils gardent vivante en eux l'espérance messianique, ils ne la dissocient pourtant jamais d'une orientation du temps par une Parole qui le transcende. Leur patience s'arrime donc à l'écoute attentive de ce qui leur annonce, à chaque instant, la transfiguration du devenir par l'éternité. Transfiguration qu'ils vivent déjà dans la liturgie qui imprègne presque tous leurs faits et gestes. Ainsi leur obéissance aux préceptes ne s'adapte pas aux commodités de la vie sociale, à son rythme souvent frénétique et, en tout cas, tributaire de la satisfaction des besoins et des intérêts humains, elle dépend exclusivement de l'ordre cosmique qui en détermine le moment.

Le respect des obligations religieuses ne dévalorise pas tant les rythmes humains et l'impatience de voir les projets aboutir, qu'il ne leur interdit de se poser en fins en soi, ou donc de devenir des idoles. Il faut rappeler, constamment et patiemment, que ces rythmes et ces projets ne sont pas ultimes, qu'ils ne témoignent pas de l'absolu et que le temps n'appartient pas aux hommes. Ainsi, pour les « plus forts », la réalisation des préceptes ne peut se faire à contretemps, en la subordonnant à l'utilité sociale ou à l'urgence privée, elle doit se vivre au diapason du rythme cosmique, tel un avant-goût de l'éternité, disent les sages. Seul cet avant-goût donne sens à leur patience, car il avive la mémoire de ce qu'il faut savoir se tenir prêt à accueillir plutôt qu'à prendre, telle l'heure de la paix et de l'amour, comme le chante Le Cantique des cantiques.

Les marchands, au Moyen Âge, découvrirent le prix du temps, ils voulurent le mesurer rigoureusement et organiser le travail à heures fixes, en défiant ainsi la prégnance du temps des clercs rythmé par les offices religieux. « À ce temps de l'Église, marchands et artisans substituent le temps plus exactement mesuré, utilisable pour les besognes profanes et laïques, le temps des horloges. C'est la grande révolution du mouvement communal dans l'ordre du temps que ces horloges partout dressées face aux clochers des églises[13]. » Cette évolution a maintenant mis son emprise sur tous les aspects de la vie, et la plupart des hommes des sociétés occidentales *n'ont* tout simplement *plus le temps*, comme si, à force de vouloir le maîtriser et se l'approprier, ils l'avaient perdu. Comme si, à bout d'impatience, ils s'étaient mis à détester l'attente, les délais et tout ce qui ne s'ajuste pas d'emblée à leur désir, c'est-à-dire en fait tout ce qui est autre. Comme si le temps des marchands avait progressivement envahi tous les champs de la vie humaine, singulièrement celui de la vie affective et sociale.

L'amour et la paix sont-ils possibles dans un univers envoûté par l'impatience du désir à tout régir ? Ne requièrent-ils pas le renoncement à son exclusivité si souvent tyrannique et le réapprentissage de la patience nécessaire à toute vie avec l'autre ? La nouveauté de chaque jour et l'unicité de chaque visage humain ne se révèlent qu'à celui qui, patiemment, retient l'élan de la parole oublieuse du silence propre à l'écoute, et celui du geste plus enclin à prendre qu'à laisser advenir. Car nul n'a chance d'être touché, au vif de son existence, par la grâce de l'autre, s'il s'obstine à imposer le rythme de son désir, ou donc de sa hâte à voir céder la résistance de l'altérité, à tout ce qui l'entoure. Or, si l'impatience se comprend quand cette résistance provient d'une matière rebelle aux besoins humains - mais même alors l'impatience doit obéir aux lois de la matière pour la subvertir, ou la transformer en objet utile à l'homme -, il faut en dénoncer la terrible méprise quand la résistance révèle l'altérité du prochain. Car il ne faut pas souhaiter, par impatience à être souverain, que cette résistance-là disparaisse, sous peine de se condamner soi-même à la damnation dont Dante dit qu'elle équivaut à la privation radicale et définitive de toute espérance.

Si l'homme veut en finir avec la résistance d'autrui, avec son rythme qui jamais ne s'ajuste au sien, son ultime tentation s'annonce alors dans le meurtre qui, par une dramatique confusion, croit que le geste fatal abolit une bonne fois l'énigme de l'altérité. Or, de ce geste fatal, toutes les attitudes qui consistent à couper impatiemment la parole à autrui, à n'avoir pas le temps de l'écouter ni même de s'apercevoir qu'il existe, ou encore à se débarrasser

13. J. Le Goff, *Pour un autre Moyen Âge*, Paris, Gallimard, 1977, p. 56.

avec empressement du poids obsédant de ses questions, et souvent, de sa souffrance, sans même s'intéresser à ce qu'il endure, constituent autant de prémices. Tous les mots qui, par indifférence, distraction et surtout égoïsme, renvoient autrui à sa solitude et s'essaient à l'enfermer dans une image où il ne se reconnaît pas, toutes les tentatives de donner du sens à sa souffrance pour ne pas être blessé par elle, comme dans le cas des amis de Job, toutes les hâtes à suivre droit son chemin sans emprunter l'interminable détour des présences autres ajournent chaque jour davantage l'échéance messianique. Car, même quand ces attitudes vouées à l'urgence se justifient de causes belles et nobles comme celle d'un engagement politique pour la liberté et la justice, elles passent résolument à côté de ce qui jamais ne reviendra - l'unicité irremplaçable de chaque vie - et ne s'en soucient presque pas.

L'amour et la paix constituent pourtant l'essentiel de la promesse messianique. Comment, sans patience, espérer la levée du sceau épais qui pèse douloureusement sur eux ? Les siècles n'atténuent en effet pas l'amertume de ce sceau, en dépit de toutes les idéologies du progrès ; malgré les victoires intermittentes de la liberté et de la justice, ils n'effacent pas la détresse humaine devant sa persistance qui donne à la vie de beaucoup un goût de cendres et de désespoir. Ne vaut-il pas alors de se tourner encore vers les « plus forts », vers ces hommes et ces femmes si peu épargnés par l'histoire, et dont l'espérance pourtant ne vacille pas ? Leur patience à contre-courant du temps, et si peu en prise, semble-t-il, sur les événements, ne sauvegarde-t-elle pas le plus précieux ? Ce sans quoi le monde cesserait de respirer ?

La force admirable de cette patience s'éprouve d'abord comme volonté de ne pas céder au mal et de ne pas croire à son triomphe définitif. Elle se vit comme résistance au verdict de l'histoire, comme refus d'en justifier les causes sous le seul prétexte qu'elles ont gagné. Elle entretient la mémoire des victimes de cette histoire narrée par les vainqueurs, non pour se complaire au martyrologe, mais parce que, à s'empresser d'oublier qu'elle se tisse dans les larmes des vies uniques et singulières, l'histoire s'éloigne chaque jour davantage de l'amour et de la paix. Ainsi, la patience des « plus forts » avive la certitude que les temps messianiques ne sont pas encore venus, que l'amour tarde et que la paix promise par les prophètes n'a décidément rien à voir avec celle que ratifient les traités entre nations quand les armes se taisent. Car, si cette paix-là vaut certes mieux que la guerre, elle repose encore sur un calcul intéressé, et ne rachète pas les vies sacrifiées à sa cause. Or la paix messianique ne ressemble pas à cette trêve, elle annonce le temps où l'être de l'un ne porte ni ombrage ni jalousie ni mort à celui de l'autre, car chacun se réjouit que l'autre soit. Elle dit que la Rédemption doit concerner toutes les existences brèves que l'impatience humaine a rayées sans scrupule de la liste des vivants pour parvenir à ses fins, comme toutes celles qu'un ordre social injuste condamna à une patience impuissante.

La patience des « plus forts » réside là : dans une millénaire capacité à refuser toute entente avec un messianisme qui n'embrasserait pas la réalité dans son ensemble, même la plus humble des vies. Cette patience mesure leur fidélité à une vie orientée par l'étude, la liturgie et les « bonnes actions », c'est-à-dire soumise à une Parole qui, selon eux, rachète le monde si on lui répond. Les impatients à voir enfin les sociétés changer dénonceront sans doute leur absence de sens politique, et tourneront en dérision l'inefficacité de la prière et de l'étude quand tant de dangers prévalent, ils insisteront sur le péril et l'immoralité de rester en retrait du terrible jeu du monde. Mais, à ceux qui s'engagent, par impatience devant l'injustice et le malheur, ces hommes et ces femmes à l'infinie patience ne disent pas que la volonté de changer le monde est vaine, ils rappellent simplement qu'elle ne peut se confondre sans risquer le pire avec la Rédemption. C'est sur sa mémoire fondée sur une Promesse que leur patience veille quand, indifférente à l'éphémère, elle scande et interprète la Parole éternelle et tente de convertir la vie en réponse à son appel. Cette patience-là révèle que la plus grande joie ne s'ajuste pas au désir mais surprend toujours. L'attente messianique enseigne que cette joie a le visage de l'amour et de la paix. Ce visage n'est pas encore là, nul ne peut le faire venir plus tôt qu'il ne le veut, mais chacun peut patiemment veiller sur sa mémoire, et le chercher sans faillir dans la nuit obscure. Le moment venu, il viendra pour suspendre la course de ceux qui comptent les heures, et ralentir encore davantage les pas de ceux qui vivent à son gré depuis des siècles. L'espérance dit que les uns et les autres souriront à son approche.

Catherine Chalier

De l'inertie au combat

Jacques Ellul

La patience, arme contre la tentation, s'acquiert dans l'épreuve. Mais comment la vivre au regard d'une venue qui se fait attendre, celle du Messie ressuscité ? Et peut-on l'acquérir sans qu'elle nous soit donnée ? La patience de Dieu vis-à-vis du mal semble scandaleuse, elle sauvegarde pourtant la liberté de l'homme.

Ce qui pour moi rend cette question très difficile, c'est que je suis un impatient par « nature », tempérament, existence, et que j'ai toujours voulu que les choses se fassent tout de suite et vite, ne supportant ni les délais ni les hésitations. Mais, écrivant cette phrase, j'entre déjà dans le schéma traditionnel de la patience. Dans le modèle qui permet de séparer simplement et clairement la patience des autres comportements. Et, dans cette démarche, ou cette image préconçue, l'étymologie est fautive et induit des images traditionnelles mais qui méritent d'être dépassées. *Patior*, supporter, souffrir, passivement. Et c'est bien de cela qu'il s'agit en général. Le bourricot sur qui on tape et qui ne regimbe pas est un animal patient, ou l'homme qui courbe le dos dans les avanies, ou qui ne proteste pas contre l'oppression est patient. Et il ne faut pas oublier que passivité est de même origine. Par contre le grec inclut dans la patience (*υπομονη*) un facteur énergique et volontaire. On traduira ainsi l'« action de rester en arrière » (volontairement) - la « *force* de résistance », le « *pouvoir* de supporter sans fléchir » - ou enfin... à l'autre extrême : l'*action* d'*oser* entreprendre quelque chose.

Mais ce n'est pas cette vision énergique de la patience qui a triomphé, et ce qui a prévalu ce fut une certaine image « molle » ; issue, il faut bien le dire, d'une conception « chrétienne » de la vie. Le chrétien, c'est celui qui supporte tout sans réagir et sans protester. Il y a peut-être là une double origine. D'abord, celle d'un Dieu tout-puissant, inébranlable, autoritaire, impératif, devant qui il n'y a qu'à « s'écraser ». Et, ensuite une certaine interprétation, au premier degré, à plat en quelque sorte, de textes bibliques. « Si on te donne une gifle sur une joue, tends l'autre » (donc laisse-toi battre et maltraiter sans réagir). Et combien de fois l'on donne comme exemple la passivité du Christ au moment de son arrestation et de sa crucifixion. Il ne s'est pas défendu, il n'a pas plaidé, il n'a pas protesté... quel exemple de patience ! Imitez-le. Mais voici que, justement, on oublie par exemple le caractère extraordinairement *volontaire* et, en fait, *dominant* de cette attitude : lors de son arrestation, il empêche Pierre de le défendre par l'épée, en lui disant : « Ne crois-tu pas que, si je le voulais, mon Père enverrait douze légions d'anges ?... » Et c'est l'opposition que j'ai souvent faite entre l'« impuissance » et le choix de la *non-puissance*.

De même, au moment de la crucifixion, que fait Jésus : il *prie* pour ses bourreaux - singulière « passivité » qui implique une extraordinaire maîtrise de soi et une domination envers la souffrance, d'une part, la haine, d'autre part ! Ici peut-être est-il nécessaire d'avertir le lecteur ! Je suis chrétien, j'essaie de penser bibliquement, et je ne saurais faire autrement, encore moins prétendre présenter comme fruit d'une réflexion humaniste ou comme une vérité générale ce que je pourrais dire ! Mais, précisément, les textes bibliques, très nombreux, qui parlent de la patience n'induisent en rien l'image « molle » à laquelle je faisais allusion. La dimension entière de la patience apparaît lorsque l'on entend, dans le texte biblique, qu'elle est toujours en relation avec la tentation.

Encore faut-il bien mesurer, et la tentation n'est pas un terme faible : il ne s'agit pas de tentation quand on pense (ce que l'on fait habituellement) à l'un ou l'autre de ces « péchés », tentation de voler une bague, tentation de posséder telle situation, tentation sexuelle... Ce sont des amenuisements de ce qu'est vraiment la tentation. La seule véritable, c'est la rupture avec Dieu, et la rupture avec le prochain - le reste est menue monnaie. Dès lors, quand nous sommes séduits, appelés, attirés par cette possibilité de rupture, il y a tentation. Et ce qui est alors mis en question, c'est notre foi et notre amour. Cesser de croire en ce Dieu. Cesser de supporter le prochain. C'est pourquoi on dira souvent que la tentation, c'est une *épreuve* de la foi. Encore faut-il bien s'entendre : épreuve ne veut pas dire « examen » ou « concours » ! Non, « épreuve » c'est la mise en question d'un matériau pour savoir s'il tient bien, s'il est de bonne qualité. Mais c'est aussi (comparaison souvent faite dans nos textes) un procédé d'épuration. On fait fondre un métal précieux pour le débarrasser de ses scories. Dès lors, de toute façon, l'épreuve est un passage douloureux ou dangereux. Le matériau peut casser, le métal précieux se perdre.

Ainsi la comparaison entre la tentation et l'« épreuve » est parfaitement légitime. La tentation (nous le voyons bien avec les trois tentations de Jésus) est une mise en question de la foi (« Est-il bien vrai que Dieu a dit ?... Est-il bien vrai que Jésus était Dieu ? Etc.) et, lorsque l'on sort de la tentation, alors s'est manifestée la patience ! On a eu comme arme la patience pour résister à ces questions. On est resté ferme en face de ce qui aurait pu nous écarter de Dieu, ou gaspiller ce que nous avions déjà reçu. La plus banale de ces épreuves est évidemment la souffrance et la maladie. Quand on désespère du mal dont on est atteint, quand il n'y a pas de guérison, et surtout quand il n'y a pas de réponse à notre prière. À quoi sert de prier alors ? Mais la patience consiste précisément à placer au-dessus de cette guérison une foi inconditionnelle en ce Dieu, qui de toute façon n'est pas un distributeur automatique de ce que l'homme demande. Ainsi on comprend les textes qui nous disent que l'épreuve de la foi produit la patience (qui est fermeté de la foi envers et contre tout).

Mais, très curieusement, les textes bibliques font de la patience, je dirais une qualité (une vertu, pour parler « chrétien ») tous azimuts ! Car il y a aussi « patience » envers les autres, ceux qui nous entraînent, dans un sens bien plus banal et proche de l'usage commun : la patience consiste à être ouvert aux autres sans les écarter, capable de les écouter, capable de se taire (soyez prompts à écouter, lents à parler !), c'est-à-dire laisser l'autre s'exprimer librement et ne pas envahir le dialogue. On voit le champ très étendu que recouvre la patience, mais tout dérive évidemment de cette première, dirais-je, « maîtrise de soi », ou bien fermeté dans la foi, qui est réponse à la tentation. Et nous voici amenés à un nouveau domaine d'application de la patience, selon la Révélation chrétienne, où nous rejoignons encore le sens commun.

Être patient quand j'attends l'autobus, c'est rester calme, ne pas s'énerver, ayant la certitude qu'il va arriver. Exactement de la même façon, la patience, vertu extrême, difficile, qui ne s'acquiert, avons-nous vu, que dans l'épreuve, s'applique, avec une tout autre dimension, à une venue qui se fait attendre ! Ce que l'on appelle la parousie, le retour final du Christ en gloire, du Messie ressuscité, après avoir été le Messie humilié. Les disciples avaient cru à un retour très rapide, et on connaît la phrase célèbre : « On attendait le royaume de Dieu, et c'est l'Église qui est venue ! » Alors la patience de la foi fait précisément partie de ces épreuves dont nous parlions. Et nous en étions prévenus : « Nul ne sait le jour ni l'heure, seul le Père… » dit Jésus. Donc : attendez le temps nécessaire. Ou encore : « Ce jour viendra comme un voleur, quand personne ne s'y attend… » Et surtout : « Mille ans sont devant Dieu comme un jour, comme la journée d'hier qui s'est effacée. » Il n'y a donc rien d'étonnant à cette longue durée. Il n'y a aucun calcul à faire. Il n'y a aucune prédiction ou millénarisme… Il faut attendre. Attendre passivement ? Non point ! La patience, avons-nous dit, est une vertu active et positive. Ici la patience ne consiste pas à s'asseoir et ne rien faire. Elle est une force qui, d'abord, est… raisonnable ! L'auteur de « La lettre dite de Jacques » est très éclairant : il compare celui qui attend le retour au laboureur « qui attend le précieux fruit de la Terre, prenant patience à son égard jusqu'à ce qu'il ait reçu les pluies… ».

Nous retrouvons donc une qualité tout humaine (se plier aux évolutions normales de la Terre…) mais appliquée à notre relation avec Dieu, et de ce fait changeant complètement de « statut ». Le retour du Messie viendra quand les choses seront mûres ! Mais ce n'est certes pas nous qui pouvons en disposer ni l'évaluer. Là aussi, Jésus est très catégorique. Ne coupez pas la moisson avant qu'elle soit mûre ! Alors, que « faire » ? D'abord, certes, la patience s'exprime dans la fermeté de la foi. Envers et contre tout, quelles que soient les évidences et la durée, j'affirme hautement dans la société où je vis que le Seigneur vient, et que rien de ce qui se fait en ce moment dans ce monde politique, économique, etc. n'échappe à la connaissance, et plus tard au jugement de Dieu. En attendant, la patience doit s'exprimer dans une grande liberté.

Si je suis sûr de la venue du Messie, je dois tout faire pour que ce retour soit possible et heureux. Donc fortifier la foi de ceux qui m'entourent - mais aussi manifester déjà dans ma vie la signification de ce Royaume. Or il s'agit bien moins d'une organisation « politique » que, enfin, de la libération pleine et entière de toute l'humanité. Dieu a créé l'homme libre. Il le créera à nouveau libre. Dans cette foi, j'ai à me manifester moi-même comme porteur de liberté, ici et maintenant. Le meilleur témoignage de la patience, outre la certitude, c'est donc l'exercice d'une vie libre mais vraiment *libre* (ce qui ne veut pas dire « libérale » ou anticonformiste !), ce qui implique une sorte de combat dans le monde où nous vivons.

Ainsi la patience, certitude du Royaume qui vient, n'a rien à voir avec la passivité qui supporte les injustices, les scandales et les oppressions de ce monde-ci. Mais, précisément, dans la mesure où sa référence est ce Royaume de justice, elle est forcément l'inverse de ces forces dominantes que sont l'esprit de puissance (elle ne cherche à dominer personne) et la convoitise (elle ne cherche à rien « posséder »). Or ceci est une expérience majeure : nous ne savons plus dans notre langage ce qu'est *vraiment* la convoitise, alors que la Bible en fait une des caractéristiques les plus importantes du mal dans le monde. Convoiter, c'est être prêt à payer n'importe quel prix pour posséder ce que l'on vise. C'est ne plus tenir compte d'aucune limite, d'aucune règle, c'est se transformer en animal de proie. « La convoitise est la racine de tous les maux » (et, après tout, Ève est le modèle de la convoitise quand elle vit que « le fruit était beau, bon à manger et utile à ouvrir l'intelligence »). Et voici que la patience (nous dit Jacques) est le contraire de la convoitise. Elle prend le temps, elle calcule le bien et le mal, elle ne désire pas aller au-delà de ses limites, elle accepte de ne pas tout avoir... Si, donc, la convoitise est la racine de tous les maux, la patience serait un remède bien nécessaire pour l'équilibre et le bonheur de chacun.

Nous ne pouvons alors éviter de poser la question : mais cette patience, d'où vient-elle ? Et comment pourrait-on l'obtenir ? Il ne s'agit pas là d'une question rhétorique et abstraite, de curiosité, mais bien d'une question existentielle. C'est-à-dire qu'il ne s'agit nullement d'un « problème à résoudre », mais bien de : comment *moi* pourrais-je acquérir cette patience ? En me considérant sérieusement, est-ce que je désire fortement devenir ainsi patient ? Suis-je prêt à entrer dans cet *univers de la patience*, si contraire (je le redirai) à l'univers dans lequel nous vivons. Un univers de la patience ? Puisqu'elle colore tout ce qui existe dans la relation avec l'homme, et toutes les relations que l'homme peut avoir avec ses prochains et aussi avec les choses, désormais à respecter. L'univers qui est le nôtre est celui de la convoitise et de l'impatience. Aller toujours plus vite, consommer toujours davantage, désirer - infiniment désirer - du nouveau, des machines, des produits exotiques, etc., et toute la publicité joue sur cette convoitise, formulée parfois : « Nous voulons tout et tout de suite », ce qui est bien l'inverse de la patience !

Mais cette patience, comment l'acquérir, d'où vient-elle ? Réponse aisée : « De Dieu. » Il est vrai que, comme toutes les expressions de la foi, elle ne vient pas de nous-mêmes : la foi, l'espérance, l'amour sont des dons de Dieu. Mais comme toujours elle résulte en même temps de la *coaction* de Dieu avec l'homme et de l'homme avec Dieu. Car, lorsque nous disons qu'elle vient de Dieu, cela ne signifie nullement qu'elle tombe brusquement sur nous et nous transforme. C'est au travers de l'« événement » que se produit l'action. Ainsi Jacques nous dit que c'est au travers des épreuves, comme nous l'avons rappelé, que la patience naît, c'est-à-dire dans une situation où précisément nous serions nous-mêmes spontanément impatients ! Mais, en outre, K. Barth a ici une intuition assez saisissante, la patience n'est pas un « don direct », mais elle résulte du Pardon ! C'est à partir du moment où nous nous savons pardonnés par Dieu que nous pouvons devenir patients ; en effet, nous savons à partir de ce pardon la relativité de tout ce qui nous survient, et que l'épreuve n'est pas une méchante agression ; mais la certitude que Dieu a déjà pardonné nous accompagne, alors nous pouvons supporter ces conflits et les accidents de la vie avec cette certitude d'une présence indéfectible sur laquelle nous pouvons compter ; par conséquent, cela relativise ce que nous pouvons souffrir. Bien entendu, ceci ne doit absolument pas s'interpréter comme un stoïcisme ou une négation de la souffrance, ou la conviction que nous ne souffrons pas. Bien sûr, nous continuons à souffrir, mais avec une lumière qui éclaire cette souffrance et qui nous permet la patience « dans l'épreuve ».

Il nous reste un point d'une importance capitale. La question nous est posée par une phrase de cette lettre de Jacques que nous avons citée plusieurs fois : « Il faut que la patience accomplisse parfaitement son œuvre afin que vous soyez *parfaits* et *accomplis*, sans faillir en rien. » Étonnant ! Car, enfin, jusqu'ici nous avons pu essayer de comprendre ce qu'était cette patience, mais malgré tout elle paraissait quelque peu mineure parmi toutes les autres caractéristiques de la vie chrétienne. Et voici que Jacques nous dit sans ambages que la patience, c'est ce qui conduit à la « perfection ». Ainsi tous les « grands dons », « la foi, l'espérance, l'amour »..., sont portés à la *perfection* par la patience, ils sont achevés grâce à la patience. Et ceci nous semble stupéfiant (surtout dans la mesure où ce n'est que bien rarement mis en lumière dans l'Église). Tout est donc *achevé*, porté à son comble par elle. Comment, expérimentalement, pourrions-nous croire cela ? Je pense que, pour en comprendre l'importance, il faut en terminant se référer à la patience de Dieu. Ce que nous montre la Bible, c'est que, avant toute chose, Dieu est patient. Non seulement parce qu'il attend le moment le plus propice pour intervenir dans la vie d'un homme ou dans le cours de l'Histoire, mais bien plus si nous considérons qu'en effet la patience de Dieu inclut tout le reste, l'amour, la grâce, le pardon, mais aussi la justice, car Dieu ne rend justice que lorsque « tout est accompli » ! Ce n'est jamais une justice hâtive et partielle.

On dit souvent, un peu légèrement, dans des écrits religieux que Dieu est patient. On va rarement jusqu'au bout. Patience de Dieu qui inclut son « espérance » que l'homme va changer, ou que tel moyen qu'Il met en œuvre réussira à convaincre et à convertir l'homme. On ne réalise pas, par exemple, que toute l'histoire racontée dans la première partie de la Bible n'est que l'histoire des essais faits par Dieu pour convaincre l'homme, pour le ramener à lui, pour lui restituer son innocence et son bonheur. Et combien de fois ces expériences échouent ! Cela nous semble aberrant ! Dieu le Tout-Puissant ne pourrait pas changer tout ça ? Bien sûr que si ! Et pourtant, il ne le fait pas. Et combien de fois avons-nous cette plainte de Dieu : « Je t'appelle et tu ne réponds pas », « j'ai tendu tout le jour les mains vers un peuple contredisant » (Proverbes I, 23-24 ; Romains X, 21). Et Dieu ne contraint pas, ne sanctionne pas.

Et la clé, la synthèse, nous l'avons dans l'Apocalypse, quand Jésus-Christ, apparaissant dans sa Toute-Puissance de ressuscité, dit :

« Je me tiens à la porte et je frappe » (III, 20). Il n'enfonce pas la porte, il se tient devant chacun de nous, comme un mendiant qui se tient à la porte et qui frappe..., attendant que le maître de maison (moi !) veuille bien lui ouvrir. Voilà la Patience de Dieu, avec l'Humanité et avec chacun. Il n'entre pas par effraction, il ne contraint pas. Il faut exactement inverser la formule populaire : « L'homme propose et Dieu dispose. » Non, c'est le contraire ! Dieu propose, et il laisse l'homme disposer ! Cela nous fait évidemment sortir du cadre traditionnel du Dieu Tout-Puissant qui accomplit sa volonté envers et contre tout - du Dieu Providence ou encore Prédestinateur ! Et pourtant, c'est bien cela qui est exact, et qui nous conduit à la plus haute question théologique qui se puisse poser : *évidemment*, si Dieu voulait, il n'y aurait ni guerre ni maladie ni désordre ni mal. Et l'on connaît le célèbre dilemme de Bakounine : « Ou Dieu est tout-puissant, mais alors il est mauvais ; ou Dieu est bon, mais alors il n'est pas tout-puissant. » La simple question qui se pose est la suivante : à quel prix, à quelle transformation se ferait cette mutation du monde et de l'histoire ?

Il faudrait que chaque homme agisse exactement comme il est utile, dans cet ensemble bien ordonné, bien huilé et fonctionnant parfaitement (car enfin c'est l'homme qui provoque les désordres, les guerres, etc.). Il faudrait que chaque homme soit une pièce exacte de cette immense horlogerie et n'ait aucune fantaisie, aucune distraction. Alors tout roulerait à merveille. À quel prix ? Simplement au prix de la liberté de l'homme ! Dieu transformant l'homme en parfait robot pour qu'il joue exactement son rôle, sans plus. Mais alors la création n'a plus aucun *sens*. Car le sens est donné précisément par le choix de l'homme dans son indépendance. Et, par ailleurs, il ne faut jamais oublier cette vérité centrale biblique, que ce Dieu biblique est *avant toute chose* le Libérateur. Il faudrait ici faire une longue analyse pour montrer que, avant d'être le Tout-Puissant, le Créateur etc., Dieu est le Libérateur. Dès lors, il y aurait entière contradiction entre cette « création » d'une horlogerie humaine et la volonté fondamentale de Dieu. Voilà donc pourquoi la Patience est placée aussi haut, et pourquoi elle porte toutes les œuvres positives de l'homme à leur perfection. C'est que notre patience est la condition d'existence de la liberté de l'autre.

Itinéraire mystique

Chantal Amiot

Le désir d'extase mystique, la nostalgie d'éternité expriment-ils autre chose qu'une aspiration à une rencontre avec l'Infini, qui ferait enfin oublier la condition temporelle ? La mystique chrétienne qui, au terme d'un patient itinéraire, évoque un « mariage spirituel » enseigne plutôt l'immédiateté de l'unité réalisée par l'Esprit dans la médiation du Dieu fait chair.

« Il est Dieu. Nous ne le sommes pas. » Voilà la confession qui peut monter au cœur d'une liberté finie, ratifiant ainsi la finitude d'une existence dont la durée est toujours en fission. Impossible d'en rester à l'acte du présent, où activement il nous semble pouvoir faire quelque chose, l'action fugitive tremble d'une vulnérabilité extrême : elle passe, reprise par d'autres, et arrachée à notre intention. La voilà, me voilà, passée, et ce passé me prendra dans sa détermination tout comme, pour agir, j'ai déjà dû me recevoir de toutes les déterminations des générations antérieures et de ce que j'ai généré en moi... Et ce passé passe à son tour, mais continue à peser inexorablement. Inversement, c'est à partir de lui que je peux, de mon présent, ouvrir mon avenir, le penser. Ma liberté projetant se reçoit donc également de ce qui a passé et qui avait un avenir puisqu'un possible s'inscrivait en lui.

Prise dans la contradiction existentielle des figures du temps où je me découvre recevant pour agir, abandonnée, aux autres avant que de donner, dessaisie des conditions de mon existence tout en la constituant, libre à moi de reconnaître : « Je ne suis pas Source. » Contingence de l'existence humaine à la recherche de son fondement et qui s'exprime, dans le registre religieux, par l'humble aveu de la Créature : « Tu nous a faits, Seigneur, et nous sommes à Toi. » Confession d'une relation dans une différence radicale et exaltation d'une transcendance au sein de cette relation fondatrice. Mais la conscience de cette finitude éveille inévitablement le désir de ce que nous ne sommes pas. Souffrance et gémissement d'une déficience qui est appel à posséder ce qui manque.

Éternelle histoire de la pénurie humaine, où l'éros humain, dans son aspiration inquiète, insatiable, cherche à combler son vide. Ainsi commence la Quête - comment s'approcher de Lui ? - et tout à la fois le piège et l'ensorcellement. Naît le désir éperdu de « sortir » : dépasser le monde, le temps, dépasser nos pauvres manières marquées par nos sens, notre imagination et même notre entendement dans ses énonciations. Dieu, s'il est tel, ne saurait être saisi par le charnel. La totalité humaine commence donc à se scinder. Refus de l'extérieur, du monde, du corps : nous irons à Dieu par notre âme seulement et en elle par ce qui est le plus apparenté à Lui, non ce qui dans notre esprit suit la marche du temps en analysant et synthétisant, mais par ce qui, tout à coup, au terme de négations réitérées de ce qui marque notre finitude, peut nous faire apercevoir la Beauté tant désirée, goûter l'Union, nous rassasier de sa Présence.

Piège de l'ensorcellement. L'éros ne risque-t-il pas d'être clos sur lui-même et sur les miroirs lui renvoyant sa seule image dans des simulacres d'infini ? « Vous serez comme des dieux », « vous ne mourrez pas ». L'aspiration risque toujours d'être la gueule dévorante de la Bête, dans le mensonge qui nous conduit à obtenir par nous-mêmes l'objet de notre désir. Surtout pas de dette. Infatigable est l'immense besoin de notre Belle Image. Sans respect pour le Tout-Autre. Notre longue vertu est la fermeture la plus étroite. Bref, la sortie est ratée, la Transcendance bafouée.

Car Dieu est l'Inaccessible, l'Incomparable. Entrant plus avant dans notre relation avec Lui - toute tissée de même sur fond d'autre, dans le cadre d'une contingence confessée comme création -, nous expérimentons qu'Il est le Tout-Autre. « Qui pourra se délivrer des manières basses et limitées où il est ? », gémit l'âme. Prison de nos limites : qui pourra se représenter autre chose qu'à travers soi et la temporalité qui le constitue ? Quand, dans le sentiment de Présence, l'âme sait que Dieu est là, dans ses énergies - c'est-à-dire dans les opérations par lesquelles Il se communique -, elle est alors conduite dans ses représentations sur le dernier promontoire, cette « pointe du monde », comme dit Grégoire de Nysse, où l'abîme s'ouvre.

Conduite à ce vertige où elle perd pied, la tentation la prend de se replier sur l'évidence de la représentation ultime. C'est alors précisément qu'elle ne voit plus. La vraie vue dépasse donc toute vue. Dieu reste au-dessus de tout. Quel remède ? S'engloutir dans l'infini par la technique même la plus raffinée, et de la sorte nous délivrer de la soif ? Ou bien en rester au désir. C'est que « la vision de Dieu consiste en toute vérité en ceci que l'âme ne se lasse jamais de désirer lever les yeux vers Lui, continue Grégoire de Nysse, ceci constitue véritablement la vue de Dieu, ne jamais trouver la satiété dans le désir » (*Vie de Moïse*, I, 404A).

Ainsi la vraie connaissance se produit en dehors de toute lumière, dans la nuit, mais dans une nuit divine qui est « Ténèbre éblouissante ». C'est la véritable gnose. Perdue dans l'infinité de cette ténèbre où elle n'a plus prise sur rien, elle reconnaît Dieu à cette totale impuissance qui est la sienne. Pourtant Il est là, dans ses énergies. Visage contre visage ? Peut-être, mais dans la nuit. Et si même la mort physique survenait, rien ne saurait ôter l'Abîme. Car, s'il est vrai que pour voir Dieu il faut mourir, il est non moins vrai que jamais la Créature n'est Dieu. Il reste à jamais l'Inconnaissable, même si, à travers l'éternité où nous entrons par la mort, nous pourrons progresser dans cette incognoscibilité. Dieu est Ténèbres pour l'âme créée, même si elle ne cesse d'avancer dans les Ténèbres ; ainsi va-t-elle de « commencements en commencements, par des commencements qui n'auront jamais de fin ».

La seule joie est donc notre désir, et la joie de la patience dans l'inassouvissement de ce désir : respect du Tout-Autre. Joie mêlée de larmes, « bienheureux ceux qui pleurent ». N'y a-t-il pas, en effet, une certaine tristesse de la Créature qui sait qu'elle ne verra jamais Dieu comme Il est pour Lui-même ? « Et dans la mesure où nous comprenons que ce Bien dépasse toute notre intelligence, la tristesse doit s'accroître en nous-mêmes de ce que ce Bien soit si immense », reconnaît Grégoire de Nysse. Dieu est la Beauté désespérante, et le désespoir de l'âme n'est que l'expression adéquate de la reconnaissance qu'entre Dieu et l'homme il n'y a pas de parité. À l'humilité de la contingence consentie succède l'acceptation amoureuse de ce désespoir qui laisse l'Autre être l'Autre, totalement lui-même dans sa transcendance. Mort immense. Mais c'est en acceptant ce désespoir, note Grégoire de Nysse, que l'« âme reçoit la flèche élue en elle-même à l'endroit mortel du cœur », c'est-à-dire Dieu.

Car il est vrai que la Transcendance absolue n'est pas le dernier mot. L'Au-delà de Tout - ce qui fait que nul n'a de droit sur Lui - peut seul être au-delà de lui-même. Seul Dieu peut aller au-delà de ce que l'homme peut se représenter comme Dieu, c'est-à-dire comme Celui qui nous est définitivement inaccessible. Certes, l'abîme entre l'absolu et le relatif n'est jamais supprimé - il est intrinsèque à la relation en vérité - mais, en même temps, il ne cesse d'être comblé. Car si Dieu est l'infini, le fini ne peut faire nombre « à côté » de Lui, sinon précisément l'infini ne serait plus tel. Cela sans panthéisme, dans une mystique où la conscience de soi et la conscience de Dieu coïncideraient. Sans engloutissement non plus du fini dans l'infini. Mais sans que non plus l'humanité puisse être ce qui empêche le Tout-Autre de venir jusqu'à elle. Sans confusion dans la distinction du Créateur et de la Créature, dira-t-on en langage religieux, mais cependant sans séparation.

Ainsi, la transcendance de Dieu se dépasse dans une extase libre, souveraine de Dieu, au cœur de sa création, dans l'histoire des hommes. Décisif retournement où l'éros humain se découvre pris dans l'Amour divin, l'Agapé. Le Temps, dans sa discordance et son échappée perpétuelle à soi, se découvre abrité dans l'éternel dessaisissement de soi de l'Éternel, dans une éternelle communication ; comme si le nécessaire don et abandon de soi dans l'écartèlement du temps, repris dans la liberté et dans l'amour, était comme le vestige, l'image et même la ressemblance de cette extase libre du Très-Haut dans sa gratuité insondable. Et la mort au cœur du devenir - cette petite mort à soi-même de tous les jours où il faut sans cesse nous quitter, tout comme la mort où nous disparaissons - ne pourrait être que ce même passage, en une extase renversée - de ce qui, gratuitement, s'est donné à nous.

Si l'éternité désormais ne méprise plus le Temps, celui-ci est bien désormais le lieu d'apparaître du Transcendant. Et si l'histoire humaine est tissée de l'Agir humain, c'est alors en elle que la communication du Très-Haut au fini aura lieu, que la rencontre s'opérera. Désormais le désir individuel bascule en expérience collective et historique, et l'individu prend place dans un Peuple. Nulle inquiétude des limites ; elles sont notre Forme ; c'est là où Dieu nous rejoint. Cette descente de l'absolu au cœur de l'histoire humaine bouleverse l'éros religieux qui devra désormais apprendre le chemin pour devenir amour : redescendre les marches gravies, honorer l'homme, tout l'homme, dans son corps et dans son âme, humble chair solidaire de toutes les autres, et qui, dans son humilité, est désormais prise en considération par le Très-Haut qui lui parle, qui se communique au Peuple dans Ses volontés, lui demande d'être saint parce qu'Il est saint. Alliance unique expérimentée par le Peuple élu.

L'expérience chrétienne s'enracine en elle, se nourrit d'elle. Mais elle confesse l'accomplissement de la Promesse dans la venue, historiquement advenue, de ce Dieu dans la Chair : fils promis et donné, sommet de la Fidélité de Dieu et de la Foi humaine. L'Unique est dans cet Unique qui révèle l'Unique. En ce juif, homme visible, elle reconnaît Celui que personne n'a jamais vu, elle voit la communication même de Dieu en la Chair. L'Insaisissable, dans un geste insondable d'Agapé, s'est fait perceptible : visible, touchable ; Parole de Dieu, Verbe audible dans la voix d'un homme. Scandale qui est le mot définitif de Dieu. Et, comme en écho, le mystique Jean de la Croix répétera (*Montée du carmel*, liv. II, chap. XXII) : « Je t'ai tout dit en ma parole qui est mon Fils. Je n'en ai point d'autre que je te puisse maintenant répondre ou révéler. Regarde-le seulement... » « Je n'ai plus de foi à révéler, ni de choses à manifester. »

Admirable échange, mais tel que l'humanité n'est pas seulement un signe, un instrument ne faisant que renvoyer à l'Inscrutable dans un extrincésisme où l'humanité ne serait plus que l'apparence de Dieu, ou seulement adoptée par Dieu. Il est Gloire du Père, ce Fils unique, et « empreinte de Sa Substance ». Pas de dualisme qui laisse complètement séparées la divinité et l'humanité, mais pas de confusion. Les épousailles se font dans la rigueur du respect de l'un et de l'autre. Mais aussi dans l'éblouissante beauté qui rayonne directement le sans-fondement, et laisse advenir dans son apparaître Celui qui est plus grand que Tout et qui se donne gratuitement. La Gloire de Dieu le constitue, rayonnement fulgurant du Très-Haut. Qui peut le saisir dans cette humilité de la Chair humaine de l'homme de Nazareth ? Qui peut confesser en Lui la Figure unique de beauté qui, dans sa limite humaine et sa forme déterminée historique, est Splendeur du Père, issue de la longue fidélité de Dieu à ses Promesses, et de l'accueil par Sion de ce que Dieu lui a promis ? Qui peut voir en Jésus le Dieu communiqué et reçu ? Ici le long chemin de la patience chrétienne s'ouvre : celui de la Foi, dans l'amour. Celui de l'espérance.

Qu'est-ce qui peut nous faire « voir » cela... ? Seul l'Acte de Foi. Car Dieu seul peut voir Dieu, et Lui seul ouvre en nous les yeux de Dieu. En eux nous voyons le Très-Haut devenu homme, ce que le chrétien appelle Incarnation. Ainsi la Foi, qu'on a coutume de lier à l'obscurité, à l'absence due à la Transcendance du Dieu toujours plus grand - et ceci est exact -, est conjointement puissance de visibilité. Nuit de la Foi, mais ténèbres lumineuses. Le peuple juif le sait, qui ne peut connaître Dieu et ses merveilles qu'en croyant en Lui (Exode 14, 13 : « N'ayez pas peur... voyez le salut que Dieu réalisera pour vous aujourd'hui... » « Israël vit la grande puissance... ils crurent en le Seigneur » 14, 30). Ainsi il connaît en croyant, et croit parce qu'il connaît le Seigneur. La Foi est celle de l'Alliance : Révélation de Dieu qui s'annonce dans une Promesse et l'accomplit, à quoi « correspond » l'homme dans l'obéissance, la docilité, l'espérance, la confiance. Et pour un chrétien ce sera voir la Promesse accomplie dans la Révélation du même Dieu en Jésus-Christ, le Fils, et y correspondre.

Mais comment cela se fait-il ? Comment se dégage l'espace de visibilité dans laquelle prendra place l'Unique Figure ? C'est de Dieu que tout vient, et non de l'impatience de notre désir. L'ouverture du Sein d'où jaillit la Lumière se fait dans l'autorité souveraine du Père, et une voix retentit : « Celui-ci est mon Fils bien-aimé. » La Vérité ne se fait que dans cette puissance de visibilité qui est communication ultime, ouverture en grâce, et qui en appelle, de la part de l'homme, à la correspondance, à l'acte radical d'obéissance. Seul l'engagement total de la profondeur personnelle de chacun est réponse à cette ouverture de la profondeur personnelle de Dieu. Dieu ne communique pas d'abord des vérités à son sujet, mais se donne comme la Vérité et l'Amour absolus. Or cette ouverture me fait tout à coup « face » dans un visage, cette Figure historique. La Lumière infinie est souverainement rendue perceptible dans cette réflexion libre d'elle-même, qui est tout à la fois acte de communication et objet de communication, forme et contenu liés en un Visage d'homme, Dieu ; dans l'humilité d'un Fils d'homme, l'humilité du Fils. Dieu né de Dieu. Mais c'est l'Unique qui parle.

Alors dans l'ouverture infinie de la Vérité se manifeste la Vérité comme adéquation totale à elle-même. Elle est cette Figure, ce Visage. Jaillissement d'une évidence objective dans la saturation de sa plénitude et la perception de toutes ses relations portées par le Fils vis-à-vis du Père et le Frère vis-à-vis des hommes. L'idée vraie s'atteste dans son évidence. Mais, ici, l'idée vraie est Dieu en Chair d'homme, sans confusion ni séparation des deux libertés divine et humaine. Rayonnement de la Gloire dans l'humilité du Serviteur. Étonnement devant cette Figure. Je peux la contempler, la voir, l'entendre, mais non point la maîtriser. Si déjà, devant une grande œuvre d'art, nous ne cessons de contempler, « mesurant » ainsi sa génialité inconcevable qui nous impose sa mesure, combien plus ici. Saisis, nous sommes « ravis », doucement emportés en Lui, dans la liberté la plus vraie, la plus adéquate, vers le Dieu toujours plus grand, immense.

Et la Force qui s'échappe de Lui rejoint le Travail à l'intime des cœurs. C'est dans l'Esprit que nous voyons le Fils du Père. Et c'est Lui qui permet à la liberté finie de s'ouvrir, sans aliénation ni hétéronomie, au don souverain. Ouverture du dedans de notre liberté soumise à l'altérité de Dieu, à l'espace gratuitement ouvert de la liberté infinie, et remise confiante et fidèle de soi au fil du temps. « Lorsque surgit l'assentiment, la liberté finie atteint sa vérité infinie », dira un théologien contemporain, Urs von Balthasar. Le Oui est la plénitude du Jugement vrai. Ainsi l'Esprit, dans un patient travail, prend soin d'agir dans les cœurs pour que le Fils puisse être reçu, et qu'en Lui on puisse voir Dieu.

La mystique chrétienne n'a pas d'autres vision et contemplation que celles-ci, pas d'autre voie d'union ; même si c'est par la médiation des croyants - l'Église - que l'Unique Figure lui est transmise à partir de ceux qui ont vécu avec le Christ et ont témoigné de Lui. C'est pourquoi dans toutes les « nuits » mystiques au cours desquelles la Patience de Dieu nous fait endurer sa Présence dans l'Absence, ce sera toujours la Foi qui sera donnée comme le seul moyen prochain d'union avec Dieu, le seul qui lui soit proportionné.

En elle se fait le renoncement aux convoitises humaines. En elle la purification de l'homme, qui ne peut approcher Dieu que si celui-ci vient au secours de son entendement : « Si tu comprends, alors ce n'est plus Dieu. »

Au cœur de ce que Jean de la Croix appelle « nuit de l'esprit », lorsque les connaissances que nous avons sur Dieu et les choses de Dieu ne conviennent plus dans la manière dont Dieu nous conduit, c'est elle qui nous dit des choses jamais vues et entendues. En elle le renoncement actif à ne devoir qu'à nous ce que nous pouvons saisir de Dieu. En elle l'union d'obéissance dans sa clarté tout obscure pour nos facultés discursives et intellectuelles considérées abstraitement, c'est-à-dire sans elle. La Foi est mort à notre désir de captation - Dieu et Dieu, l'Unique. Elle est commencement de vie éternelle dans une « connaissance de connaturalité », qui n'est pas simple maîtrise intellectuelle, mais une connaissance par transformation intime, où il est vrai que « par Ta Lumière nous voyons la Lumière »..., cette Lumière venue en ce monde.

Mais croire, c'est aimer. L'ouverture extatique de notre esprit par l'Esprit, dans la Lumière de l'Absolu, est tout aussi immédiatement ouverture de notre désir à la longue patience de l'Amour. Si l'Esprit a conduit le Fils au long de sa vie humaine dans son oblation au Père, et l'a mis au service des hommes, la seule règle qu'Il impose - et qu'Il est - est d'aimer Dieu et les hommes dans cet amour de Fils. Pas un iota du cœur de la loi n'est supprimé. L'acte de contemplation est indissolublement un acte éthique. L'extase hors de soi est commandement d'amour qui commande la proximité au plus lointain. Rude apprentissage pour notre impatience.

Mais ce qui à l'homme est impossible devient, dans l'Esprit du Fils, possible, même si alors, dans le combat, le vieil homme est encore là dans l'homme nouveau qui naît. Dès lors, il faut se donner et se livrer, convertissant le besoin que nous avons de nous compléter en renoncement. « Nuit » active du sensible, certes : « Quelque goût qui s'offre au sens, s'il n'est purement pour l'honneur et la gloire de Dieu, qu'on y renonce et s'en prive, pour l'amour de Jésus-Christ » (Jean de la Croix, *Second avis spirituel*). Les convoitises empêchent l'usage correct de nos sens, c'est-à-dire leur acquisition définitive qui les rend spirituels. Non pas autres absolument, mais les mêmes au service de l'autre à honorer, de nos frères et sœurs en humanité.

Le renoncement par le service et l'entrée dans l'humilité nous conduisent à cette unique parole : « Que Ta volonté soit faite. » Là est l'attitude juste qui correspond à la sensibilité et à l'affectivité fondamentales, au « sentir » juste. Car, bien loin que le sentir soit un acte particulier à côté de la raison et de la volonté, il indique - bien avant tout affect actif ou passif, le désir ou le plaisir et la peine - que je suis en connivence avec tout ce qui est. Sorte d'accord ontologique qui est inclination vers la chose en vertu de la parenté la plus intime. C'est cela qui s'exprime dans le « que Ta volonté soit faite ». Renoncement à toute impatience. Goût de la volonté de Dieu, ce qui est don de Sagesse. Saveur *(sapor)* de cette sagesse *(sapientia)*, intégration de toute la vie personnelle, attitude globale de l'homme en face du Dieu vivant, laquelle est primordialement Charité *(Agapé)* de Dieu en nous.

C'est cette transformation intérieure qui est acquise au long des nuits mystiques. Nous devenons souples, malléables à l'Action divine, et ceci nous donne de pouvoir vouloir selon le Vouloir de Dieu. Or Dieu ne veut que Se communiquer, c'est-à-dire aimer. Alors c'est l'Esprit du Fils donné par le Père qui soutient le libre engagement de nous-mêmes à l'Amour, l'achemine à une disposition habituelle jusqu'à nous faire vivre de ces dons qui nous font le connaître dans sa Lumière, agir selon Sa Volonté, accéder enfin à la relation filiale. L'expérience mystique sera donc l'éprouver de cette Agapé qui n'est plus l'éros dévorant, mais l'éros renoncé.

L'éprouver jusqu'à la totalité de soi-même : depuis notre intelligence jusqu'à nos sens, puisqu'on n'aime pas les autres avec d'autres sens que nos sens corporels habités par la Charité de Dieu, ou depuis nos sens jusqu'à la pointe de notre intelligence, comme on voudra. Voyage hors de soi qui se déploie en tout nous-mêmes et qui est l'expérience que nous faisons du Christ - vie dans le Christ. Il s'agit d'expérimenter sa totale disponibilité à Dieu son Père et aux hommes, cette façon de se vider de soi - kénose - qui l'a conduit jusqu'à l'obéissance de la mort. Jésus aima jusqu'au bout son Père et les hommes.

C'est par là qu'on peut approcher du mystère de la Croix. Car elle est bien ce qui manifeste dans la ténèbre la plus lumineuse ce qu'il en est de cette plus extrême obéissance envers Dieu et du plus extrême service des hommes. Le chrétien y voit l'Ultime de l'Alliance dans une modalité douloureuse du fait de l'incompréhension et du refus humain. Tout ce que les hommes peuvent avoir de plus opposé à Dieu, dans leurs convoitises charnelles, l'idolâtrie d'eux-mêmes, le refus de Dieu, la volonté têtue d'en rester à leur point de vue, a été assumé, dans la volonté la plus aimante et la plus fidèle au Dieu de l'Alliance et de la Promesse. Vénération intense où le Dieu communiqué meurt, manifestant le péché de l'homme dont il est la victime, cependant que son humanité, tout entière docile au souffle de l'Esprit, meurt en Lui, faisant mourir ainsi toute suffisance humaine.

Patience suprême de la Passion du Christ. Abaissement extrême du Dieu communiqué dont l'Agapé ne peut aller plus bas, et ouverture entière de l'homme. Kénose. Extase réciproque, dans l'unité des deux natures distinctes, où s'opère l'ouverture radicale de l'Éternel au temps et du temps à l'Éternel. Jour du Jugement où les libertés divine et humaine sont liées à jamais dans le don et le pardon divins, et l'obéissance humaine de Celui qui est le Fils et qui couvre toutes les désobéissances meurtrières.

L'alliance est désormais définitive pour le chrétien, et l'homme a désormais accès à Dieu l'Unique qui est Trinité. Car, au cœur de l'événement de la Croix s'opère le dévoilement insondable de l'unique manière dont le Fils se rapporte au Père et le Père donne son Amour à son Bien-Aimé. L'Écartèlement de la Croix, la diastase la plus extrême libère à nos regards l'Engendrement originaire (« Tu es mon Fils, aujourd'hui je T'ai engendré », Psaumes 2) qui est source et germe de la Nouvelle Création (Isaïe 53) née dans la béance des plaies du Serviteur. Jamais le mystique chrétien ne pourra dépasser l'insondable de ce qui se passe là, puisqu'à la croisée des libertés divine et humaine s'inscrit dans le temps l'éternelle Source, et le Sens de ce temps : il est fondé sur l'extase de ces deux amours où la liberté humaine assume le Oui qui est l'éternel Oui du Père au Fils et du Fils au Père. L'Esprit, expiré dans cet Ultime Accord, s'épand sur toute Chair. Toute mystique ne sera que la reprise, sans cesse modulée dans ses variantes infinies, de cet Événement où fulgure le cri humain du Fils remettant tout à son Père, Dieu, qui l'accueille.

L'heure patiemment attendue des mains du Père et qu'il tardait au Fils d'atteindre est venue. Tout est consommé. Dieu paraît dans la Gloire indestructible de Celui qui est désormais sans figure, sans beauté. Nous pouvons le regarder car nous sommes vus, tous, en Lui, suscités à nouveau dans l'extase de la tendresse et de la miséricorde divines.

Mais nous regardons sans voir, et n'éprouvons que le vide. Au-delà de l'espoir - une mort d'homme, c'est une interruption de ce qu'on pouvait en espérer. Au-delà même de l'espérance de ceux qui, du sein du peuple élu, avaient cru en Lui : « Nous espérions, nous, que c'était Lui qui allait délivrer Israël » (Luc 24, 21). Dieu a-t-il tenu sa Promesse ? Rien n'a été conforme à l'attente. La relation définitive entre l'homme et Dieu s'est-elle faite là ? Oui ou non Dieu est-il au milieu de nous, est-il présent dans cet Absent ? Est-il le Fils de la Promesse ? Mais il est mort. Notre impatience interroge : où est la Terre promise, ce qu'il appelait le Royaume et qu'il disait proche. Pour quand ? Le mal, la souffrance, la mort, l'infidélité, n'est-ce pas cela qui a triomphé ? En nous, n'en est-il pas de même ?

Chacun de ceux qui entrent dans l'espérance questionne au tréfonds de lui-même, selon les modalités de son histoire personnelle liée à l'Histoire collective. Alors, tout peut être oublié des différentes présences de Dieu auparavant données. La Mémoire, dans l'itinéraire spirituel, avait sa « nuit active » : elle consistait à ne pas en rester aux faveurs éprouvées de Dieu - qu'il s'agisse de douce présence ou de visions contemplatives très hautes autant que de paroles et de sentiments spirituels. Désormais, elle pâtit la nuit de l'échec éprouvé : « Nous espérions, nous. » Mais il est mort. Souvenirs douloureux et désenchantés, récits de disparu ; beaux rêves humains effondrés ? Tout a-t-il été vain ? Le Salut est-il venu ?

Reste, pour le chrétien, à l'obscur du chemin, la fidélité de tout l'être. « L'espérance est la substance de ce que l'on ne possède pas encore » (Hébreux 2, 1), et « voir ce que l'on espère, ce n'est plus espérer » (Romains 8, 2). Restent le geste et le dire de la communauté ecclésiale qui transmet le Message et en témoigne. Geste du pain rompu, du vin bu à la même coupe. C'est le rappel du geste que fit à la fin du repas - le dernier, un repas de communion avant la Pâque - Celui qui devait mourir : « Ceci, pour vous », « Nouvelle Alliance, en mon sang. » De quoi traverser le Désert. Mais comment ceci peut-il me nourrir si je ne me livre pas ? Celui qui me nourrit de son être livré pour nous a fait le geste de laver les pieds des hommes. Comment alors ne me livrerais-je pas à leur service, comme il l'a fait, voulant rassembler tous les hommes en un seul corps, son corps. Ainsi, c'est dans l'oubli de soi jusqu'à en mourir que mémoire sera faite, dans notre propre chair, de l'Absent.

Immense présence de cet Absent. Son corps de présence habite l'Écriture, et notre cœur est tout brûlant cependant qu'Il nous l'interprète. Sans que jamais nous ne soyions maître du sens, sauf à devenir idolâtres, christolâtres. Ne pas mettre la main sur Lui. Il échappe. Leçon pour notre impatience. La véritable lettre, ce sont nos cœurs qui se laissent travailler dans l'Histoire par cet Absent. Il nous requiert pour nos frères et sœurs, et pour Dieu : « Notre lettre, c'est vous » (2 Corinthiens 3). Avenir inépuisable de cette Absence. « Il vous est bon que Je m'en aille. » Mais longue est la nuit, longue l'attente de sa venue. Une lumière crue, impitoyable tombe sur nos propres fautes et celles de la communauté dont nous partageons l'infidélité. Suis-je même digne d'être sauvé ? Espérer en Celui qui est Miséricorde. Attendre le Seigneur, « plus qu'un veilleur n'attend l'aurore ».

Seule la gratuité de cette présence attendue autant qu'immensément espérée pourra tout à coup faire savoir ce que veut dire : « Il est vivant. » Expérience allant jusqu'à la substance du moi, à ce nom de chacun gravé dans le cœur de Dieu - « Marie », « Rabbouni ». Pour le spirituel, l'immense nouveauté de ce mode de présence - qui requiert généralement toute la vie de foi et l'union de volonté, mais pas toujours car ceci peut arriver dans les conversions - indique qu'on est sur le seuil de la vie éternelle, dans les splendeurs de la Résurrection telle qu'au matin de Pâque celles et ceux qui avaient connu Jésus l'ont expérimentée, annoncée, telle qu'au long des siècles la longue chaîne des croyants l'a transmise. L'Esprit de Dieu illumine et continue d'ouvrager la Transfiguration du monde inaugurée dans le Christ ressuscité. Alors dans l'illumination nous sommes conduits à l'union. Aurore du matin de Pâque. Saisissement de la Rencontre :

> « Détourne les yeux, Bien-Aimé
> car je m'envole »

chante Jean de la Croix, à la suite du Cantique des cantiques.

Alors qu'on désirerait mourir d'amour - mourir non de mort,

mais de vie, car seule en définitive la vie tue -, passer au face-à-face, voici qu'on recule, saisi par la transcendance infinie de Dieu. Mais Lui s'approche : « Reviens, Colombe. » Temps de douceur et de paix, comme au matin sur le lac de Tibériade. « Temps des fiançailles », dira-t-on dans la littérature spirituelle. Pour la première fois dans son itinéraire, l'homme qui, de tout lui-même, s'est laissé guider, touche le réel du réel. Il voit. Tout est reconduit dans la Beauté de la Création, désormais les sens peuvent goûter, l'intelligence saisir, la mémoire unifier : « Dieu vit que c'était très bon ». Mais toute cette Beauté est saisie dans la Beauté singulière de l'Unique, le Fils qui est l'Homme-Dieu et qui n'exclut cependant personne. C'est Lui que le mystique contemple, ravi, en tous les êtres. Transporté, il est en paix, en Lui.

Le chemin de l'Union s'ouvre alors. C'est la Flamme très douce de l'Esprit qui mène dès lors jusqu'à l'Union la plus complète en transformant et consumant :

« Ô Flamme d'amour, vive flamme
Qui me blesses si tendrement
Au plus profond centre de l'Âme !...
Achève donc, si tu le veux
Romps enfin le tissu de cet assaut si doux. »
(Jean de la Croix)

Réponse de beauté à la Beauté divine. Désormais l'âme vit, au centre de son être, la vie divine. À la fois mouvement et repos selon nos humbles mots, elle meut notre vie et notre Histoire se découvre en elle. Vie qui est celle de la Trinité, ouverte par le Père, manifestée dans le Fils, ratifiée dans l'Esprit. Nous sommes pris dans la vérité de cette vie. Vie de Dieu qui est vie personnelle, car l'Unique est communion dans une extase indicible de Lui-même : Il est Source donnée, c'est le Père. Il est Dieu-Accueil et Parole, Verbe : c'est le Fils. Il est Spiration inépuisable de ce don dans cet accueil infini, c'est l'Esprit. Jaillissement sans fin de cet échange d'amour.

C'est dans cette Vie divine, mouvement d'amour de l'Unique que prennent désormais place l'espacement de notre finitude, toute notre histoire. Et le spirituel sent tous les parfums des facultés humaines embaumer l'air à la brise caressante de l'Esprit. Exhalaison qui est un « bouche-à-bouche ». À Moïse, déclare le Seigneur, au Livre des Nombres, je parle bouche-à-bouche. Jean de la Croix commente : « En essence de Dieu pure et nue - qui est la bouche de Dieu en amour -, avec l'essence pure et nue de l'âme, qui est la bouche de l'âme en amour de Dieu. » Baiser échangé entre l'homme et Dieu, et qui est l'Esprit même de Dieu. Alors l'opération de Dieu et celle de l'âme ne sont plus qu'une seule, alors l'âme donne elle-même à Dieu l'Esprit-Saint reçu, et le lui donne néanmoins comme sa chose propre : « Elle donne Dieu à Dieu même en Dieu. » La prière du Fils au Père est désormais réalisée : « Que l'Amour dont tu m'as aimé soit en eux, et moi en eux. » Sommet mystique du « mariage spirituel » où l'homme est à ce point transformé qu'il est désormais « Dieu par participation ».

Qu'est-ce à dire ? L'homme serait-il devenu Dieu ? Le mystique indique en définitive tout le sens de l'humain dans son rapport tout à la fois immédiat et médiat avec Dieu, d'égalité et d'inégalité avec Lui, commente Georges Morel dans son livre sur Jean de la Croix. Participer, ceci peut être entendu négativement : avoir une part, cela indique une limite. Et l'homme ne sera jamais Dieu immédiatement, c'est-à-dire par nature : la rupture indiquée par la contingence demeure, l'abîme entre l'absolu et le relatif n'est pas supprimé. Mais avoir une part, ce n'est pas simplement avoir une partie, car tout ce qui est constitutif du Réel est dans cette part. « Avoir part » est communier.

D'où le thème du « mariage spirituel » - traité dans le cadre prophétique du Seigneur époux d'Israël, ou dans celui de la Sagesse invitant à son festin le jeune homme qui la cherche dès sa jeunesse. Donner part à, avoir part à est marquer l'égalité dans la différence, ce qu'est le mariage. Relation mutuelle qui implique que chacun laisse l'autre lui donner. C'est dans ce don mutuel que s'élabore l'être de ce qui, tout en étant deux, est un, deux en une seule chair, dit l'Écriture. De même, continue Jean de la Croix, « lorsque le mariage spirituel est consommé entre l'âme et Dieu, il y a deux natures en un seul esprit et un seul amour de Dieu ».

L'Esprit d'amour fait donc des deux, que sépare l'Abîme, un seul. Immédiateté qui est néanmoins médiatisée : « L'âme voit ici que Dieu est vraiment à elle, et qu'elle le possède par droit héréditaire comme Fils adoptif de Dieu. » Dieu n'a qu'un seul Fils, nous le sommes tous en Lui, disait maître Eckhart ; le Fils qui est le Verbe fait chair. C'est pourquoi Jean de la Croix rapproche l'union mystique de la formule théologique du Christ, vrai Dieu et vrai Homme :

dans le mariage spirituel, il y a deux natures - divine et humaine - en un seul esprit et amour de Dieu, dans le Christ, il y a deux natures en une personne.

C'est donc dans la relation avec le Christ que nous devenons Dieu par participation, dans l'oblation totale du Fils au Père. Il est non seulement cette médiation active qui nous mène vers Dieu, mais il est aussi, dans ce mouvement, Celui de qui nous sommes, en qui nous nous trouvons. Mais, bien loin de faire écran, il est Celui qui sans cesse s'efface pour que l'immédiateté advenue de l'Esprit, qui est son Esprit et celui du Père, puisse en notre esprit crier « Abba », Père. Tact infini. Il est bien la Sagesse médiatrice des Écritures qui nous fait goûter la seule sagesse mystique, celle de l'Esprit de Dieu, lequel est Amour. Or le propre de l'Amour est de rendre égal l'inégal. C'est son infini travail de patience.

Entrant dans la salle des noces, le mystique entre dans les profondeurs trinitaires encloses dans les profondeurs de Jésus-Christ, Verbe fait Chair. C'est pourquoi il pourra tout à la fois vivre en union de joie indicible et communier à l'épaisseur de la Croix. Il saisira, comme Paul, qu'il complète en sa chair ce qui manque aux souffrances du Christ pour cette humanité où se constitue cette vie d'union à Dieu. Il ne s'agit donc jamais d'une mystique individualiste. On est, et on travaille, dans le « corps total » du Christ, qui est « temple de l'Esprit ». Ceci vise tous les hommes, car il y a une seule chair de créature mais en plusieurs personnes. Et elle a été assumée directement par le Fils, sauvée du refus de Dieu, libérée dans l'Esprit. Ainsi la longue suite des générations de l'histoire humaine peut être la plénitude donnée à la singularité individuelle de l'Homme de Nazareth, Verbe de Dieu fait Chair sans confusion certes, mais sans séparation néanmoins.

C'est pourquoi le dernier lieu de l'expérience mystique chrétienne n'est pas un monde céleste abstrait, mais les « Cieux nouveaux » et la « Terre nouvelle » où la Chair ressuscitée verra Dieu dans sa Gloire - Précieuse est la Chair : elle est la racine de notre existence reliée au cosmos et aux autres hommes. Elle dit la vie toute bruissante de la Création et de l'Histoire humaine. Racine elle-même enracinée dans cette Chair du Verbe qui est née avec l'assentiment de l'humain et a été livrée pour le salut du monde. C'est à partir du Corps livré que Dieu bâtit la demeure où il habitera avec les hommes : « Ils seront son peuple, et Lui sera leur Dieu. »

Le mystique chrétien expérimente l'immanence réciproque dans le respect de la Transcendance, l'immédiateté de l'unité réalisée par l'Esprit dans la médiation du Dieu fait chair. Telle est sa mission. Elle est l'anticipation de la Cité sainte, Jérusalem nouvelle, où Dieu sera tout en tous, et où ils « verront » la Gloire de Dieu. Il vit cet accomplissement de la Promesse avec nous, dans la tension d'amour qui nous porte et nous portera sans fin - de gloire en gloire - vers le définitif de l'Alliance en qui cependant nous sommes. Hâte immense d'amoureuse patience.

C'est pourquoi, soit que nous vivions, soit que nous mourions, le Temps dans le frémissement de nos libertés est porté dans et vers le frémissement d'amour de la Vie éternelle. Au cœur du chemin, la traverse de l'Événement : la Chair écartelée d'un homme révèle la diastase extrême de l'Éternité et du Temps dans l'unité de leur libre amour. Par elle passe la joie du monde nouveau, et la Chair d'Adam s'ébat dans la joie de son Dieu.

Générosité de l'Infini célébrée dans l'Action de grâces[1].

---

1. Sources : La Bible ; Jean de la Croix : *Œuvres complètes ; La Montée du carmel ; La Nuit obscure ; La Vive Flamme d'amour ; Le Cantique spirituel.* Georges Morel : *Le Sens de l'existence selon saint Jean de La Croix*, Aubier (3 tomes). Urs von Balthasar : Présence et Pensée, Beauchesne « Essai sur la philosophie religieuse, de Grégoire de Nysse. » *La Gloire et la Croix*, Aubier, t. I : *Apparition*. P.-J. Labarrière : *Dieu aujourd'hui*, Desclée de Brouwer.

Chantal Amiot

Compassion ou renoncement ?

Elizabeth Visuvalingam

Le bouddhisme du Grand Véhicule présente différents niveaux de patience. L'exemple de Milarepa montre l'importance de cette vertu dans toute discipline spirituelle. Elle s'associe aussi à la doctrine de la non-violence. Il faut malgré tout se poser la question de ses limites.

Une des caractéristiques de la tradition indienne est sa croyance aux renaissances. La préoccupation fondamentale de l'hindouisme[1] comme du bouddhisme[2] est de mettre fin au cycle infernal des renaissances et d'atteindre la délivrance. L'hindouisme et le bouddhisme proposent des méthodes différentes pour réaliser ce but. Leurs disciplines spirituelles respectives accordent à la patience un rôle important.

D'une façon générale, le temps, dans la tradition indienne, est appréhendé comme une lente maturation qui, bien dirigée, conduit de façon inéluctable à cette délivrance. Chaque chose en son temps, pourrait-on écrire, car la tradition indienne dans son ensemble a toujours eu le souci d'obéir aux rythmes sidéraux qui servent à mesurer le temps. C'est pourquoi le rituel y occupe une place centrale. Le rituel n'est promis à la réussite que s'il est mené dans l'ordre, par étapes. En bref, toute action menée dans le désordre, sans réflexion, est condamnée. L'immédiateté n'est pas valorisée. Quiconque s'aventure en Inde voit d'ailleurs souvent modifier sa

1. Sur l'hindouisme, cf. *L'Hindouisme*, éd. Anne-Marie Esnoul, Paris, Fayard, 1972.
2. Sur le bouddhisme, cf. *Le Bouddhisme*, éd. Lilian Silburn, Paris, Fayard, 1977.

relation au temps. L'Inde offre encore à l'homme moderne la possibilité de ralentir sa course quotidienne, de réfléchir à son chemin intérieur. On sait bien que cette vision peut être jugée idéaliste, tant il est vrai que l'Inde est toujours confrontée à des problèmes politiques et économiques difficiles. Il n'en demeure pas moins que la tradition indienne a su jusqu'à nos jours préserver son originalité.

C'est donc dans ce contexte que le thème de la patience est analysé. J'ai choisi de le traiter en m'attardant plus précisément sur le bouddhisme du Grand Véhicule[3], qui a cerné explicitement cette notion. J'ai voulu ensuite souligner l'importance de la patience dans la relation du maître et de l'élève, en prenant l'exemple de Milarepa. Puis j'ai essayé d'élargir mon propos au domaine politique, en montrant que la non-violence préconisée par Gandhi s'inscrit très largement dans le domaine de la patience. J'ai indiqué aussi que la patience est nécessaire dans tout rapport avec l'autre et je me suis enfin interrogée sur la limite de la patience.

Le bouddhisme du Grand Véhicule. — La doctrine de base du bouddhisme est énoncée dans les quatre vérités[4] révélées par Bouddha dans le sermon de Bénarès. Première vérité (la vérité sur la douleur) : tout est douleur. Deuxième vérité (la vérité de l'origine de la douleur) : l'origine de cette douleur réside dans la soif de plaisir, le soif d'existence, la soif de devenir et de non-devenir. Troisième vérité (la vérité sur le Nirvāṇa) : il faut supprimer cette souffrance en anéantissant tout attachement, ce qui conduit au Nirvāṇa, ou à l'extinction de tout désir. Quatrième vérité (la vérité du chemin) : celui qui emprunte le chemin qui conduit à la destruction de la douleur doit pratiquer la moralité, la concentration et la sagesse.

---

3. On sait que le bouddhisme indien est divisé en deux grandes branches ; le bouddhisme du Petit Véhicule et le bouddhisme du Grand Véhicule. Le bouddhisme du Grand Véhicule insiste sur le fait que les êtres promis à l'éveil (bodhisattva) doivent d'abord s'occuper du salut des autres avant de s'abandonner dans leur propre Nirvāna (extinction, suprême apaisement). Le bouddhisme du Grand Véhicule attache une importance considérable à la compassion. Il est intéressant de noter qu'on retrouve cette idée de retarder son salut personnel pour prendre soin des autres dans le mouvement hindouiste visnouite des Alvars, dans le sud de l'Inde.

4. Sur les quatre vérités, cf. Silburn, 1977, p. 37 à 75. Cf., aussi, *L'Enseignement de Vimalakirti*, traduit et annoté par Étienne Lamotte, 1987, Louvain-la-Neuve, Institut orientaliste, p. 37 à 51. Cf., encore par Étienne Lamotte, *Histoire du bouddhisme indien*, Louvain, 1958, Institut orientaliste, p. 28-54.

Le bouddhisme du Grand Véhicule cherche à transformer le processus du devenir plutôt qu'à l'anéantir. Il prône le chemin du milieu, ne favorise pas l'ascèse extrême. « Emprunter la voie du milieu, c'est, en effet, se frayer un passage entre tous les extrêmes sans s'arrêter à aucun d'eux[5]. » Le bodhisattva, l'être *(sattva)* d'éveil *(bodhi)*, qui se consacre à la libération des autres, occupe une place centrale dans le bouddhisme du Grand Véhicule. Ce bouddhisme discerne trois niveaux de pratique : « ordinaire », quand l'homme ne vise que son bonheur présent ou futur ; « extraordinaire », quand il s'agit d'un saint *(arhat)* qui recherche son salut *(Nirvāna)* personnel ; du plus haut degré, enfin, si c'est un bodhisattva (être promis à l'éveil), car il pratique alors pour le bien des êtres par compassion[6].

Le Traité de la grande vertu de sagesse. — Un des textes majeurs du bouddhisme, *Le Traité de la grande vertu de sagesse* (TGVS)[7], nous invite à une longue méditation sur la patience. Ce traité, qui ne nous est pas parvenu dans l'original sanskrit mais seulement par l'intermédiaire d'une traduction chinoise, fait partie de la littérature canonique bouddhiste. Le but de toutes les pratiques spirituelles exposées dans ce traité est la prise de conscience de la vacuité qui, dans ce contexte, est interprétée soit comme un néant absolu, soit comme la négation de l'apparence pour affirmer l'être. Quoi qu'il en soit, cette prise de conscience conduit à une certaine relativité, et donc à l'absence de répugnance pour le monde tel qu'il est, mais aussi à l'absence de complaisance pour le Nirvāṇa. Il en résulte une certaine équanimité et un apaisement. C'est pourquoi

5. Guy Bugault, *La Notion de Prajñā ou de sapience selon les perspectives du « Mahayana »*, Paris, Éditions de Boccard, 1968, p. 217.
6. Voir sur ce point Silburn, 1977, p. 139. Dans le soufisme, on trouve aussi une certaine hiérarchie de la pratique de la patience selon le niveau spirituel de l'adepte. Sur ce point, cf. Anne-Marie Schimmel, *Mystical Dimensions of Islam*, University of North Carolina Press, USA, 1975, p. 124-125. « "God is with those who show patience" (Sûra 2, p. 103). With their tendency to classify the stations and stages, the sufis divided patient people into three classes : the mutasabbir, who attempts to be patient ; the sabir, who is patient in afflictions ; and the sabur, who is perfectly patient under any condition... » « To be patient before God's orders is more excellent than fasting and prayer » (N. 164).
7. *Mahāprajnāpāramitāśāstra*, attribué à Nagarjuna (deuxième siècle ?). Ce texte est traduit en français par Étienne Lamotte, sous le titre *Le Traité de la grande vertu de sagesse*, tome I, chapitres I-XV ; tome II, chapitres XVI-XXX, Louvain, Institut orientaliste, 1949 (première édition), 1966 (réimpression). Pour désigner ce traité j'utilise le sigle TGVS.

le bodhisattva ne fait aucune différence entre lui et le reste des hommes. Mais il ne s'agit pas d'indifférence, puisque l'amour du bodhisattva pour autrui est si fort qu'il peut lui transmettre ses propres mérites. C'est ainsi qu'il fait passer les hommes sur la rive de la connaissance.

D'emblée, le bouddhisme déclare la patience comme une des six perfections *(pāramitā)* à atteindre : la générosité, la moralité, la patience, l'énergie, la méditation et la sapience. Il n'y a pas vraiment de distinctions entre ces perfections, en pratiquer une, c'est les pratiquer toutes. Il faut donc comprendre qu'il n'y a pas de hiérarchie de valeurs dans cette série de perfections, que l'importance réside dans l'exercice de ces perfections, qui amène à une modification de la conscience. La prédication est un des moyens qui permet au bodhisattva d'exercer ces six perfections.

Le mot sanskrit *pāramitā* provient du mot *pāra* qui signifie rive opposée, limite extrême, fin, but[8]. Pāramitā, traduit ici par perfection, signifie donc, littéralement, en train d'arriver de l'autre côté, sur l'autre rive. Ainsi les bodhisattva marchent sur le chemin du Bouddha en pratiquant les six perfections qui les mèneront sur l'« autre rive », tout en étant préoccupés du salut des êtres ordinaires. Ces perfections sont les signes auxquels on reconnaît la grandeur de l'adepte bouddhiste, et font du Bouddha un modèle parfait. Il est clairement dit : « Lorsqu'on s'adonne aux six perfections, on atteint la bouddhéité[9]. » La pratique des six perfections mène à la réalisation du vide et à la vanité de toutes choses.

Définition de la patience. — Le mot sanskrit pour désigner la patience est *Kṣānti*, issu de la racine verbale *Kṣam* qui signifie être patient, supporter, endurer, permettre, pardonner, être indulgent, être en condition de faire quelque chose. Le bouddhisme du Grand Véhicule distinguera trois sortes de patience : pardonner les injures, supporter la souffrance et méditer la loi bouddhique et y adhérer. C'est plus précisément dans le chapitre 24 (tome 2) du *Traité de la grande vertu de sagesse*, que la vertu de la patience est

8. Pour une autre étymologie, Cf. Lamotte, *ibid.*, 1058, note 2. *Pāra* peut être compris comme « extrême » de vertus. Pour cerner plus précisément les différents niveaux de ces vertus, cf. Bugault, 1968, p. 21, note 1.
9. Cf. *Laṅkāvatārasūtra*, in Silburn, 1977, p. 153.

expliquée et ainsi définie (p. 866) : « On appelle patience la production d'un certain mental ; quand on le possède, la patience et le savoir trouvent leur solidité, comme la peinture doit à la colle sa résistance... La patience est un mental associé à la pensée ; ce n'est ni un acte ni la rétribution d'un acte, mais *un compagnon d'un acte.* » La patience, nous explique-t-on encore (TGVS, II, 866), « qui met obstacle aux mauvais instincts de la pensée à soi ou de la pensée d'autrui, est dite bonne ».

En outre, le bodhisattva se dit (TGVS, II, 890) : « Je ne dois pas être comme les autres hommes qui descendent toujours le courant de la transmigration ; je dois remonter ce courant, essayer d'en tarir la source, et entrer dans le chemin du Nirvāṇa. Tous les profanes s'irritent devant un vol, se réjouissent devant un gain, s'effrayent devant un endroit sinistre. Moi, qui suis bodhisattva, je ne dois point les imiter. Bien que je n'aie point encore détruit les entraves, je dois me dominer et *exercer la patience*, ne point m'irriter contre les persécutions, ne point me réjouir devant les flatteries, ne pas craindre devant les douleurs et les difficultés ; je dois éprouver pour les êtres des sentiments de grande compassion. » En outre, le bodhisattva, voyant des êtres venir le tourmenter, doit se dire (TGVS, II, 891) : « Celui-ci est mon ami, celui-ci est mon maître ; traitons-le avec un surcroît d'affection et de respect. Pourquoi ? Parce que, s'il ne m'infligeait pas des tourments, je n'aurais pas l'occasion d'être patient. »

Pourtant, une question sérieuse se pose (TGVS, II, 898) : « La patience est une qualité belle entre toutes, mais il y a un cas où elle est impossible : lorsqu'un homme de peu vous toise et vous traite de peureux ; alors la patience ne s'impose plus. » La réponse est la suivante : « Lorsqu'un homme de peu vous toise et vous traite de peureux, on est tenté de ne pas le supporter. Cependant, le péché d'impatience est plus grave que l'affront. Pourquoi ? Parce que l'homme impatient est méprisé par les saints et les honnêtes gens, tandis que l'homme patient est seulement méprisé par le vulgaire. Entre deux mépris, mieux vaut celui des ignorants que celui des saints. Comment cela ? L'ignorant méprise ce qui n'est pas méprisable, tandis que le saint méprise ce qui est méprisable. C'est pourquoi il faut exercer la patience. »

Le TGVS (II, 908) va encore plus loin dans sa définition de la patience en proposant celle-ci : « Le bodhisattva, qui n'a pas encore brisé toutes ces armées, revêt l'armure de la patience, saisit l'épée de la sagesse, prend le bouclier de l'extase, et arrête les flèches des passions : cela s'appelle la patience intérieure. » La patience atteint son essence profonde quand le bodhisattva (TGVS, *ibid.*) « doit exercer la patience envers ses propres passions, mais il ne doit point trancher les liens. Pourquoi ? Parce que, s'il tranchait ces liens, la perte serait trop grave : il tomberait au rang des ahrat [saint ayant atteint le Nirvāṇa] et ne différerait en rien d'un homme qui a perdu les sens. C'est pourquoi il arrête ses passions, mais ne les tranche point ; en cultivant la patience, il ne suit pas ses passions. Par une réflexion correcte, il parvient, tout en ayant des passions, à ne pas les suivre. Par la réflexion, il contemple le caractère vide, impermanent, de toutes choses et, bien que les cinq désirs existent encore en lui subtilement, ils ne produisent plus aucun lien. En outre, le bodhisattva, par la force de sa sagesse, sait que la colère a toutes sortes de défauts et que la patience a toutes sortes de qualités. C'est pourquoi il peut supporter les entraves ».

Mais, apprend-on encore *(ibid.)*, « le bodhisattva, par la force du savoir, saurait trancher ces entraves : mais dans l'intérêt des êtres, il préfère demeurer longtemps dans le monde et conserver ses passions ; cependant, il sait que ces entraves sont des ennemis, et c'est pourquoi, tout en les supportant, il ne les suit pas. Le bodhisattva enchaîne ses passions ennemies et, sans leur permettre de se débrider, il pratique la vertu ». La patience du bodhisattva va donc jusqu'à supporter ses propres passions. Par compassion, le bodhisattva s'en sert comme antidote pour accomplir son œuvre dans le monde, amener les hommes à la connaissance.

La perfection de la patience atteint cet extrême : même quand le corps du bodhisattva est mis en pièces, il demeure patient afin de libérer ceux-là mêmes qui démembrent son corps, il ne leur fait pas de mal par la pensée, et témoigne de sa force d'endurance. Cette patience extrême est illustrée par l'exploit bien connu de Kṣāntirisi (TGVS, II, 889). Ce sage *(ṛṣi)* nommé patience *(kṣānti)* est assailli par un roi qui est irrité par sa bienveillance et sa patience, et le défie de continuer cette pratique quand il le torture. Kṣāntirisi relève ce défi en informant le roi que, si sa pratique est vraie, son sang deviendra du lait. C'est ce qui arrive, le roi est ensuite foudroyé.

La définition de la patience bouddhique peut, semble-t-il, se résumer par cet aphorisme (TGVS, II, 865) : « L'absence complète d'agitation de l'être à tout instant. » La patience est aussi liée à la compassion. « Compassion, patience, sollicitude, vœu, perfectionnement des êtres, tel est le grand arbre de la compassion, de la racine jusqu'au fruit... La compassion est la racine, la patience est la terre, la sollicitude à l'égard du bien d'autrui les branches, le vœu, les feuilles ; une bonne naissance, c'est la fleur, le perfectionnement des êtres, le fruit[10]. »

Les deux sens de la patience dans le bouddhisme : la patience pour soi, la patience pour l'autre. — Le bouddhisme s'articule autour du Bouddha, de la Loi et de la communauté (des moines mais aussi des laïcs). Dans le bouddhisme du Grand Véhicule, on distingue deux sortes de patience : la patience pour les êtres et la patience pour la loi bouddhique. Selon le TGVS (II, 865), « le bodhisattva qui exerce la patience à l'endroit des êtres obtient un mérite immense, le bodhisattva qui exerce la patience à l'endroit de la Loi obtient une sagesse immense. Muni de ces deux avantages, mérite et sagesse, il obtient la réalisation de tous ses désirs : il est pareil à l'homme qui, muni d'yeux et de pieds, peut se rendre où il veut. Le bodhisattva qui rencontre la médisance ou l'injure, qui est frappé par l'épée ou le bâton sait, à la réflexion, que la cause en est à ses actes [antérieurs], que les Lois, tant à l'intérieur qu'à l'extérieur, sont absolument vides, privées de moi substantiel, non possédées par un moi ».

La patience envers les êtres. — Qu'est-ce que la patience envers les êtres ? Selon le TGVS (II, 867) « il y a deux sortes d'êtres pour le bodhisattva ; celui qui le couvre de respect et d'hommages, et celui qui le hait, l'insulte, le frappe, le tourmente. Le bodhisattva peut supporter l'un et l'autre ; il n'aime point l'homme qui le flatte, il ne hait point l'homme qui lui fait du mal ». La patience envers les êtres consiste donc à supporter les êtres adulateurs et flatteurs ainsi que les hommes violents et luxurieux. Mais, devant le respect et les hommages, peut-il être question de patience ? Le TGVS (II, 867) répond : « Il y a deux sortes d'entraves : 1. celles qui dépendent de l'affection ; 2. celles qui dépendent de l'aversion. Le respect et les hommages n'engendrent point l'aversion, mais condui-

10. Cf. Silburn, 1977, p. 150.

sent à l'affection et à l'attachement ; ce sont d'adroits séducteurs ; c'est pourquoi il faut pratiquer l'indifférence à leur égard, sans s'y attacher et sans les aimer. Comment y rester insensible ? En considérant leur impermanence et [en sachant] qu'ils sont une source d'entraves. »

La patience envers la loi bouddhique. — Qu'est-ce que la patience envers la loi bouddhique ? Le TGVS nous apprend (II, 902) que « supporter les adulations et les flatteries, ainsi que les violences et la luxure, constitue la patience à l'endroit de la loi bouddhique ». Selon cette loi, l'intérieur se confond avec l'extérieur et l'extérieur se confond avec l'intérieur. En effet, les deux caractères sont pareillement inexistants, présentent un caractère unique, résultent du complexe des causes et des conditions, et sont réellement vides. En fait, la loi bouddhique mène à la réalisation de l'unité fondamentale de toute chose, à l'identité du sujet et de l'objet. Mais l'esprit suffisamment éveillé ne s'y attache pas. C'est pourquoi on définit la patience à l'endroit de la loi ainsi (TGVS, II, 911) : « La patience [qui consiste] à détruire l'unicité par d'innombrables rubriques binaires [...] sans pourtant s'attacher à la dualité [...] de même détruire tout caractère de multiplicité sans pourtant s'attacher à l'unité. »

La patience à l'égard de la Loi consiste aussi à croire à son caractère pur et inaltérable. En d'autres termes, le TGVS (II, 925) l'exprime : « Si la pensée de la foi est grande, on échappe au doute et au regret ; si la force de la foi est grande, on peut saisir et adopter la Loi ; cela s'appelle la patience à l'égard de la Loi... Le doute et le regret sont les liens du monde et du désir ; s'ils sont massifs, on n'a pas accès à cette douceur et cette tendresse de pensée qu'on appelle patience à l'égard de la loi. [...] Si le bodhisattva [...] considère le vide sans y adhérer ni produire de vue fausse, c'est la patience envers la Loi. »

Patience, compassion et sagesse. — La compassion du bodhisattva n'est pas une sensibilité excessive qui se déverserait sur l'humanité. Le bodhisattva, après avoir réalisé l'effacement du moi en tant que ce moi entretient l'illusion de la réalité, devient capable de compatir aux souffrances des autres qui sont aussi les siennes. La compassion qu'éprouve le Bouddha envers les êtres humains est très bien illustrée par ce récit[11] : « Un jour où l'on procédait à une distribution de beurre fondu, d'huile, de miel, une foule de gens se présentèrent avec toutes sortes de récipients. Parmi ces gens, un homme, par inadvertance, brisa le récipient qu'il tenait. Il se rendit à la distribution, mais ne tira aucun profit du beurre fondu, de l'huile et du miel. Il se régala seulement sur place, mais ne put rien ramener chez lui pour donner à d'autres. En revanche, un autre homme, qui disposait d'un récipient intact non seulement se régala sur place, mais put ramener un vase comble pour l'offrir à d'autres personnes. »

Le beurre fondu, l'huile et le miel, c'est la Bonne Loi des Bouddha. L'homme au vase brisé, qui tira seulement une satisfaction personnelle de la distribution mais ne put rien ramener chez lui pour donner aux autres, ce sont les auditeurs et Bouddha-pour-soi. L'homme au vase intact, c'est le bodhisattva qui, tout en assurant son propre bien, peut encore donner à tous les êtres. La compassion du bodhisattva pour les autres est immense. Il retarde son salut pour se consacrer au salut des autres, car il est inconcevable pour lui d'atteindre la libération si le reste des hommes demeure dans l'ignorance. La vie du bodhisattva symbolise donc l'abnégation la plus totale.

La patience bouddhique est aussi liée à la pratique de la vertu de la sagesse, ainsi le déclare explicitement le TGVS (II, 926) : « Le bodhisattva qui réside dans la vertu de sagesse doit remplir la vertu de patience en ne s'agitant pas et en ne reculant pas. Lorsqu'un homme vient l'insulter, le tourmenter, l'empoisonner ou le frapper, il peut tout supporter. C'est pourquoi il est dit qu'en résidant dans la vertu de sagesse il peut remplir la vertu de patience. » C'est finalement l'exercice de la patience qui mène à la sagesse, à l'ultime connaissance. Le bouddhisme lui accorde une place prépondérante, car la patience provoque le discernement. Elle abolit la colère, entrave la plus grave à toute réalisation. L'exercice de la patience renforce le contrôle sur soi, protège la paix intérieure et élimine les ravages des impulsions. L'exercice de la patience est donc une sorte de thérapeutique qui conduit à une pleine réalisation de soi.

Milarepa : maître et élève. L'exercice de la patience. — La biographie du saint tibétain[12] Milarepa (1040-1123), fondateur de

11. *Śūramgamasamādhisūtra,* traduit par Étienne Lamotte in Silburn, 1977, p. 134-135.
12. Sur le Tibet, cf. Rolf A. Stein, *La Civilisation tibétaine*, Paris, Le Sycomore, Asiathèque, 1981 (1re édition 1947). Cf. aussi Jacques Bacot, *Milarepa, ses méfaits, ses épreuves, son illumination*, Fayard, 1971.

l'ordre des Kagyupa, disciple de Marpa (1012-1096), illustre bien l'importance de la patience dans une discipline spirituelle. Milarepa a une enfance très tourmentée, après la mort de son père, et cherche à se venger de son oncle et de sa tante qui l'accablent. Il apprend tout d'abord la magie pour lutter contre eux, puis pris de remords, il cherche une autre voie. C'est ainsi qu'après une vie mondaine chargée de crimes, Milarepa subit une séries d'épreuves qui lui permettront d'atteindre la délivrance. Milarepa cherche un maître et rencontre Marpa : « Je t'offre mon corps, ma parole et mon cœur. Je te demande la nourriture, le vêtement et l'enseignement. Veuille m'enseigner la voie qui mène dès cette vie à la perfection [Bacot, 83]. Si tu es un grand pécheur, ne viens pas t'en accuser près de moi. En péchant, tu ne m'as pas offensé. Quels péchés as-tu commis ? [...] Alors je confessai entièrement l'histoire de mes crimes. Le lama me dit : ''Quoi qu'il en soit, j'accepte le don de ton corps, de ta parole et de ton cœur. Mais je ne te donnerai pas la nourriture et le vêtement en même temps que l'enseignement. Ou je te donnerai la nourriture et le vêtement, mais tu demanderas l'enseignement à un autre. Si je te donne l'enseignement, cherche ailleurs la nourriture et le vêtement. Choisis entre les deux. Mais, si tu choisis que je te donne la doctrine, il ne dépendra que de ta force d'âme que tu arrives ou n'arrives pas dès cette vie à la Bodhi.'' » Milarepa choisit de recevoir la doctrine.

La relation du maître et du disciple se révèle très difficile... « Hier soir, je t'ai beaucoup malmené, ne t'en afflige pas, sois en paix. Donner l'instruction est long... » Milarepa est obligé de faire différents travaux. Il construira ainsi des bâtiments immenses, des tours, des galeries, pour les détruire immédiatement, car ces constructions ne sont jamais comme le voudrait son maître. L'effort physique est grand, son dos, ainsi, n'est plus qu'une plaie. La foi de Milarepa surmonte la rudesse de son maître qui refuse de lui donner l'initiation. Finalement, après une série d'épreuves terribles, le maître le reçoit et lui donne l'instruction. Cette méthode brutale vise à mettre le disciple dans une situation intenable, afin d'opérer la rupture des structures mentales et d'obtenir l'illumination totale et instantanée[13].

Milarepa est souvent appelé le Bouddha tibétain parce que son

13. Sur ce point cf. Stein, 1981, chapitre IV.

histoire, ses chants reflètent la tradition tibétaine. Ses chants célèbrent la victoire sur ses épreuves. Un chant[14] proclame le bienfait de la patience : « La colère est racine de la damnation. Même si votre souffle fuyait, méditez la patience ! » Et un autre : « Donnez vie à la patience dans la méditation[15]. » Un autre chant[16] évoque bien l'état d'esprit dans lequel se trouve le délivré : « Sur la rive du renoncement à l'égoïsme/La générosité ne se distingue plus. Au-delà des artifices et de la ruse/La discipline morale ne se distingue plus./Par-delà les inquiétudes sur le but./La patience ne se remarque plus./Sur la rive d'une pratique permanente/L'assiduité ne se remarque plus./Sur la rive du séjour en sa propre nature/La concentration ne se distingue plus./ Sur la rive de l'état naturel enfin réalisé/La sagesse connaissante ne se distingue plus./Au-delà des mérites accordés aux actes/les moyens habiles ne se discernent plus./Par-delà les victoires sur les quatre démons/Le courage ne se remarque plus./Là où s'accomplit sans effort le double dessein/Les aspirations pures ne se distinguent plus./Dans la connaissance intime de ses propres passions/La sagesse ultime ne se distingue plus./Voici comment mettre en pratique la doctrine/Le bruit des paroles creuses paraît bien inutile./ » On aura reconnu l'énonciation des six perfections, quand l'adepte est déjà avancé sur la voie.

L'attitude demandée au disciple est une soumission sans réserve au maître qui doit le conduire sur la voie. Normalement, une fois qu'on a été reçu par le maître, on doit tout accepter de lui. Il faut lire la biographie de Milarepa pour comprendre jusqu'où peut aller cette soumission. Le maître alors peut paraître tyrannique et, en effet, dans bien des cas, on a l'impression qu'il abuse de sa puissance. Aux yeux des Occidentaux, il ne s'agirait alors que d'aliénation. Mais si le maître est un véritable maître, cette « tyrannie » n'est qu'un moyen pour aider le disciple. Par ailleurs, la tradition indienne dans son ensemble insiste aussi sur le fait que le disciple doit devenir son propre maître. Ce qui est important, car toutes les déviations possibles (qui n'ont pas manqué) se trouvent anéanties. Le disciple, une fois qu'il a surmonté toutes sortes d'épreuves et qu'il a trouvé la voie avec l'aide d'un maître, l'abandonne même

14. Marie-Josée Lamothe, *Milarepa, les cent mille chants*, Paris, Fayard, volume I, 1986 ; volume II, 1989. Pour ce chant, cf. volume I, p. 123.
15. Cf. *ibid.*, volume I, p. 145.
16. Cf. volume II, p. 220-221.

si l'attachement est grand. Milarepa quitte ainsi Marpa, sans le regarder, sans se retourner, il marche seul vers le but. Son lien avec son maître réside désormais dans la mémoire et la pratique de son enseignement. La relation du maître et du disciple est aussi un exemple fort intéressant pour la patience. La patience du maître envers le disciple mais aussi, sans doute dans beaucoup de cas, tel Milarepa, la patience du disciple envers le maître.

La non-violence. — La non-violence[17] me semble être une des illustrations de la patience, dans le domaine politique. L'exemple célèbre de Gandhi a ébranlé bien des clichés, puisqu'il a réussi à concilier spiritualité et politique. On sait, en effet, que la non-violence de Gandhi s'appuyait sur une discipline spirituelle très stricte - régime alimentaire végétarien, jeûne, pratique de la méditation, vie quotidienne simple au rythme du fameux rouet -, ce qui la différencie d'un pacifisme vague. Quoi qu'on puisse en penser, Gandhi a prouvé au monde que la pratique de la non-violence peut avoir des résultats, comme devait le montrer aussi plus tard Martin Luther King. Mais on sait que ces deux héros de la non-violence eurent des fins tragiques.

La non-violence se caractérise fondamentalement par le refus de tuer, ce qui correspond à un profond respect pour la vie. La non-violence a sa propre définition du combat à mener. On se souvient, par exemple, des nombreux appels à la désobéissance civile lancés par Gandhi, ses longues marches, ses jeûnes pour faire comprendre à l'autre qu'il n'acceptait pas sa politique de colonisation. Pour Gandhi, la non-violence est une force intérieure qui permet d'enrayer la violence déchaînée de l'homme, violence qui le rapproche étonnamment de l'animal. L'antagoniste de la violence n'est pas une autre violence. Tenter de prouver que la destruction n'est pas une loi digne de l'homme est sans doute le but de ceux qui pratiquent la non-violence.

17. Le mot sanskrit *ahimsā*, « absence du désir de tuer », devenu par la suite non-violence, rappelle que cette idéologie a son origine dans la tradition orthodoxe hindoue qui insistera peu à peu sur la dimension intérieure des rites, sans pourtant abandonner complètement les sacrifices sanglants. Dans ce cas, on déclarera : « Sacrifier n'est pas tuer », voir sur ce point Madeleine Biardeau, *L'Hindouisme, anthropologie d'une civilisation*, Paris, Flammarion, « Champs », 1981, p. 38-39. Pour une analyse sur *ahimsā*, cf. Louis Dumont, *Homo Hierarchicus*, Paris, Gallimard, 1966, p. 187-193.

L'attention non violente dans une politique de violence, me semble-t-il, prend sa source dans la patience. En effet, la non-violence s'exerce aussi par la patience qui conduit à un ralentissement des pulsions qui amènent immédiatement à réagir, à faire du mal. La non-violence répond au souci de l'autre, qui se trouve alors confronté à sa propre impatience, à sa propre violence. Cette violence le conduit à s'imposer immédiatement à l'autre, à l'ignorer, et à ne pas respecter le temps de l'autre. Mais la non-violence s'inscrit dans le domaine de la patience car elle prend le temps de faire comprendre la légitimité de son action, elle sait attendre. La patience par rapport à soi et par rapport à l'autre aboutit ainsi à la non-violence, qui contribue à la construction d'une vie intérieure mais aussi d'une vie sociale plus riche. La patience est sans aucun doute un des chemins qui mènent à la non-violence.

Vigilance. — Le bouddhisme a permis de comprendre le rôle fondamental de la patience dans toute discipline spirituelle. La patience, en effet, conduit à une maîtrise de soi nécessaire à tout moment de la vie. C'est pourquoi la patience bouddhique peut se définir comme l'absence complète d'agitation de l'être à tout instant. L'instant est vécu dans toute son intensité comme un des ponts menant au discernement, à l'apaisement, à la connaissance. La patience du bodhisattva envers lui-même et les autres est exceptionnelle. Milarepa a montré toute la patience nécessaire à la réalisation de soi. « L'exemplarité singulière de la vie de Gandhi » a indiqué comment la non-violence s'associait à la patience pour tracer une nouvelle voie politique. Ces exemples semblent aussi démontrer qu'être patient c'est dire : l'action devient parole. La patience est, en effet, un message qui transmet le respect à l'autre. La patience est aussi messagère d'une transcendance qui sublime toute action. Dans la tradition indienne, la patience est une vertu ou une perfection à accomplir. La patience réside dans le renoncement à soi-même réalisé dans la compassion pour l'autre. La patience est surtout la vigilance qui contrecarre toute négligence à la construction d'une anthropologie fondée sur le respect de l'autre.

La limite. — La patience implique toujours l'attente d'un résultat, d'une réponse. Elle exige donc la reconnaissance de l'autre. On peut penser que, quand l'abus de la patience se produit, il y a dénégation de l'autre. La patience requiert toujours, me semble-t-il, comme le montre si bien le bodhisattva, une ouverture sur l'autre, en cela elle se différencie de la résignation ou de la passivité qui indiquent plutôt une fermeture à l'autre.

Mais si la patience du bodhisattva est sans limites, on peut pourtant se demander si, malgré tout, il n'y a pas une limite à la patience. Dans une situation plus ordinaire, dans un contexte social, la patience n'a-t-elle pas des aspects négatifs ? Où situer cette limite ? Comment la fixer ? Le but de ma patience ne fixe-t-il pas d'emblée la limite de celle-ci ? Ainsi, le bodhisattva a pour dessein la délivrance de tous les êtres humains, c'est pourquoi sa patience est extrême, sans limites. Milarepa veut recevoir la doctrine de son maître, c'est ainsi qu'il est d'une grande patience. Unissant le spirituel et le politique, Gandhi, par son action patiente et non violente, voulait l'indépendance de l'Inde. Être patient, c'est aussi faire preuve d'une grande résolution. L'intention de ma patience déterminerait sa limite. L'efficacité de ma patience en dépendrait.

La patience ne doit jamais conduire à la résignation, ce qui serait un échec personnel et un désastre très grave sur le plan social. En effet, me semble-t-il, les détenteurs de pouvoir, qu'ils soient en Inde ou ailleurs, devraient comprendre que la patience est acceptable comme principe politique à la condition *sine qua non* qu'elle soit l'alliée de la justice et non d'une oppression permanente. C'est pourquoi la politique de la patience exige des garanties pour ne pas tomber dans l'impasse de l'attente indéfinie. La pratique de la patience s'inscrit donc dans une politique qui a un sens. Elle ne peut s'associer d'aucune manière à des lenteurs administratives ou à une irresponsabilité de ceux qui nous gouvernent. La patience doit donc avoir une limite déterminée par les circonstances. Cette limite m'apparaît essentielle, car elle contrôle tout excès et écarte toute duplicité.

Elizabeth Visuvalingam

3. *Au vif de la patience*

Souvent, la lumière que porte chaque être humain reste voilée parce que l'injustice sociale, le malheur d'une naissance différente, la souffrance psychique ou encore la violence des hommes lui interdisent de venir donner au monde sa part unique de beauté. Faut-il s'y résigner ? Les différentes pratiques envisagées ici refusent un destin privé d'espérance.

« Se passer de preuves »[1]

Alain

Extraits introduits par Catherine Chalier

Comme le temps de l'un jamais ne s'ajuste au temps de l'autre, toute relation humaine qui ne se transforme pas en domination et en emprise de l'un sur l'autre exige de la patience. La *relation pédagogique* doit à l'évidence prendre en compte cette dimension. Pourtant, dans ce cas, la difficulté provient de ce que le maître, face à une pluralité de personnes dont chacune a son propre rythme, parfois très lent, a souvent la tentation de privilégier les « rapides », ceux qui, comprenant vite, en donnent des preuves par la régularité vérifiable de leur progrès et l'excellence de leurs réponses. Le maître se réjouit d'ailleurs à juste titre de constater qu'une transmission a pu se faire et que ses efforts n'ont pas été vains. Il vaut aussi de s'alarmer que les élèves ne sachent pas vraiment lire à onze ans ou qu'ils balbutient l'anglais après l'avoir appris pendant sept ans... Le découragement gagne le maître qui a le sentiment de travailler « pour rien », sans réussir à faire progresser l'élève, sans troubler sa paresse ou sans l'aider à vaincre des difficultés qu'il juge parfois insurmontables. En l'absence de signes tangibles, même ténus, de progrès, il risque de

1. Alain, *Propos sur l'éducation*, Paris, PUF, 1956.

perdre toute confiance en l'élève et, même s'il ne l'avoue pas, celui-ci le sait et renonce. Car sans être porté par la confiance de l'autre en lui, par son attente qu'il lui donne ce qu'il a de plus beau - et, le donnant, le révèle à lui-même -, l'enfant peut-il avancer ? Peut-il désirer se risquer dans une société qui ne se réjouit pas de sa présence et dont il pressent souvent qu'il lui est à charge ?

« La patience consiste à se passer de preuves », écrit Alain. Pour que l'élève l'accepte, et s'initie à la patience envers lui-même, alors qu'il oublie la leçon apprise, ne comprend pas un exercice longtemps répété ou échoue aux examens, ceci vaut d'abord pour le maître. C'est à lui de commencer par témoigner de patience parce qu'il a confiance. Or, à moins de virer en leur contraire - impatience et défiance -, toutes deux - patience et confiance - doivent se passer de preuves, d'inspections et de contrôles. Sauf si elle se confond avec un lien d'autorité pure, ou épouse l'indifférence de qui se contente de remplir, plus ou moins bien, les exigences d'un contrat de travail comme un autre, la pédagogie n'existe pas sans une patience qui se fonde sur la confiance.

Cela ne signifie pas que le maître s'abuse sur l'élève mais qu'il sait que son rôle est de participer à l'éveil de la lumière que chacun porte en soi. Trop souvent, cette lumière reste prisonnière des injustices sociales et historiques, des violences psychologiques ou du malheur biologique. Participer à l'éveil de cette lumière n'implique pas un regard optimiste ou naïf sur l'homme, ni l'ignorance des limites parfois insurmontables qu'il ne pourra dépasser. Cela demande, simplement, de choisir la vie même quand l'obscurité prévaut. Platon dit qu'il faut sortir de la caverne ténébreuse pour rencontrer la lumière qui brille loin dehors (*République*, VII). Pourtant la lumière est aussi là, tout près, recouverte par des sédiments qui en troublent ou en interdisent l'éclat. Celui qui le sait, mais ne s'y résigne pas, ne déserte pas la caverne et ne cherche pas non plus à en occuper les places de pouvoir et de prestige, il désire participer à l'éveil de quelques étincelles. Pari sur la vie et non certitude de réussir, la patience pédagogique lui ressemble beaucoup. *Catherine Chalier*

*

Je veux expliquer que la patience consiste à se passer de preuves ; et l'épreuve, en tout son sens, signifie cela. Aussi le mot des impatients est-il toujours qu'ils ne retiennent rien, qu'ils ne font pas de progrès, que tout est difficile. Ce tour d'esprit n'est pas méprisable ; j'y vois du sérieux, une sévérité pour soi-même, une noble idée de la perfection ; mais ce sont des vertus prématurées. Il faut surmonter cette timidité orgueilleuse. L'ambition se porte alors toute à des actions qui sont toujours à portée, comme de régler l'emploi du temps ; et, par cette humble police de soi, l'esprit se trouve délivré sans qu'on s'en doute. Cet art de vouloir ne se perd plus ; mais je ne vois pas qu'on puisse l'acquérir hors du collège ; et les tard-instruits, comme dit Platon, ne l'ont jamais. [...]

Un petit bonhomme qui fait voir des aptitudes ou seulement un goût marqué pour l'étude est bientôt tiré de son village. Chacun le pousse selon son pouvoir, et il est célébré par les commères. C'est un beau trait de l'homme, que cette admiration devant un enfant qui peut-être sera quelqu'un. Les condisciples font aussi un beau chœur de louanges ; et j'ai connu des gens qui, à soixante ans passés, étaient encore fiers d'avoir fait leurs classes, eux médiocres, à côté d'un homme arrivé. Ainsi, tous cherchent le génie et lui font rumeur. Chacun a connu de ces ramasseurs, nobles hommes, qui ne se trompaient que par trop espérer. [...]

Il reste ceux que l'on n'instruit guère, soit parce qu'ils ne veulent pas apprendre, soit parce qu'ils ne peuvent. Ici se trouve le problème véritable. J'ai connu un temps où le jeune garçon qui raisonnait mal une fois ou deux sur les triangles était aussitôt abandonné. Conduite raisonnable, si le pouvoir ne cherche que des recrues pour la partie gouvernante ; conduite ridicule, si le pouvoir veut réellement des citoyens éclairés. Qu'un garçon ne fasse voir aucune aptitude pour les mathématiques, cela avertit qu'il faut les lui enseigner obstinément et ingénieusement. S'il ne comprend pas ce qui est le plus simple, que comprendra-t-il jamais ? Évidemment, le plus facile est de s'en tenir à ce jugement sommaire, que l'on entend encore trop : « Ce garçon n'est pas intelligent. » Mais ce n'est point permis. Tout au contraire, c'est la faute capitale à l'égard de l'homme, et c'est l'injustice essentielle, de le renvoyer ainsi parmi les bêtes, sans avoir employé tout l'esprit que l'on a, et toute la chaleur d'amitié dont on est capable, à rendre à la vie ces parties gelées. Si l'art d'instruire ne prend pour fin que d'éclairer les génies, il faut en rire, car les génies bondissent au premier appel, et percent la broussaille. Mais ceux qui s'accrochent partout et se trompent sur tout, ceux qui sont sujets à perdre courage et à désespérer de leur esprit, c'est ceux-là qu'il faut aider.

Le plus grand jugement n'y serait pas de trop ; et, pour ma part, si j'avais à juger quelque esprit hardi et vigoureux, je le mettrais à débrouiller les premières notions dans un petit esclave, comme Socrate faisait. Je soupçonne même que le génie, en ses discours à lui-même, est plus enfant qu'on ne pourrait le croire, et ne cherche point le sauvage, l'esclave, le sot, l'arriéré, le superstitieux, le stupide, l'endormi, ailleurs qu'en lui-même. C'est pourquoi j'ai souvent pensé qu'on ne perdrait pas de temps à rassembler la queue du troupeau, et à retourner de mille manières les premiers éléments, jusqu'à vaincre les esprits les plus obtus. Les meilleurs y gagneraient, et le maître aussi, par cette réflexion sur ce que l'on croit savoir, chose trop rare.

Il n'y a point d'homme, évidemment, dont je puisse annoncer qu'il ne pensera pas au-delà de son métier. Quand il serait esclave comme Ésope, il pensera encore. Or il ne sera pas esclave. Non seulement il pensera aux choses divines et humaines, tant bien que mal, comme chacun fait mais, bien plus, il décidera de la paix et de la guerre, du juste et de l'injuste, de noblesse, de bassesse, et enfin de tout, follement peut-être, de tout son poids d'homme certainement. Le plus libre écrivain sent à chaque instant ce poids sur sa plume. Aussi n'est-ce pas peu si un homme, destiné au commerce, à l'agriculture ou à la seule pratique des mécanismes, a lu Descartes, Montaigne et Pascal, ou bien a entrevu seulement la majesté des théorèmes les plus simples. Ce monde ira toujours comme il va, si le trésor des humanités est réservé à ceux qui en sont les plus dignes. Au contraire, si l'on se mettait à instruire les ignorants, nous verrions du nouveau. [...]

Il y a longtemps que je suis las d'entendre dire que l'un est intelligent et l'autre non.

Je suis effrayé, comme de la pire sottise, de cette légèreté à juger les esprits. Quel est l'homme, aussi médiocre qu'on le juge, qui ne se rendra maître de la géométrie, s'il va par ordre et qu'il ne se rebute point ? De la géométrie aux plus hautes recherches et aux plus ardues, le passage est le même que de l'imagination errante à la géométrie ; les difficultés sont les mêmes ; insurmontables pour l'impatient, nulles pour qui a patience et n'en considère qu'une à la fois. De l'invention en ces sciences, et de ce qu'on nomme le génie, il me suffit de dire qu'on n'en voit les effets qu'après de longs travaux ; et si un homme n'a rien inventé, je ne puis donc savoir si c'est seulement qu'il ne l'a pas voulu.

Ce même homme qui a reculé devant le froid visage de la géométrie, je le retrouve vingt ans après, en un métier qu'il a choisi et suivi, et je le vois assez intelligent en ce qu'il a pratiqué ; et d'autres, qui veulent improviser avant un travail suffisant, disent des sottises en cela, quoiqu'ils soient raisonnables et maîtres en d'autres choses. Tous, je les vois sots surabondamment en des questions de bon sens, parce qu'ils ne veulent point regarder avant de prononcer. D'où m'est venue cette idée que chacun est juste aussi intelligent qu'il veut. Le langage aurait pu m'en instruire assez ; car imbécile veut exactement dire faible ; ainsi l'instinct populaire me montre en quelque sorte du doigt ce qui fait la différence de l'homme de jugement au sot. Volonté, et j'aimerais encore mieux dire travail, voilà ce qui manque.

Aussi ai-je pris l'habitude de considérer les hommes, lorsqu'il me plaît de les mesurer, non point au front, mais au menton. Non point la partie qui combine et calcule, car elle suffit toujours ; mais la partie qui happe et ne lâche plus. Ce qui revient à dire avec d'autres mots qu'un bon esprit est un esprit ferme. La langue commune dit bien aussi un faible d'esprit pour désigner l'homme qui juge selon la coutume et l'exemple. Descartes, dont la grande ombre nous précède encore de loin, a mis au commencement de son célèbre *Discours* une parole plus souvent citée que comprise : « Le bon sens est la chose du monde la mieux partagée. » Mais il a éclairé plus directement cette idée en disant en ses *Méditations* que le jugement est affaire de volonté et non point d'entendement, venant ainsi à nommer générosité ce que l'on veut communément appeler intelligence.

On n'arrive jamais à trouver des degrés dans l'intelligence. Les problèmes, réduits au simple, comme de faire quatre avec deux et deux, sont si aisés à résoudre que l'esprit le plus obtus s'en tirerait sans peine, s'il n'était pas empêtré de difficultés imaginaires. Je dirais que rien n'est difficile, mais que c'est l'homme qui est difficile à lui-même. Je veux dire que le sot ressemble à un âne qui secoue les oreilles et refuse d'aller. Par humeur, par colère, par peur, par désespoir ; oui, ce sont de telles causes ensemble et tourbillonnant qui font que l'on est sot. Cet animal sensible, orgueilleux, ambitieux, chatouilleux, aimera mieux faire la bête dix ans que travailler pendant cinq minutes en toute simplicité et modestie. Comme celui qui se rebuterait au piano, et, parce qu'il se tromperait trois fois de suite, laisserait tout là. Toutefois, on travaille volontiers à des gammes ; mais, à raisonner, on ne veut pas travailler. Peut-être par le sentiment qu'un homme peut se tromper de ses mains, mais qu'il ne lui est pas permis, sans grande humiliation, de se tromper de son esprit, qui est son bien propre et intime. Il y a, certes, de la fureur dans les têtes bornées, une sorte de révolte, et comme une damnation volontaire.

On dit quelquefois que c'est la mémoire qui fait la différence, et que la mémoire est un don. Dans le fait, on peut remarquer que tout homme montre assez de mémoire dans les choses auxquelles il s'applique. Et ceux qui s'étonnent qu'un artiste de piano ou de violon puisse jouer de mémoire font voir simplement qu'ils ignorent l'obstiné travail par quoi on est artiste. Je crois que la mémoire n'est pas la condition du travail, mais en est bien plutôt l'effet. J'admire la mémoire du mathématicien, et même je l'envie ; mais c'est que je n'ai point fait mes gammes comme il a fait. Et pourquoi ? C'est que j'ai voulu comprendre tout de suite, et que cet esprit brouillon et rétif s'est jeté dans quelque erreur ridicule dont je n'ai pas su me consoler. Chacun a vite fait de se condamner. L'infatuation est le premier mouvement puni. D'où cette timidité indomptable, qui tombe d'avance à l'obstacle, qui bute exprès, qui refuse secours. Il faudrait savoir se tromper d'abord, et rire. À quoi l'on dira que ceux qui refusent science sont déjà assez frivoles. Oui, mais la frivolité est terriblement sérieuse ; c'est comme un serment de ne se donner à rien.

J'en viens à ceci, que les travaux d'écolier sont des épreuves pour le caractère, et non point pour l'intelligence. Que ce soit orthographe, version ou calcul, il s'agit de surmonter l'humeur, il s'agit d'apprendre à vouloir. [...]

« Les cours magistraux sont temps perdu. Les notes prises ne servent jamais. J'ai remarqué qu'à la caserne on n'explique pas seulement en style clair ce que c'est qu'un fusil ; mais chacun est invité à démonter et à remonter le fusil en disant les mêmes mots que le maître ; et celui qui n'aura pas fait et refait, dit et redit, et plus de vingt fois, ne saura pas ce que c'est qu'un fusil ; il aura seulement le souvenir d'avoir entendu un discours de quelqu'un qui savait. On n'apprend pas à dessiner en regardant un professeur qui dessine très bien. On n'apprend pas le piano en écoutant un virtuose. De même, me suis-je dit souvent, on n'apprend pas à écrire et à penser en écoutant un homme qui parle bien et qui pense bien. Il faut essayer, faire, refaire, jusqu'à ce que le métier entre, comme on dit.

Cette patience d'atelier, on ne la trouve point dans nos classes, peut-être parce que le maître s'admire lui-même parlant ; peut-être parce que toute sa carrière dépend de ce talent qu'il montre à parler longtemps tout seul ; vraisemblablement, aussi, de ce que l'enseignement a pour fin de distinguer quelques sujets d'élite, qui arrivent d'eux-mêmes à singer et à inventer ; car il est vrai que l'on n'a pas de grandes places pour tous. Il faudrait imiter la rude patience de l'instructeur militaire, qui veut que tous sachent démonter et remonter un fusil ; car il ne s'agit pas seulement d'apprendre le métier à deux ou trois instructeurs ; tous doivent le savoir. Si donc on posait en principe que penser, parler et écrire sont les armes de l'homme, au lieu de démonter et remonter devant eux en quelques mois tous les systèmes connus de fusils, je veux dire toutes les manières de parler et de raisonner, on leur mettrait les pièces en main jusqu'à ce qu'ils sachent remonter d'abord une arme, puis une autre. Et les plus habiles n'y perdraient rien, car, à recommencer plus d'une fois ce qu'ils savent faire, ils se le rendraient familier ; et ce genre de savoir, qui est au bout des doigts, est toujours ce qui manque. Par exemple, si quelqu'un veut écrire des pièces de théâtre, je lui dirai : « Soyez acteur, soyez souffleur, soyez copiste ; occupez, si vous pouvez, toutes les places du métier ; et en même temps écrivez vingt ou trente pièces ; on verra bien ensuite si vous êtes capable d'en écrire une. »

Que serait-ce donc qu'un cours, à ce compte ? Voici ; vous faites trois phrases devant l'auditoire, qui écoute, au lieu d'écrire à toute vitesse. Et chacun doit essayer de reproduire ensuite les trois phrases en belle écriture. Les plus habiles changeront un peu, ce qui est inventer ; les moins doués feront des fautes bien visibles, et bien aisées à corriger. Tous ces devoirs seront vus par le maître, et remis aussitôt en forme. Après cela, ils apprendront à intercaler une phrase entre deux autres, ou à compléter les trois phrases par une quatrième ; non sans variations et inventions, dont les meilleures auront l'honneur du tableau noir ; et c'est là que se fera le dernier nettoyage. Et puis encore, tout effacé, il faudra refaire, réciter, varier en récitant, chercher des exemples, changer les exemples. On dira que c'est long ; mais à quoi sert un travail qui ne laisse rien ?

Le grand inconvénient d'une telle méthode, c'est qu'étant assez difficile à pratiquer, elle n'en a pas l'air. Le maître n'apportera pas un paquet de copies corrigées et vingt pages de préparations ; il n'arrivera pas fatigué, comme un vrai travailleur. Il improvisera, et, s'il ignore quelque chose, il fera ouvrir le dictionnaire. L'heure passera bien vite, et l'inspecteur trouvera que cet argent est bientôt gagné. Il estime plus le penseur aux nuées, qui tend des fils sur des abîmes, pendant que les jeunes spectateurs admirent l'acrobate.

« Attendre la vérité avec désir »

Simone Weil

Par lui-même l'effort de l'attention ne comporte pas la fatigue. Quand la fatigue se fait sentir, l'attention n'est presque plus possible, à moins qu'on soit déjà bien exercé ; il vaut mieux alors s'abandonner, chercher une détente, puis un peu plus tard recommencer, se déprendre et se reprendre comme on inspire et expire.

Vingt minutes d'attention intense et sans fatigue valent infiniment mieux que trois heures de cette application aux sourcils froncés qui fait dire avec le sentiment du devoir accompli : « J'ai bien travaillé. »

Mais, malgré l'apparence, c'est aussi beaucoup plus difficile. Il y a quelque chose dans notre âme qui répugne à la véritable attention beaucoup plus violemment que la chair ne répugne à la fatigue. Ce quelque chose est beaucoup plus proche du mal que la chair. C'est pourquoi, toutes les fois qu'on fait vraiment attention, on détruit du mal en soi. Si on fait attention avec cette intention, un quart d'heure d'attention vaut beaucoup de bonnes œuvres. [...]

Car l'homme ne peut pas trouver les biens les plus précieux par ses propres forces, et s'il se met à leur recherche, il trouvera à la place des faux biens dont il ne saura pas discerner la fausseté.

La solution d'un problème de géométrie n'est pas en elle-même un bien précieux, mais la même loi s'applique aussi à elle, car elle est l'image d'un bien précieux. Étant un petit fragment de vérité particulière, elle est une image pure de la Vérité unique, éternelle et vivante, cette Vérité qui a dit un jour d'une voix humaine : « Je suis la vérité. »

Pensé ainsi, tout exercice scolaire ressemble à un sacrement.

Il y a pour chaque exercice scolaire une manière spécifique d'attendre la vérité avec désir, et sans se permettre de la chercher. Une manière de faire attention aux données d'un problème de géométrie sans en chercher la solution, aux mots d'un texte latin ou grec sans en chercher le sens, d'attendre, quand on écrit, que le mot juste vienne de lui-même se placer sous la plume en repoussant seulement les mots insuffisants.

Le premier devoir envers les écoliers et les étudiants est de leur faire connaître cette méthode, non pas seulement en général, mais dans la forme particulière qui se rapporte à chaque exercice. C'est le devoir non seulement de leurs professeurs mais aussi de leurs guides spirituels. Et ceux-ci doivent, en plus, mettre en pleine lumière, dans une lumière éclatante, l'analogie entre l'attitude de l'intelligence dans chacun de ces exercices et la situation de l'âme qui, la lampe bien garnie d'huile, attend son époux avec confiance et désir. Que chaque adolescent aimant, pendant qu'il fait une version latine, souhaite devenir par cette version un peu plus proche de l'instant où il sera vraiment cet esclave qui, pendant que son maître est à une fête, veille et écoute près de la porte pour ouvrir dès qu'on frappe. Le maître alors installe l'esclave à table, et lui sert lui-même à manger.

In *Attente de Dieu*, Paris, Fayard, 1966.

Mot par mot, la vie

Anne-Marie Debarbieux

Dans une société où il faut sans cesse aller plus vite et être performant dès l'enfance, on supporte mal celui qui ne peut suivre ce rythme. La naissance d'un enfant trisomique bouleverse une famille, bientôt elle démantèle sa notion du temps. Mais la patience de l'amour apprend à poser une à une les bases d'un bonheur possible sur les signes du malheur.

Autrefois, un petit trisomique arrivait dans un monde méfiant, peu enclin à accepter sa différence. Aujourd'hui les portes s'entrouvrent, mais cet enfant qui, par nature, est plus lent, atterrit dans l'univers du TGV, de la télématique, des horaires minutés. Qu'il s'agisse de la marche de l'entreprise, du cursus scolaire ou des menus gestes quotidiens, il faut aller vite et ne pas se tromper. On supporte mal celui qui hésite devant les boutons d'un distributeur automatique, on presse l'enfant qui met trop de temps à se préparer le matin. Lenteur, erreur sont rayées de l'existence. Cet enfant, qui aura plus de mal à assimiler les choses, atterrit dans un univers mouvant, où demain est déjà hier, et où l'on prépare des jeunes à exercer des professions qui n'existent pas encore. Performance ! Tel est le mot d'ordre. Il faut « vivre avec son temps », « prendre le train en marche », « s'adapter », « comprendre vite ».

Il n'y a pas si longtemps encore, nous nous pressions dans les rangs serrés de ces jeunes adultes impatients. Nous y étions malgré nous conduits : comment garder le pas du promeneur dans un monde qui est toujours aux heures de pointe ? Le flâneur est vite bousculé par la foule aveugle et pressée. De tous les faux dieux que nous nous fabriquons, cette impatience devant la vie est l'un des plus perfides, car elle nous fait croire que plus nous sommes rapides, plus nous sommes dans la norme et, partant, sur la voie légitime du bonheur et de la « réussite ».

Quant à la patience, elle semble devenue une vieille dame aux cheveux blancs : visages de ceux qui cent fois sur le métier remettent leur ouvrage, visage de l'obstination tranquille qui finit par triompher de la précipitation hâtive, visage de l'artisan soucieux du travail amoureusement et lentement accompli sont trop souvent relégués au rang des valeurs qui n'ont plus cours, et n'engendrent plus qu'un vague respect. Dans un tel contexte, vivre au ralenti est devenu en soi un handicap. J'en veux pour exemple cette vieille dame que je croisai récemment dans un escalier assez raide, et qui s'excusa avec humilité de monter péniblement et de me faire attendre.

L'arrivée de notre petit trisomique vint brutalement mettre une limite de vitesse à notre allure. Ce petit garçon allait devoir apprendre mot par mot la vie, pour lui nous allions déchiffrer la vie syllabe par syllabe, pour lui nous allions épeler chaque instant loin des méthodes globales et des fiches de synthèse. Nos enjambées allaient se régler sur les siennes. Nous allions vivre au sens propre du terme l'expression : « partir avec un handicap ». Nous allions apprendre la patience. Dans ce monde qui roule comme un express, nous allions devoir nous adapter, non à sa vitesse, mais à celle d'un enfant dont les capacités de compréhension étaient limitées.

La patience au quotidien n'est pas souvent gratifiante : d'abord elle est difficile, car elle consiste à attendre. Attendre qu'un mot soit prononcé correctement, attendre que le crayon soit tenu comme il faut, attendre que la force et la coordination nécessaires à l'utilisation d'un tricycle puis d'un vélo soient acquises. Alors que tout nous pousse vers l'action, notre dynamisme, mais aussi notre amour pour Xavier qui nous fait brûler de franchir les étapes, il nous faut nous arrêter, attendre le bon moment, ne pas tenir compte des échéances habituelles. L'essentiel n'est pas cette course contre la montre qui érige en règle qu'il faut lire à six ans ou marcher à quinze mois, l'essentiel est que ces acquisitions soient faites tôt ou tard, l'essentiel est que l'enfant aille à son propre rythme au maximum de ses possibilités. Cela nécessite de démanteler notre notion du temps.

Apprendre à Xavier à faire tout seul, en consacrant à cela le temps qu'il faut, c'est principalement cela la patience, et c'est souvent une école de maîtrise de soi. Nous avons tellement vite tendance à céder au réflexe d'efficacité : faire à sa place pour que cela aille plus vite, alors qu'il faut au contraire lui laisser le temps de comprendre, lui laisser le temps d'évaluer les implications d'une consigne, lui laisser le temps d'accomplir, même avec maladresse une petite tâche qui le comblera de fierté. Cet espace de liberté à l'intérieur de la famille est, pour le petit trisomique, extrêmement important : en effet, au sein d'un groupe, il réagit moins vite que les autres, et il agit soit avec un temps de retard, soit par mimétisme parce que les autres ont compris et ont su faire avant lui. Il est essentiel alors que la patience déployée à la maison lui permette de se mesurer à une difficulté et de la surmonter seul. Rien n'est plus encourageant pour lui que de prouver qu'il est capable de mettre le couvert, d'enfiler un tee-shirt, ou même de répondre au téléphone. Quant à nous, nous ne risquons guère que de perdre (?) quelques instants, mais nous sommes sûrs de gagner pour l'enfant une immense confiance en lui. Bien sûr, tous ces gestes de patience, tous les parents les accomplissent généralement avec tout enfant ; mais plus l'enfant est malhabile, plus il faut prendre le temps de lui montrer les choses ou de rectifier ses erreurs. Cela n'est pas toujours une réaction spontanée. Cela n'est pas non plus toujours si facile.

Mais la patience génère aussi l'angoisse ; car si notre ténacité est couronnée de succès, nous savons bien qu'attendre, quand les autres continuent à avancer, revient très vite à se trouver à la traîne. N'associe-t-on pas systématiquement le mot handicap au mot retard ? Retardé ou attardé mental, arriéré, tous ces mots traduisent bien la difficulté de ne pas être marginalisé quand on est plus lent. Il n'y a guère que dans la fable de La Fontaine que l'obstination tranquille de la tortue triomphe de la présomption du lièvre. Il y a dans notre patience une certaine part d'acceptation, qu'on peut plus noblement appeler lucidité, mais qui n'en reste pas moins difficile à vivre, car elle céderait vite le pas au découragement. Car, enfin, ce que notre patience conjuguée à celle des professionnels qui entourent Xavier parvient à réaliser, par exemple dans le domaine de l'élocution et de la parole, est sans commune mesure avec les acquisitions que des enfants nettement plus jeunes font sans effort. Comment l'acharnement patient de l'élève laborieux, qui passe beaucoup de temps sur une leçon délicate, peut-il ne jamais se commuer en amertume devant celui qui réussit immédiatement et sans effort ?

Pourtant, la patience a aussi pour corollaires le désir, l'espoir et la confiance. Et ce sont là des placements sûrs et des richesses inaltérables. Emboîter le pas lent du petit trisomique, c'est poser les bases d'un bonheur possible sur les signes du malheur. C'est affirmer que la patience est moins signe de ce que l'on subit (comme le suggère l'étymologie) que de ce que l'on construit. En ce sens, elle est finalement et paradoxalement libératrice. Car si l'on admet que pour un petit trisomique 21 le rapport âge-acquisitions n'a pas vraiment de sens et que les années ne comptent pas de la même manière que pour les enfants ordinaires, la patience avec laquelle nous suscitons ses progrès nous force à ne pas anticiper et à nous émerveiller de chaque étape franchie. Premiers pas, premiers mots, premiers succès, de quelque ordre qu'ils soient, sont prétexte à nous extasier devant les capacités de l'enfant en oubliant instantanément l'acharnement laborieux que nous avons mis à les éveiller.

L'attente est, certes, parfois ingrate, mais la récompense est à la mesure de nos efforts. Ce que l'on obtient trop facilement nous apporte rarement un vrai sentiment de bonheur. Nous avons vu des parents fêter au champagne les premiers pas de leur enfant trisomique. On peut en sourire, on peut même en ricaner. Il n'en reste pas moins que la patience avec laquelle ces parents ont attendu ce qui est tout naturel chez un enfant ordinaire leur a donné l'occasion d'une vraie fête. Piètre consolation ? Pas du tout ! Preuve qu'ils avaient raison jour après jour « d'y croire ». Car notre patience ne trouve sens et justification qu'en la confiance que nous avons en la vie et en Xavier lui-même. Nous ne pouvons le faire progresser que si nous croyons à la possibilité de ses progrès. Notre but étant de faire de notre enfant non seulement « quelque chose » mais surtout « quelqu'un », c'est-à-dire un petit garçon puis un adulte le plus heureux et le plus autonome possible, nous savons que nous emprunterons pour y parvenir les sentiers pédestres plutôt que les voies rapides. Qu'importe, si nous sommes sûrs de ne pas nous engager dans une voie sans issue.

La patience que nous demande Xavier nous délivre également de cette envie de chausser des bottes de sept lieues qui anime beaucoup de parents et fait d'eux, bien souvent, des voleurs d'enfance. Être patients, c'est aussi prendre Xavier au niveau où il en est, ne pas lui demander plus qu'il ne peut donner, et ne pas nous impatienter devant ses lacunes. Or combien d'adultes parlent-ils à un enfant de cinq ans comme s'il en avait dix, et exigent-ils d'un adolescent le comportement « raisonnable » d'un adulte ? Combien enfin rêvent-ils de brûler les étapes, de faire acquérir à leur progéniture des années d'avance, au détriment parfois de ses préoccupations d'enfant ? Nous nous sentons protégés de ce genre d'impatience qui souvent flambe la vie, alors que notre patience nous fait savourer le quotidien et nous oblige à regarder vivre notre enfant au jour le jour, instant par instant, au lieu de nous plonger sans cesse dans les arcanes de l'avenir.

Notre patience pour Xavier est devenue presque viscérale, et nous avons parfois du mal à ne pas juger sévèrement certains parents qui ont envers leurs enfants des exigences tout à fait inadaptées à ce qu'ils sont. De même, nous restons un peu rêveurs devant ces adultes si vite agressifs, voire violents, devant les espiègleries ou les maladresses de leurs enfants. Devant les attitudes entêtées et parfois incompréhensibles de notre petit trisomique, nous essayons de prendre patiemment le temps de comprendre ce qui explique de tels comportements, certains qu'à travers ceux-ci il a quelque chose à nous dire, certains que, s'il a un pas à faire vers notre monde, nous avons aussi à en faire un vers le sien, et que nous sommes de patients cicérones les uns pour les autres.

Nous sommes moins patients devant la lenteur de l'évolution des mentalités et des structures. Nous voudrions tant que les portes du monde s'ouvrent plus grandes, et que les hommes se détournent moins de ceux que la vie a déjà blessés ; nous sommes conscients cependant que ceux qui se détournent des handicapés le font moins par indifférence que par peur de cette image de faiblesse de l'homme qu'ils leur renvoient et qui pourrait un jour être la leur. Nous sommes moins patients devant une société qui offre encore bien peu de possibilités aux petits trisomiques. Entre le cursus scolaire pour les plus performants et les institutions spécialisées, il manque ces structures intermédiaires dont la plupart des trisomiques auraient le plus besoin. Au milieu des professionnels qui savent beaucoup de choses sauf l'essentiel, c'est-à-dire la foi que nous avons en nos enfants, la voix des parents se fait pourtant entendre moins timidement qu'autrefois. Nous sommes patients, et c'est parfois difficile, mais s'il est bien une chose dont nous sommes convaincus, c'est que la patience, c'est exactement le contraire de la résignation.

À l'heure où j'écris ces lignes, Xavier s'apprête à fêter son sixième anniversaire. Après trois ans d'intégration dans une école maternelle ordinaire, les efforts patients de toute une équipe éducative et paramédicale associés aux nôtres lui permettent d'accéder à un CP d'adaptation, c'est-à-dire une classe « normale » mais où on prend le temps qu'il faut pour permettre à des enfants plus lents d'accéder à la lecture et à l'écriture. La patience porte ses fruits, et même elle finit par nous rendre formidablement heureux. Car elle nous apprend à regarder non ce que notre enfant ne sait pas faire, mais ce qu'il sait faire, et ce qu'il saura faire un jour. La patience nous amène à l'évaluer en termes de compétences et non d'inaptitudes. Xavier nous oblige souvent à prendre le temps de vivre, et il nous rappelle que l'essentiel est de le prendre par la main pour l'emmener vers des lendemains pleins de promesses.

Et qu'importent alors notre itinéraire et la durée du voyage !

Anne-Marie Debarbieux

L'impossible maîtrise

Marie-Claude Tarnero-Pansart

Pourquoi nomme-t-on « patients » ceux et celles qui font une cure psychanalytique ? Le terme a une origine médicale, et il convient de s'interroger sur son utilisation en psychanalyse. Quels effets engendre-t-il dans la pratique psychanalytique, quel sens a-t-il pour l'analyse elle-même ?

« Pour cette œuvre, l'art et la science ne suffisent pas, il y faut aussi de la patience. » Goethe. *Faust* I. Cité par Freud au début de l'observation de Dora.

La psychanalyse a partie liée avec le temps. C'est même le reproche qui lui est fait le plus communément : trois ou quatre fois par semaine, venir s'allonger sur un divan, aux mêmes heures, les mêmes jours, pour la même durée, et cela pour un temps indéterminé mais dont on sait qu'il sera nécessairement long, voilà qui, dans nos temps de hâte, paraît déraisonnable ou, pire, dépassé. Nous n'avons plus le temps, nous qui ne devenons plus que la somme de nos actes ajoutés. Il doit y avoir des solutions plus rapides à ces détresses évoquées par ces jeunes femmes impatientes, ayant tout réussi, travail, mari, amants, et qui se disent tout à coup au bord du néant.

À Vienne, sans doute, on avait le temps : ces femmes hystériques que Freud, contre le dédain *(die Geringschätzung)* médical de l'époque, prit le temps d'écouter, Emmy von N., Lucy R., Dora, nous les imaginons oisives, empêchées par la maladie, certes, mais vivant dans un rapport au temps très différent du nôtre, un temps moins pressé. Qu'offrons-nous à ces jeunes femmes ? En place de l'acte, la parole, renvoyée à l'étrangeté de sa propre racine, une parole déliée du devoir de cohérence, une parole qui n'attend pas de réponse, tout en l'attendant sans cesse, en place de réponse le silence, non comme fin de non-recevoir mais comme engagement à aller plus loin, à approfondir. Un mot bute sur la nuit d'un oubli et rend vivant ce qui ne devait plus être. Écouter la souffrance singulière, n'entendre qu'elle au lieu même où, de se répéter, elle tient lieu de sens.

Scandale d'une réponse qui ne pare pas au plus pressé, qui ne prescrit pas, mais cherche dans l'infantile, donc le sexuel, le sens du symptôme pour l'éradiquer et non le masquer.

Scandale : il y faut du temps et de la patience, et il s'agit de faire vite, les analystes persistent à croire que c'est le long détour par l'inconscient, par l'inconnu qui sera le chemin le plus bref pour atteindre ce que Freud ne cessa jamais de nommer guérison. Est-ce dans ce souhait de guérison qu'il faut trouver la raison de l'emploi du terme de « patient » pour désigner celui ou celle qui choisira d'emprunter le chemin de l'analyse ? La question prenait forme : par-delà la racine commune, le *pati* de « patient » - nom et adjectif - et la patience, thème de la revue, quel peut être le sens de l'usage du terme « patient » dans la pratique analytique ?

*

Elle s'est avancée, songeuse, vers la porte, dans la gravité du temps retrouvé, tissé et détissé à chaque séance, elle s'est tournée vers moi de tout son corps, et a dit en souriant : « Patiente, c'est vous qui l'êtes ! » Jeu du sens, jeu de la séduction... bien sûr. Mais cette remarque, si fréquente en début d'analyse, m'arrêta moi aussi sur le seuil, dans l'évidence d'être prise au mot, contenue tout entière entre substantif et adjectif. Ma « patiente » soulignait ainsi son mode d'être dans l'analyse et, peut-être, sa requête : que je sois patiente, qu'elle le fût aussi pour que puisse advenir le temps, le travail de l'analyse. Elle interrogeait aussi ce mot « patient », employé sans y penser, sans le justifier, nomme une pente naturelle dans ce que Freud nomme la « langue courante » des analystes.

La question se loge là, dans l'étonnement d'un usage ; à vrai dire, le mot est rejeté par la plupart des analystes, comme trop connoté par son origine médicale : le patient est en effet celui qui se soumet au savoir du médecin, et la psychanalyse n'aime pas avoir partie liée avec une discipline dans laquelle elle ne se reconnaît pas. Pourtant, et nous partons de cette constatation, le terme

« patient » est le mot le plus usité dans la pratique analytique. Il n'est que d'écouter des analystes parler de clinique entre eux pour s'en convaincre ; il n'est que de lire l'abondante littérature psychanalytique pour s'en assurer. Encore une fois, c'est sur la permanence de cet usage que nous nous interrogeons, plus que sur l'histoire du mot, car nous voulons saisir pourquoi un terme resurgit alors qu'il est peu ou prou mis en cause par un grand nombre d'analystes. Car « patient » n'est pas la seule dénomination en vigueur dans l'usage analytique et d'autres termes sont employés, qui peuvent se substituer à celui-là.

Pourquoi cet usage persiste-t-il, et avec lui cette question : la diversité des désignations souligne-t-elle la richesse de la langue analytique ou a-t-elle une fonction apotropaïque, qui détournerait ainsi de l'incertitude originaire de son statut ? Relevons rapidement les différentes appellations dont les analystes disposent pour désigner ceux qui viennent demander une analyse. Chacun de ces termes paraît désigner une facette de la méthode analytique.

« Client » évoque la pratique libérale, la relation d'argent et la question, ô combien importante dans la cure, de ce qui se vend. Soulignons au passage combien le patient peut être actif dans cet échange.

« Cas » - *der Fall* - insiste sur l'aspect psychopathologique : le sujet disparaît au profit d'une catégorie nosographique, et pourra alors être objet de transmission.

« Malade » - *der Kranke* - désigne un état morbide et pose la question de la guérison, si présente dans le débat analytique.

« Analysé » - *der Analysierte* -, fréquent chez Freud, se tient au plus près de la pratique analytique. Mais la connotation passive de ce participe passé lui fait préférer fréquemment, chez les psychanalystes français, le terme :

« Analysant », qui est absent chez Freud, et est en fait un démarquage de l'*Analysand* anglo-saxon qui désigne précisément l'analysé...

« Patient » engage donc à l'étymologie : Bloch et von Wartburg, *Dictionnaire d'étymologie* ; du latin *pati*, souffrir, endurer. *Adjectif :* qui fait preuve de patience, qui ne se lasse pas, qui manifeste ou exige de la patience, qui sait attendre. *Nom :* personne qui subit ou va subir une opération chirurgicale. Malade qui est l'objet d'un traitement, d'un examen médical. Personne qui subit ou va subir un supplice.

Il faut entendre le *pati* latin à partir de son origine grecque : *pasxo pathos* : souffrir, supporter, endurer, souffrir avec l'idée de patience, de résignation, de constance. Il faut entendre cela avec les Grecs du côté de l'éprouvé par rapport à ce qui est de l'ordre du faire, de l'agir. C'est ce qui nous vient du « dehors » ou du « dedans », sur lequel nous n'avons pas de maîtrise.

Encore un mot sur cette recherche lexicographique : nous avons renoncé à justifier l'emploi de chacun de ces termes chez Freud, ce très lourd travail lexical ne porterait pas forcément ses fruits. En effet, il paraît difficile de prouver, chez Freud, un usage raisonné de chacune des dénominations. De plus, dans des textes comme les *Cinq psychanalyses* ou *La Technique psychanalytique*, traduits par Anne Berman, qui sont les seules traductions disponibles pour le moment, les mots employés par Freud sont traduits indifféremment les uns en place des autres : « patient » pour *Analysiert*, « patient » pour *Kranke*, « analysé » pour *Kranke* et parfois « client » sans autre raison que le souci de ne pas répéter. Nous avons donc décidé de laisser de côté cette recherche pour réfléchir plus avant sur l'usage du mot « patient », qui perdure dans la langue commune des analystes.

*

Notre hypothèse est que l'emploi du mot « patient » fonctionne comme un « reste », comme un symptôme, en lui se condense la trace de ce que taisent ou refoulent les autres sens : le corps étendu du patient sur le divan, ce corps que voit l'analyste, qu'il ne peut pas ne pas voir. Les autres sens privilégient l'état (le malade) ou la fonction intellectuelle mise en œuvre (analysant-analysé). Seul « patient » garde en lui ce qui se donne à voir : un corps qui abandonne son activité, sa maîtrise. Ce qui resurgit est à l'origine même de la psychanalyse, l'hypnose, la suggestion et le sens du mot « patient » : un corps livré au pouvoir, au savoir de l'autre, chirurgien ou bourreau, un corps docile, livré sans défense, qu'il s'agisse de guérison ou de supplice, de guérir ou de mourir.

La métaphore du chirurgien qui court dans toute l'œuvre de

Freud serait à étudier sous cet angle. C'est là le paradoxe de la technique analytique, de ce corps étendu, elle ne fait rien, elle n'impose pas une maîtrise, un savoir : « Freud traite actuellement ses malades de la façon suivante : sans chercher à les influencer d'autre manière, il les fait s'étendre commodément sur un divan, tandis que lui-même, soustrait à leur regard, s'assied derrière eux. Il ne leur demande pas de fermer les yeux, et évite de les toucher comme d'employer tout autre procédé susceptible de rappeler l'hypnose. Cette sorte de séance se passe à la manière d'un entretien entre deux personnes en état de veille dont l'une se voit épargner tout effort musculaire, toute impression sensorielle capable de détourner son attention de sa propre activité psychique » (*Écrits techniques, La méthode psychanalytique de Freud*).

Freud opère ainsi un prodigieux retournement : le corps de l'hystérique qui occupe tant la scène, il le met en repos. Les symptômes de la conversion hystérique sont renvoyés au théâtre psychique qui les crée. Il ne s'agit plus d'avoir un pouvoir sur le corps de l'autre mais de privilégier les mots du patient, son activité psychique. Il s'agit de donner sens à ce qui, avant Freud, n'en avait pas, par la découverte de l'inconscient. Corps de l'hypnose ou corps de l'hystérie, la psychanalyse n'en finit pas d'avoir affaire à ses commencements. C'est probablement à ces origines que doit de perdurer l'emploi du mot « patient » dans l'usage analytique.

Imaginons pourtant que ce terme de « patient » évoque aussi la résonance secrète de cette étymologie du *pati* et que le psychanalyste se sente convié à réfléchir sur le sens que peut avoir la patience dans la cure analytique, s'il s'agit de passer de la substance à la qualité. Ma patiente identifiait l'étrange grammaire qui, du divan au fauteuil, fabrique l'analyste : patient, l'analyste le fut ; c'est sur cet état, et sur lui seul, qu'il peut s'appuyer pour devenir analyste. Du substantif à l'adjectif : y a-t-il plus court chemin pour rendre compte du temps de l'analyse, du temps de sa propre analyse, de ce long temps d'analyse qui peut ouvrir à la possibilité de devenir analyste ? Quant à la patience adjectivée, elle demeure une énigme. Je me la représente comme une patience du corps, avec l'étonnement que peut susciter en soi cette capacité à rester des heures durant dans son fauteuil, sans mots, « se privant de mots » comme le dit justement A. Beetschen (« Une patience déliée », *NRP*, n° 34).

L'analyste cherche cette immobilité du corps qu'il a connue comme patient et qui permet l'activité psychique, qui permet de ne pas agir pour qu'il y ait une surface où l'on perçoive les altérations, les différences, pour qu'il y ait acte de pensée. Cette immobilité ressemble à celle du chirurgien que la très grande concentration sur le mouvement requis, pour la plus grande précision du geste, conduit à une immobilité totale du reste du corps. Au patient on demandera d'être étendu : ce qui aurait été décharge motrice va devenir attention du patient à son mouvement psychique, aux mouvements de la pensée et de l'affect. Au cœur de la règle analytique, l'étrange chiasme actif/passif, agir/subir. Paradoxe de la « libre association » : on demandera au patient de dire, sans faire de tri, tout ce qui lui vient à l'esprit, sans rien omettre. Étrange activité que de laisser venir les images, les mots, les souvenirs.

Paradoxe de l'« attention flottante » : à l'analyste on demandera une écoute qui ne privilégie pas tel ou tel élément du discours mais « qu'il laisse fonctionner le plus librement possible sa propre activité inconsciente et suspende les motivations qui dirigent habituellement l'attention ». Elle sera cette formidable attention sur ce qui flotte sur cette mare, sur cette surface immobile, ce qui bouge très légèrement et qui va faire non encore sens mais signe. C'est une attention qui ne privilégie pas, qui se laisse appeler, installant à nouveau la passivité au cœur même de l'activité psychique. L'acte psychanalytique est à l'envers de la maîtrise : il est consentement au temps pour l'analyste comme pour le patient. Quand le consentement se rompt sous l'effet de motions pulsionnelles trop fortes, la rupture surgit sous la forme de l'*acting out*, c'est-à-dire d'une action à caractère impulsif qui se substituera à la remémoration. « Passage à l'acte », dira-t-on en clinique psychiatrique, et l'expression signe bien la rupture, l'action isolée du comportement habituel, de l'impatience non reconnue comme telle.

Quand la psychanalyse se fait « sauvage », comme le montre Freud, elle jette à la tête du patient une vérité dont le patient n'a que faire ; pensant qu'il suffit que les choses soient dites pour être entendues, elle ne prend pas en compte les « résistances intérieures » qui ont provoqué le symptôme chez le patient et l'ignorance des facteurs pulsionnels à l'origine du symptôme. Ce que le malade ne sait pas, c'est parce qu'il l'a refoulé, c'est parce qu'il ne veut rien en savoir. Révéler au malade les causes de sa maladie sans travail analytique aurait le même effet « qu'en aurait par exemple, en période de famine, une distribution de menus aux affamés ». L'analyse sauvage n'est pas de l'analyse ; dans sa hâte, elle court au plus pressé qui est négation du temps.

*

L'analyste n'est guère à l'aise sur le terrain de la vertu. Il est payé pour savoir qu'elle sert souvent d'alibi à des mobiles inconscients fort éloignés de ce qu'elle proclame, ou que les idéaux qu'elle convoque sont ou persécuteurs pour ceux qui les vénèrent ou habilement maniés par qui veut asservir. Disons, à tout le moins, que le psychanalyste n'y reconnaît pas son champ d'investigation : pulsions, économie libidinale, désir. Lacan : « Dans l'articulation théorique de Freud, la genèse de la dimension morale ne s'enracine pas ailleurs que dans le désir lui-même. » Et plus loin : « Car, à la vérité, on ne peut dire que nous intervenions jamais sur le champ d'aucune vertu. Nous déblayons des voies et des chemins, et, là, nous espérons que ce qui s'appelle vertu viendra fleurir. » (*L'Éthique de la psychanalyse*, p. 19). Si l'analyste se pose la question de sa patience, c'est sous la forme de l'énigme : quelque chose soutient mon attente, l'étaye. Quelque chose que je ne retrouve que dans la situation analytique. C'est un état qui s'instaure en présence du patient. Ce n'est pas une disposition permanente mais une qualité intermittente, car dans la vie elle ne s'exerce pas forcément !

Étonnement, donc, devant un état provoqué par une situation précise, dont on peut dire, à la limite, que l'on n'y est pour rien : c'est bien là l'envers même de la définition de la vertu ou de la qualité. Pourtant, la patience ne peut manquer d'être présente au cœur du travail analytique parce que se tissent en elle, comme trame et chaîne, temps et affect. Elle est maîtrise et endurance, activité et passivité. En cela elle conjugue le paradoxe essentiel du subir et de l'agir que nous trouvons intimement liés chez Freud. Elle est chevillée au temps sous la forme de l'attente, dans la promesse d'un sens dont ni l'analyste ni le patient ne peuvent hâter la venue.

Il ne peut être question d'instrumentaliser la patience de l'analyste, ni de dresser en pied le portrait du psychanalyste patient. Dans une cure, la volonté, la décision d'être patient signerait la fin de cette patience en la transformant en « oripeau technique », vidé de son contenu pulsionnel. Elle perdrait alors cette « pulsation de l'attente » pour rencontrer « l'ennui, l'endormissement, la désertification psychique » ou « le silence armé d'une place forte inexpugnable qui impose sa loi : "Moi, j'ai tout mon temps" », comme le montre A. Beetschen. À l'envers, l'impatience, la hâte d'en finir avec le souffrance de l'autre ou la sienne provoquée peut conduire l'analyste à « court-circuiter » le temps par une interprétation hâtive qui revendique la maîtrise. L'omnipotence n'est pas loin, qui ne saura pas différer la réponse mais voudra combler l'analysant par la promesse d'une compréhension sans reste.

Différer la réponse, c'est accepter de n'être pas propriétaire du sens mais admettre qu'il se révèle dans l'espace commun de l'analyse : l'interrogation n'est jamais comblée, la phrase ne s'ajuste jamais à l'attente ; différer le moment où ce que l'on va dire a sens, c'est apprendre à supporter, à trouver soi-même le sens. C'est peut-être aussi différer la rencontre avec l'inavouable, l'insupportable, le « toujours déjà su » que l'on refuse obstinément. C'est le temps du rêve, du souvenir, de la rencontre au détour d'un mot, d'une image, de la douleur enfouie qui jaillit à nouveau. Ce qui peut sembler souffrance intolérable est alors condition de mieux-être. La patience de l'analyste consistera à « laisser le temps ». Non pas laisser *faire* le temps, ce qui laisserait place à la résignation, privée du plaisir de l'attente.

*

La patience, pour Freud, s'articule à la question de la résistance. Il est à remarquer que la modalité de la patience est la réponse technique au problème de la perlaboration *(die Durcharbeitung)* des résistances, c'est-à-dire de tout ce qui s'oppose, dans les actions et les paroles de l'analysé, à l'accès de celui-ci à son inconscient. « Cette perlaboration des résistances constitue probablement, dans la pratique, une tâche pénible pour l'analysé et une épreuve de patience pour le médecin. » Dans ses *Conseils aux médecins*, Freud ne recommande pas la patience. Il ne lui donne pas de positivité, elle est probablement pour lui dans l'évidence de ce qui soutient les attentes du travail scientifique. Il recourra en revanche au modèle chirurgical pour conseiller à ses collègues, « laissant de côté toute réaction affective et jusqu'à toute sympathie humaine, de ne poursuivre qu'un seul but : mener aussi habilement que possible son opération à bien » (p. 65).

À quoi répond cette phrase de 1923 : « Depuis que le travail de l'analyste se règle ainsi sur la résistance du malade, la technique analytique a acquis une précision et une finesse qui rivalisent avec celles de la technique chirurgicale » (in *Résultats, idées, problèmes*, II, p. 67). Les métaphores chirurgicales nous renvoient à ce paradoxe retrouvé à chaque moment de ce travail : l'image active du chirurgien et en même temps l'abandon d'une position de maîtrise chez l'analyste, l'acceptation d'une position d'attente qui est disponibilité à ce qui vient, une patience qui « réclame moins d'effort que d'abandon ». Laisser le temps donc, laisser place à l'inattendu, à l'inouï, laisser advenir la surprise. Là encore, installer au cœur de l'activité psychique l'acceptation de la rencontre avec l'inconscient.

Du début à la fin... Dès les débuts de l'analyse et en son sein s'est levé le souhait de faire plus vite, de raccourcir le temps de l'analyse. Impatience de l'analysée, la cure, disait-elle, durait trop longtemps, elle n'aurait pas la patience d'attendre tout ce temps... (*Dora*, p. 89). Dans l'un de ses derniers textes, *Analyse sans fin et analyse avec fin*, texte de 1937, Freud reprend la question de la durée de l'analyse : « L'expérience nous a enseigné que la thérapie analytique, la libération d'un être humain de ses symptômes névrotiques, ses inhibitions et ses anomalies caractérielles, est un travail de longue haleine. C'est pourquoi, dès le tout début, des tentatives ont été faites pour raccourcir la durée des analyses. De tels efforts n'avaient besoin d'aucune justification, ils pouvaient se réclamer des motivations les plus sensées et les plus appropriées. Mais en eux agissait probablement un reste de ce mépris impatient *(ein Rest jener ungeduldigen Geringschätzung)* avec lequel une période antérieure de la médecine avait considéré les névroses comme des suites superfétatoires de dommages invisibles. Dès lors qu'on était obligé de s'en occuper, on voulait du moins en finir avec elles le plus vite possible. »

Ainsi dialogue Freud avec lui-même, du début à la fin, l'observation de Dora a lieu en 1899, il la publie en 1905 : « Ce n'est qu'en l'approfondissant avec compréhension, et non en l'abordant avec un mépris distant, que l'on pourra faire face aux exigences que l'hystérie requiert du médecin et du chercheur » (*Dora*, p. 8). C'est après cela que Freud cite Goethe : « Pour cette œuvre l'art et la science ne suffisent pas, il y faut aussi de la patience. » Le même mot *Geringschätzung*, « dédain », « mépris », « mésestime », pour désigner, d'un même mouvement, et l'hystérique méprisée, et celui qui, bravant le mépris de ses pairs, choisirait d'écouter avec patience les mots de ceux et de celles dont on avait fait si peu de cas jusqu'alors. C'est ce que nous annonce Freud depuis la cuisine de la sorcière *(die Hexenküche)* par la voix de Méphistophélès : le diable ne méconnaît pas l'importance de la patience. Quelques vers plus tôt, Faust avait lancé son défi : « Maudite soit l'espérance ! Maudite la foi et maudite surtout la patience ! » (I, v. 1605).

Freud dira, recevant le prix Goethe, que, jamais, comme dans la lettre que lui adresse le Dr Alphonse Paquet, il n'a trouvé reconnu avec une telle clarté les intentions secrètes de son œuvre (G.W. XIV.546, cité par J. Schotte in *La Psychanalyse*, n° 5). Ces intentions secrètes, c'est dans « la tendance pour ainsi dire méphistophélique à déchirer sans pitié les voiles » en tant même que « compagne inséparable de l'insatiabilité de Faust et de son respect pour les puissances formatrices, créatrices, qui sommeillent dans l'inconscient ». Freud a mis dans son chaudron de sorcière son goût proprement méphistophélique, cette patience diabolique pour constituer en objet scientifique l'hystérique, sujet démoniaque en effet, si souvent convoquée au théâtre des passions humaines. Ce sujet délaissé, traité avec dédain, Freud a su le regarder avec les yeux d'un scientifique et d'un investigateur. Il est sans doute là aussi un précurseur dans sa volonté de constituer en objet digne d'étude et de science des objets méprisés. Dans le trajet impatient du symptôme hystérique, il a su reconnaître l'expression de la vie inconsciente et en faire la théorie.

Dans le chaudron de la sorcière mijote l'élixir de jeunesse, le remède au temps. La patience de Freud est à la fois un idéal scientifique et l'impatience sublimée de l'investigateur. Freud ajouterait peut-être dans le chaudron l'« amour de la vérité ». « Il ne faut pas oublier que la relation analytique est fondée sur l'amour de la vérité, c'est-à-dire sur la reconnaissance de la réalité, et qu'elle exclut tout faux-semblant et tout leurre » *(Analyse sans fin).*

Marie-Claude Tarnero-Pansart

Vertu stratégique

Entretien avec Gérard Chaliand

Le sens de la durée caractérise bien des entreprises guerrières, singulièrement celles des mouvements révolutionnaires. On évoque la patience guerrière, on parle de guerre d'usure. Comment les penser, dans un monde pourtant en proie à l'impérieux désir de vaincre maintenant ?

Danièle Gualda. - Vous avez montré, dans L'Atlas stratégique *- établi avec la collaboration de J.-P. Rageau (Paris, Fayard, 1983) -, la nécessité d'une bonne représentation de l'espace pour mieux comprendre les enjeux internationaux anciens et modernes. Or le temps est aussi une dimension que vous n'avez cessé de penser dans le cadre des luttes armées révolutionnaires dans lesquelles vous avez été « observateur-participant ». Pensez-vous que le primat du temps est une caractéristique de la conduite de la guerre de guérilla, c'est-à-dire une innovation de l'Asie ?*

Gérard Chaliand. - Le primat du temps est certainement une des caractéristiques de la guerre de guérilla. La victoire militaire rapide est par définition interdite au faible et la guérilla est la stratégie du faible contre le fort. Dans le monde qui a suivi l'après-Seconde Guerre mondiale, l'Occident a redécouvert la guerre de guérilla sous la forme de la guerre révolutionnaire. Celle-ci, qui visait non seulement à affaiblir une armée régulière, ce qui était jusque-là le rôle de la guerre de partisans, visait à s'emparer du pouvoir par une stratégie d'attrition. Peu après la montée au pouvoir de Mao en Chine (1949), l'intensification de la guerre d'Indochine et, par la suite, la défaite militaire de Dien Bien Phu sont reçues avec stupéfaction par les Occidentaux. Aussi a-t-on tendance à attribuer la capacité d'utiliser le temps long aux Asiatiques. Mais ceci n'est que partiellement vrai. Toute guérilla bien organisée, c'est-à-dire disposant d'une infrastructure politique clandestine solide, dispose des conditions pour durer. Cela a été le cas des combattants du Front populaire de libération de l'Érythrée (FPLE) qui viennent de triompher après vingt et un ans de lutte.

En fait, les sociétés qui ont l'habitude de la coopération disciplinée - comme les Vietnamiens par exemple, qui immémorialement ont entretenu par des travaux collectifs des digues auxquelles ils devaient leur survie - ont une capacité de durer dans l'adversité.

L'Occident ne sait plus se comporter avec patience et obstination. Avec l'industrialisation, il a non seulement quantifié mais, de plus, radicalement modifié le rapport au temps.

Les opinions publiques occidentales se lassent vite des conflits et l'expérience prouve que dans les combats qui ne sont pas vitaux, la guérilla doit seulement s'efforcer de durer le temps nécessaire pour que le parti initial de la paix dans les métropoles soit renforcé progressivement par tous ceux qui trouvent que la guerre a trop duré.

Vous avez écrit, dans Terrorisme et Guérilla *(Paris, Flammarion, 1985), que l'une des grandes qualités d'une bonne stratégie révolutionnaire de guérilla c'est de « créer les conditions de la durée ». Comment l'urgence de la réalisation de l'idéal qui anime le révolutionnaire peut-elle se conjuguer avec le sens de la longue durée ?*

Quelle que soit l'urgence de la réalisation de l'idéal qui anime le combattant, le mouvement qui dirige la lutte ne peut pas, s'il est sérieux, ne pas créer les conditions indispensables de la durée. Seule celle-ci peut permettre - en plus d'autres conditions - de finir par l'emporter, surtout s'il s'agit d'un adversaire étranger dont les troupes sont peu motivées parce qu'issues du contingent.

L'urgence de la réalisation de l'idéal est en revanche fort utile pour le mouvement lorsqu'il a besoin comme fer de lance de jeunes militants déterminés à prendre de gros risques. Ces actions, en général spectaculaires (attentats sélectifs en ville dans la citadelle même de l'adversaire), vont jouer un rôle psychologique en accélérant un processus : inquiétude chez l'adversaire ; catalyseur pour les masses qu'on veut se gagner.

Dans une interview accordée à Télérama *du 23/1/1991, vous dites que « les guerres aujourd'hui se déroulent essentiellement dans les esprits et les volontés ». Pensez-vous alors que l'assaut différé des armées alliées dans la guerre du Golfe était plus une préparation psychologique de l'opinion internationale qu'un calcul sur le terrain ?*

Non, il s'agissait d'un calcul destiné à minimiser le plus possible les pertes humaines des Américains et de leurs alliés. L'obsession du président des États-Unis et de l'état-major américain à la veille du déclenchement du conflit était de risquer un coût humain élevé, que l'opinion publique américaine n'aurait pas supporté. Aussi a-t-on préféré écraser sous les bombes l'armée irakienne au Koweit. Le chiffre des pertes militaires irakiennes n'a pas été estimé officiellement, car il aurait été difficile d'annoncer à l'opinion publique occidentale que le nombre de morts s'élevait à 150 000. Les guerres, plus que jamais, compte tenu de leur médiation en images, se jouent dans les esprits et, par voie de conséquence, dans les volontés. En fait, l'arrière, en Occident, est devenu plus vulnérable que l'avant.

La surprise, le sens de la longue durée ou la création d'apparences vous paraissent-ils des concepts politiques ou des concepts guerriers ?

Pour moi, ces concepts sont d'abord militaires, encore que je ne fasse pas de coupure rigide entre le politique et le militaire. Le politique tout comme le militaire doit aussi pouvoir surprendre, créer des apparences, manœuvrer et durer. La durée - même quand elle est en partie due au hasard biologique - est à mes yeux très importante. Imaginons un De Gaulle disparaissant au début des années 50. L'image qu'il aurait laissée dans l'histoire serait celle d'un général qui aurait su dire non en juin 1940, mais qui, après la Libération, n'aurait pas su politiquement s'imposer. Les circonstances dramatiques de la guerre d'Algérie lui ont donné une tardive seconde chance qu'il a su saisir ; et l'ambiguïté première, entre 1958 et 1960, de sa position concernant le statut de l'Algérie lui a permis de conforter sa position d'arbitre unique du jeu politique français.

Ne pensez-vous pas que la patience guerrière, se soumettant à une fin qui n'est pas morale, peut encore continuer à représenter une valeur ?

Pour ceux qui défendent une cause, la fin justifie toujours les moyens. Nous avons, au XXe siècle, les exemples des bolcheviks, des fascistes, des mouvements de libération nationaux et des intégrismes de toutes sortes. La diabolisation de l'adversaire permet de tout justifier. Il faut en outre préciser que, si les démocraties libérales sont soucieuses de morale en temps de paix, la crise violente qu'est la guerre entraîne d'autres comportements. La fin, à cette occasion, justifie également les moyens. Les bombardements intensifs de Dresde et de Tokyo durant la Seconde Guerre mondiale, ou l'utilisation des bombes atomiques d'Hiroshima et de Nagasaki sont des actes destinés à terroriser des civils.

Revenons à la patience guerrière. Ce n'est pas pour moi une valeur morale mais - dans le cadre de l'usage maîtrisé de la violence - une valeur qui permet d'user l'adversaire, tout en confortant les siens, en les motivant, pour tenir sur la longue durée. La patience guerrière vise le moral, et ne concerne pas la morale. Il s'agit d'épuiser l'adversaire par un conflit très long - comme les guérillas savent le faire - et de préparer ses propre partisans à une lutte longue mais dont l'issue ne fait naturellement pas de doute.

Si vous avez, certes, dit que vous n'étiez pas fasciné *par la guérilla, tous vos textes cependant révèlent un goût pour la guerre. Je pense notamment à votre admiration pour les Conquistadores dans* Miroir d'un désastre *(Paris, Plon, 1990). De plus, vous avez même affirmé « aimer l'atmosphère de la guerre » et ajouté que « la précarité de la guerre donne aux moments, aux êtres comme aux choses, un prix singulier »* (Terrorisme et Guérilla). *Croyez-vous que l'on puisse tirer une morale de la guerre ?*

Je ne sais pas si l'on peut tirer une morale de la guerre en tant que telle. Sans doute pas. Mais, pour ceux qui ont combattu les armes à la main pour une cause qui leur paraissait juste, on constate que la nostalgie qu'ils peuvent avoir pour cette période de leur vie n'est pas tant liée au souvenir de l'usage de la violence qu'à la satisfaction intérieure d'avoir lutté pour transformer ce qui paraissait jusque-là comme la nature des choses, ainsi qu'au sentiment de solidarité intense qu'ils n'ont jamais pu retrouver, une fois les dangers et les tensions (ainsi que les illusions) de la lutte passés.

Si l'on peut trouver dans la guerre une « haute moralité », comme le pensait Proudhon dans La Guerre et la Paix, *c'est-à-dire la reconnaissance du droit de la force, pensez-vous qu'un peuple qui ne veut plus assumer la violence de la guerre accepte par là même de voir bafouer la justice ?*

Un peuple qui ne peut plus assumer lorsque c'est nécessaire la violence accepte non seulement de voir bafouer la justice, mais consent à la servitude.

*Si la guerre d'usure réside dans l'attente de l'épuisement des ressources tant économiques que psychiques de l'adversaire, partagerez-vous ce mot de Baltasar Gracian : « La béquille du temps fait plus de besogne que la massue d'Hercule » (*L'Homme de Cour, *1637, Paris, Champ Libre, 1983, chap. « L'homme qui sait attendre ») ?*

Il y a d'abord une différence essentielle entre le rapport au temps des sociétés traditionnelles et celui des sociétés industrialisées. Au temps rigoureusement quantifié qu'est le nôtre aujourd'hui, s'oppose le temps des sociétés rurales fondé sur les rythmes de la nature. Le temps rationalisé est une des conditions primordiales du profit et de la réussite. C'est pourquoi ce qui vaut pour l'économie vaut aussi pour la tenue de la guerre. La conformité au temps naturel est un aveu d'impuissance et un facteur presque certain d'échec. Dans la guerre du Viêt-nam, on a bien vu que le conflit interminable a fini par ne plus pouvoir être supporté, à la fois par l'opinion publique et les conscrits américains. Lors de la guerre du Golfe, l'une des obsessions que les médias prêtaient à l'état-major américain était celle de ne pas s'enliser dans une guerre longue. L'opinion occidentale ne pouvant accepter qu'une guerre courte, garante d'un coût économique et humain réduit.
Chez les Occidentaux, les Américains sont sans doute ceux qui supportent le moins bien l'idée de durée dans un conflit. Ceux qui ont le mieux cultivé la vertu de la ténacité en Europe occidentale, sur le plan militaire comme sur le plan politique, sont les Britanniques. C'est pourquoi ils ont réussi à bâtir l'empire colonial le plus important du XIXe siècle. En 1940, la bataille aérienne de Londres illustre leur fermeté. L'Empire britannique était prêt à tenir seul le temps nécessaire. Il est intéressant de noter qu'en Occident les Britanniques aient été les seuls à utiliser de préférence la stratégie d'approche indirecte.

La culture stratégique des Américains est, elle, fondée sur une utilisation de la supériorité matérielle et technologique dans un conflit direct, où on s'efforce d'écraser l'adversaire. La guerre du Golfe en est l'exemple le plus récent.
Les Britanniques, pour leur part, ont presque toujours préféré créer des fronts secondaires pour obliger l'adversaire à la dispersion, l'user à l'aide d'alliances et ne lui porter le coup décisif que de façon ultime. D'ailleurs, en 1914, ce sont les Britanniques qui inventent la propagande moderne, la persuasion de masse, et ce que nous appelons la guerre psychologique ou, d'un mot plus récent, la désinformation.
La stratégie d'approche indirecte, qui est par définition aussi celle de la guérilla, requiert du temps, et repose en partie sur le facteur temps et sur l'usure de l'Autre. En revanche, la stratégie directe qui est liée à l'assaut frontal utilise, elle, la massue d'Hercule.

Propos recueillis par Danièle Gualda, professeur de philosophie.

4. *La grâce du temps*

Les hommes pressentent parfois ce que le monde leur donnerait s'ils cessaient de le mesurer à l'aune avide de leur désir. Mais peuvent-ils, sans plus rien attendre, vivre l'instant en sa plénitude, en un songe qui les ferait aborder aux rives de l'éternité, alors qu'ils savent que le présent touche tant d'hommes par sa cruauté ? Celles qui cultivent un art de recevoir, en ce qu'il exige de courage et de persévérance, permettent d'entrevoir la face sereine de la patience : celle qui fait acquiescer à la durée et à son terme inévitable. Et cette quête n'anime-t-elle pas souvent le geste étonnant d'écrire ?

« La béquille du temps »

Baltasar Gracian

Ne s'empresser, ni ne se passionner jamais, c'est la marque d'un cœur qui est toujours au large. Celui qui sera le maître de soi-même le sera bientôt des autres. Il faut traverser la vaste carrière du temps pour arriver au centre de l'occasion. Un temporisement raisonnable mûrit les secrets et les résolutions. La béquille du temps fait plus de besogne que la massue de fer d'Hercule. Dieu même, quand il nous punit, ne se sert pas du bâton, mais de la saison. Ce mot est beau : *Le temps et moi nous en valons deux autres*. La fortune même récompense avec usure ceux qui ont la patience de l'attendre.

In L'Homme de Cour, *trad. par Amelot de La Houssaie, Paris, éd. Champs Libre, 1983.*

Une histoire faible

Christian Bobin

Certaines choses s'enfuient dès qu'on se met à les attendre, singulièrement l'amour. Le monde délivré de notre attente, trop souvent confondue avec l'avidité, se donne pourtant dans toute sa beauté, et nous apprend la joie, la joie simple, celle qui ne s'attend pas.

Je ne vous oublie pas. Ce texte sur l'attente que vous me demandez, je n'ai cessé d'y penser tous ces mois, et peut-être y ai-je trop pensé : rien n'est venu. Rien n'a su venir dans mon impatience de vous offrir de belles encres, ornées de purs songes. C'est une bonne leçon. C'est une enfantine leçon donnée à l'écrivain, au bon élève penché sur sa copie avec trop de plis sur son front, trop de fièvre entre ses doigts. D'autres écritures sont apparues. Elles entraient sans prévenir, pieds nus sur le tapis rouge de la chambre. Elles faisaient leur nid sur la page, avec deux virgules, trois taches d'encre. Je ne les espérais pas. Elles venaient combler cette espérance que je ne me savais pas. Mais sur l'attente, rien. Je désirais trop ce texte, d'un désir sans doute trop crispé, comme on voit un chat aux aguets, dans une tension si forte qu'elle fait trembler l'oiseau - et l'oiseau s'envole avant même que la mort ait bondi, il échappe à la mort en ne lui cédant rien, pas même son ombre.

C'est ainsi : certaines choses s'enfuient dès qu'on se met à les attendre. Si douce soit notre voix, elles n'y entendent que notre avidité. Alors elles se retirent. Elles s'en vont au plus loin de nous, en elles, là où nos voix ne sauraient plus les blesser. Tenez :

l'amour. On l'attend, tous, on l'attend, et il n'y a sans doute pas d'autre attente que celle-là, amoureuse. C'est comme un art subtil, angélique. C'est l'art de vivre par excellence, en regard duquel tous les autres arts ne sont rien. Mais qui sait l'exercer avec la finesse qui convient ? Nous n'attendons pas assez de l'amour. Nous en attendons tout. Mais « tout » ce n'est pas assez. Rien ne saurait fleurir dans une attente aussi misérable. Nous attendons l'amour comme un enfant espère une récompense, un jouet très cher. Nous voudrions tant être, au moins une fois, au moins un jour, comblés, et recevoir enfin la puissance avec la fièvre, la douceur avec la force. Nous voudrions tant ne plus être seuls.

La solitude, quand on la craint, se fait mauvaise, et vient nous mordre comme un chien. L'amour, quand nous l'appelons, précipite ses pas loin de nous. La solitude, nous la fuyons. L'amour, nous le cherchons. Mais c'est le contraire qu'il faudrait : apprivoiser la solitude, laisser pour elle, chaque soir, un peu de songe et de lait sur une assiette, dans le fond du jardin. Et chaque matin rapprocher discrètement l'assiette (vidée pendant la nuit, comme nettoyée par la petite langue râpeuse d'un hérisson) du seuil de la maison. Quant à l'amour, nous devrions le craindre - et ne plus l'attendre. Il ne nous amène pas la puissance mais la défaite. Il ne vient pas nous conforter. Il vient nous enlever vivants de notre vie. On ne saurait attendre cela. On ne saurait consciemment désirer un tel désastre.

Laissez-moi vous raconter une histoire faible. Elle est vraie. Elle m'est arrivée il y a longtemps, des siècles. Une jeune femme, après m'avoir beaucoup aimé, longtemps nourri de son amour, me quitte et me laisse là, muet, stupide sous le ciel bleu. En moi alors, aucune fureur. Aucun dépit. L'amour seulement, l'amour encore, ininterrompu dans son cours, allant toujours vers celle qui en était la cause, l'origine et la fin : c'est que l'illusion encore me tenait, invincible. L'herbe folle d'une espérance, sitôt arrachée, sitôt repoussée. Un peu plus tard, au siècle suivant, je rencontre mon amie auprès de son nouveau compagnon. Je bavarde avec eux, et je la vois soudain tourner son visage vers celui-là - comme un arbre tend secrètement chacune de ses feuilles vers la lumière pour y jouir d'un repos. Je ne sais rien de plus éblouissant qu'un visage quand l'amour le caresse d'une main d'air. Non, je ne sais rien d'équivalent en gloire à ce visage des jeunes femmes, incliné légèrement sous le souffle d'une lumière, sous la respiration de Dieu.

On voit cette même clarté sur le visage de l'enfant dans ses jeux - car c'est une même chose que l'amour et le jeu. Le même oubli de soi, le même don de lumière. Cet éclat d'un visage, la mort ne saura s'en saisir comme elle fera de tout le reste. Elle prendra le reste parce qu'elle l'aura déjà tenu entre ses bras dans le cours de la vie. Ce visage, elle échouera à le prendre, et s'en approcherait-elle qu'elle s'y brûlerait les doigts. J'ai donc regardé le visage de mon amie, ce visage désormais tourné vers un autre. Hier encore, ce visage se penchait sur le mien pour me donner fraîcheur de parole, nourriture de silence. Aujourd'hui, en se détournant de moi après m'avoir longtemps frôlé de sa douceur, il me rendait au monde - à la beauté d'un monde délivré de mon attente. Car je n'attendais plus rien de cette jeune femme. Car je comprenais que rien n'est à attendre de personne, jamais.

Dans l'affaiblissement qui suivait cette vision, la joie enfin est venue. Une joie bien plus grande que celle qui précédait. Bien plus grande, bien plus noble. Du temps encore - des années, des années comme des siècles. Et j'en suis là, toujours, dans cette adoration pour ce qui passe dans le fond des lumières comme en surface des visages, pour cette beauté qui va - indifférente à mes vœux. Je ne saurais vous en dire beaucoup plus : je n'ai jamais trop su quoi dire de la beauté. Elle est comme une main sur ma bouche. Elle est comme une main sur mes yeux.

Il y a, dans le fond d'un tiroir, dans cette chambre où je vous écris, une photographie. Je ne la regarde jamais. Je goûte peu les photographies. Elles disent l'éternel enlevé du temps, et donc ne disent plus rien, presque plus rien. Sur cette image, une enfant de sept ans, Hélène. Elle a aujourd'hui onze ans, bientôt douze. Les années pour l'enfant sont plus que les années pour nous. Elle est au bord de l'eau. Elle considère avec songe un morceau de pain. L'instant d'après l'image, ce morceau de pain passera dans sa bouche, se mêlera à sa chair, à son sang et à son âme. Eh bien, je suis devant le monde comme l'enfant devant le pain déchiré : je dévisage, j'envisage - et je mange. Je mange tout, sans préférence. Le bien comme le mal. Le tendre comme l'amer. Enfin, j'essaie.

Avant, lorsque j'étais amoureux, je ne me nourrissais que d'une seule, je n'attendais que d'une seule. C'est un des dommages les plus profonds que cause en nous l'attente amoureuse : nous espérons cette femme, et celle-ci seulement. Pour lui faire place nette, nous chassons de notre vue tout ce qui n'est pas elle. Voilà comment nous sommes. Voilà de quoi sont faites nos amours, nos œuvres et nos attentes : nous considérons une poignée de réel, une mie de pain. Nous la considérons longtemps. Nous n'en avalons qu'un fragment, et nous jetons le reste. Et cependant comment être ? Il nous faut bien en passer par quelqu'un pour aller vers tout - par un seul visage, un seul mot, un seul corps. J'ai toujours eu du dégoût, un dégoût immédiat pour ces gens prêchant l'amour universel, ces prophètes aux yeux fuyants, aux langues sèches. D'abord, un seul visage irradié de solitude, consumant ses propres forces comme peut faire un soleil de son énergie. La lumière de ce visage nous parvient à travers des épaisseurs de vie grise. Elle attire sur elle toute notre attention, elle nous rend force et goût. À bien contempler ce visage, à bien nous alimenter de cette contemplation, nous y découvrons bientôt l'éclat d'une solitude brûlant dans toutes parcelles du monde. De l'amour recueilli sur un visage à l'amour éparpillé sur toutes choses : ce serait là la bonne attente, celle qui se perd. Ce serait là le bon chemin, celui qui s'ouvre.

Que vous dire d'autre. Je ne saurais répondre à votre demande autrement qu'en balbutiant. Je ne suis pas très malin dans ces choses-là. Je cherche, c'est tout. Je cherche en écrivant. Je ne fais pas de littérature. Je ne veux surtout pas en faire : la littérature, c'est quand la langue s'épuise dans la langue - et c'est sans intérêt. Le contraire de la littérature c'est l'écriture : quand l'amour s'envole dans l'amour, quand la beauté s'éclaircit dans la beauté - la vie même. Lorsque je n'écris pas, je ne suis pas pour autant dans l'attente, plutôt dans un rêve - mais il faudrait imaginer le rêve d'un côté et le rêveur à l'autre bout du monde, très loin de son rêve. Vous comprenez ce que je vous dis là ? Vous devez bien connaître de tels états. Nous sommes souvent ainsi avec nos vies : nous envoyons notre ombre en ambassade, loin devant nous. Nous la regardons parler à d'autres ombres, leur serrer la main et parfois se battre avec elles. Nous regardons tout ça de loin - dans ce lointain inventé en nous par la fatigue. La fatigue est ce qui ressemble le plus à l'attente. Elle est comme une attente effondrée sur elle-même, une attente qui n'attendrait plus rien. La fatigue est en nous comme une pierre. Si nous pouvions l'enlever d'un seul geste, nous découvririons ce qui est dessous - et que c'est le paradis.

Avant de vous écrire, j'ai lavé les grandes vitres de la salle. Avec la transparence, les arbres en face sont revenus dans la pièce, le lointain est revenu dans le proche comme à son lieu de naissance. L'attente n'est peut-être que cela : de la poussière accumulée par notre négligence entre le lointain et le proche, entre ici et là-bas. J'ai pensé vous adresser cette lettre plus tôt. Je n'y suis venu qu'aujourd'hui, jeudi 28 mars dans la soirée. Quatre jours avant Pâques : nous sommes dans ce qu'on appelle la semaine sainte - comme si toutes les semaines n'étaient pas à considérer ainsi, dans la sainteté et la fraîcheur de vivre. Vous y croyez, vous, à la Résurrection des corps et des âmes ? Rassurez-vous : ce n'est pas une vraie question, ou plutôt c'est une question qui ne se pose jamais que pour soi seul. On n'y répond que pour soi seul dans le silence et, pour ma part, dans un sourire. Encore dix, quinze ans, et plus personne ne saura ce qu'est Pâques, ce qu'a pu être, il y a deux mille ans, l'attente, trois jours et trois nuits durant, d'une poignée de pauvres diables, frileux, rusés et naïfs, tout pareils à nous. Ils attendaient ce qu'on attend toujours : que l'amour qui passe soit un amour qui demeure. Mais l'éternel n'est rien d'autre que ce passage dans le temps, et le sillon que cela fait - comme un sentier d'enfance au beau milieu des blés. Mais l'éternel n'est rien d'autre que la vie simple en chacune de ses heures.

Alors, pourquoi l'attendre ?

Christian Bobin

Le coq d'Asclépios

Hubert Haddad

On est constitué de mille choses, mille liens. Et tout est mystère. Le seul miracle, c'est l'état de présence, lequel est fait d'attente. On est là à attendre. Même quand on attend l'autobus, c'est une attente métaphysique fondamentale.

À Levana Henrion

De ma fenêtre, les phares du Havre et les lumières du port. Au loin, les grands navires au mouillage clignotent dans la nuit. Cette vision par-delà les toits et sous le ciel tempétueux suffit à tous moments pour calmer l'angoisse intenable. Chaque clin d'œil vers le large m'anéantit dans une sorte d'exultation neutre et instantanée.

Mais que s'est-il vraiment passé ? La tempête, les vagues blanches écumeuses qui, dans l'ombre, cherchent à vous saisir. L'immensité comme idée simple qu'on peut retourner dans un mot. Je regarde un fossile avec la même *distance*. Tout est joué dans le présent fabuleux de l'acte - si vite s'évanouissent les acteurs, le péril, la scène même. Philosopher avec Husserl, mon député et le facteur pour jointoyer le même et l'autre, et toutes les pierres de la maison…

Il n'y a pas de vrais critères, pas de goût, nulle sensibilité indubitable au présent - mais une brume de qualités et de notions tangibles. Seul le temps *crée* la valeur. Le génie, peut-être, comme un mode insoupçonnable de cristallisation du langage dans la musique et le sens où se reconnaîtront les exilés du futur.

L'attente, seule véritable occupation humaine, hors quelques instants orgasmiques, s'est donné pour hygiène propre l'exercice mythomane ou piétiste du *bonheur*, art mineur du découragement, de la désespérance satisfaite.

La patience implique *de facto* l'impatience, attente en mouvement, mais une impatience maîtrisée jusqu'à se confondre avec la pure durée. Tous les verbes transitifs ont pour analogon *attendre* - et patienter serait ce dernier vidé de tout recours, intransitif : la conscience en somme.

Le corps règle l'univers sur une *longueur d'illusion*.

Il y a une qualité perdue de la pensée, un état de réception pareil au guet du chasseur matinal. Est-il encore possible de *perdre son temps* dans l'univocité caduque de la pensée telle que la secrète la machine adéquate ?

La perception vraie est mystique, mot parasite absolument incompris. Il ne s'agit pas de foi ni de rituel superstitieux, non, mais d'ajustement véridique de la pensée avec la conscience jusqu'au point d'évidence : c'est *cela* que l'homme attendait. L'homme : un animal qui relève la tête sur les mystères. Une bête en danger de bêtise. La lumière pour lui seul devient métaphore.

Une forme hystérique de patience liée au divertissement, lorsqu'elle s'attache à un quelconque objet transitoire, placé comme finalité : gymnastique volontaire, *coïtus interruptus*. La patience comme mercantilisme de l'espoir. Et plus généralement comme *ennui*, masochisme analgésique de l'ennui...

En vérité, le lexique demanderait, outre les sens propre et figuré, un double usage des mots, inconciliable : un antidictionnaire parallèle ou palimpseste, comme on parle d'antimatière. Il serait par exemple défini, au mot *patience* : mode involutif du devenir, sublimation de l'instinct de conservation, cogito en phase non didactique, *tel qu'il se reçoit*.

La patience ne peut être qu'un préalable psychologique, la dimension même du stoïcisme. Elle est en cela son propre dépassement, l'attente de l'attente qui s'accomplit dans l'incomplétude.

On va vieillir, connaître la perte des moyens, l'effritement et la mort. Comment vivre l'instant présent dans la plénitude, rêve d'équilibre et de pérennité ? Narcisse n'est qu'un reflet en réserve du néant.

Le retard - dans le travail à rendre, essentiellement - est une forme raffinée du remords. Perdre son temps, n'est-ce pas se condamner à le vivre intégralement, et appeler à soi la mort sur le mode combien mineur de l'ennui ? Comme chacun, j'aurai passé ma vie dans l'attente et toute mon activité aura été de sollicitation butée d'un futur plutôt nonchalant. Quant à la nature de mes espérances - outre une certaine *reconnaissance* qui justifiât tant soit peu mon travail -, je l'ignore. Rien ne s'accomplit dans l'instant ; il y a des subterfuges et des trappes ouvertes - et puis tout est reconduit.

Il est faux que nous puissions faire de la morale un quelconque discours. Désormais, comme aux époques de transition, la réalité de la morale doit précéder sa justification. Dans l'absence épistémologique de Dieu (que peut-on fonder encore sur la valeur, sur une altérité essentielle ?), il nous reste au moins la garantie du néant : l'expérience intime montre que l'absence vient guérir de l'être.

La mémoire est l'unique horizon par où le nouveau se rappelle à nous - dans la *surprise*, l'éveil de l'inconnu. Patienter, dès lors, c'est ramener l'espoir au sentiment de la durée par une sorte de constriction méditative excluant toute ambition d'ordre mondain, en soi restrictive, telle que l'attente. Patienter, c'est retourner l'attente comme un gant, faire d'un sentiment un acte qui fût l'épreuve même de l'attente.

Généralement, chez le moraliste boulevardier, elle a pour symptôme l'ennui, dont l'éclairage phénoménologique coïnciderait avec la présence infirme, le refoulement : cette ankylose de l'attente dénouée du désir qui la fonde. S'ennuyer, à l'inverse, n'est qu'une intériorisation neutre de l'impatience : celle-ci privée d'enjeux, en état continu de renoncement.

Mais revenons à l'urgence où l'on peut quelquefois, à bout de patience, mourir littéralement d'ennui. Comme la patience, l'urgence a ses sectateurs et ses hérésiarques : en politique, en religion. Mais, dépouillée de ses vanités, guérie de ses fièvres, elle serait le grain même du temps, le grain irrité, l'être comme *révélation*. L'urgence ne s'enseigne ni ne se partage - elle appelle Isaïe ou Jérémie et les isole dans l'acte asocial de prophétie. Chacun est appelé, digne de divination, mais seul le fou de l'instant répond, le foudroyé empoignant l'éclair dont il succombe déjà ! Et quelle est la nature de cette prophétie ? Tout est déjà advenu dans les siècles des siècles ! Vous respirez l'éternité mortelle à chaque seconde ; l'apocalypse n'est pas future. Le *temps* : illusoire déploiement d'une illumination coïncidant avec l'univers. Ce dernier ne déborde pas de l'instant ; naissance et mort sont une même fracture de songe. À chaque instant, tout est en jeu, l'univers entier ; la mort cherche prise seconde après seconde et la vie s'étonne d'une naissance continue - quête oubliée d'une évidence pour le moins abyssale : sur un même point fixe, la multitude des consciences se perd au sein d'une multitude d'espaces dans un bel effet d'objectivité, illusion positive que les sens et la mémoire étayent.

Je suis un alpiniste en haute mer et mes crampons, mes cordes, mes crochets ne font pas un gréement. Tout juste puis-je marquer l'écume un instant de mon désir de verticalité.

Nous portons tous le deuil de l'absolu, d'une passion absolue. Comment pourrait-on survivre un instant de plus sans cette douleur, non d'un *membre*, mais d'un monde-fantôme ?

Quant aux valeurs, Dieu et ses mendiants, je les vomis deux doigts dans la gorge, car sans doute peut-on encore admettre que l'enrégimentement sommeilleux de ma généalogie n'intéresse pas le suicidé perpétuel, le défenestré de l'instant qui boit à grands traits le vent de la chute. Je suis pauvre comme la mort. Le sang qui m'habite tourne à contrecœur.

L'instant comme espace de moralité catastrophique : il y a des milliers d'enfants qui meurent de cruauté, de maladie, à cette seconde, et cette seconde, si je la pense, est ma malédiction ; mais l'abstraction, hypocrisie sans fond, m'autorise une axiomatisation du temps et de la fatalité. Moi, juif de personne, j'affirme que le songe d'être deviendra pure réalité quand chacun acceptera tout naturellement, compte tenu de l'urgence, d'être le christ parmi les hommes, le christ de personne.

Il n'est de morale que de barbares. L'amour est la première intuition - et quel empire ai-je bâti sur ses cendres ? Rhétorique de la morale : tergiversation. Le saint, plus rapide que l'assassin !

Si vous preniez la mesure cyclonique de votre mortalité à tous les angles durs de l'anéantissement, vous seriez libres. Mais de quoi s'agit-il ? La performance d'exister est plus proche de la tendresse partagée d'un débile que d'un vague ministère où vont rouiller les robots !

« Un présent où il s'agit du futur : l'attente », disait saint Augustin. La patience comme jugulation de l'attente, conscience secrète de l'illusion de toute attente et toute résistance en soi au temps, avec cette connotation de sagesse qui se retient de l'extrême précipitation.

La solitude ne se dénombre pas. Quant à la beauté, elle n'intéresse personne : c'est le désir qui se fait éternel - plus tard, certes, on y revient, religieusement. Mais le désir entre-temps s'éparpille dans son illusoire appel, de-ci de-là, vers l'implosion du rien : néant et séduction.

Qui perd sa vie à rêver un aspect de celle-ci, dans la perte la rattrape, et dans cet aspect s'accomplit - car la vie n'a pas de repères incontestables qui dans l'instant puissent prétendre à cette catégorie absolue de la présence.

Patienter : extrapoler perversement l'être des contingences qui l'accaparent en tous lieux - pour - uniment - goûter le temps dans sa catastrophe ô combien éphémère.

L'homme de lettres au travail à la fin oublie l'urgence qui lui fit raturer ses premiers mots. Partout où l'on s'arrête pour appréhender le chaos, tombe la *distraction commune*, qui n'est autre que le mouvement acquis. L'art n'est qu'une tergiversation et le grand art, une façon de composer avec la foudre. Certes, il y a des poètes, des romanciers : ils prennent le temps d'être maintenant adéquats à leur projet tout en sachant quel mensonge nourricier constitue le beau meuble de l'espoir (de finir, de réussir, d'être Dieu). L'attente, l'art définitif de n'être rien.

La patience, mais nous ne faisons rien d'autre à chaque seconde, et même dans l'absolu rêveur des actes humains tels que le rut, l'extase, la révolution. On attend la révélation, le revoilement de la nudité par l'*écorchement vif* : la mort est aussi dans le geste qui cueille le fruit.

Faites-moi la politesse de m'écouter : corps et temps me sont donnés pour m'étonner de perdre, et cette situation dans l'espace et cette langueur qu'on nomme vie. Les immoraux tuent, violent et se répandent en d'obscènes *Te deum* quand le *patient*, crûment, dispose son beau suicide dans la largeur de la civilisation.

Le fond du problème est que, à aucun moment, nulle part, nous n'avons quoi que ce fût à *perdre*. Poser la patience comme conscience de l'urgence. Tout nous arrive en même temps et, bâtisseurs d'empires, nous mourons à chaque pierre posée (du moins en cette modestie qui, d'une fourmi l'autre, constitue la communauté). Mais au-delà l'urgence nous exige : riez, rates et gosiers, je suis le cœur tranché des âmes !

La patience, à l'origine de toute discipline. Le monde, c'est le veau d'or. Comment être fidèle à l'absent des jours ? Effort, apprentissage, répétition, recommencement, traversée, fatigue... L'inachevé nous accueille quand s'inverse le désir. Oh promesse ! Mûrir encore, guider mes pourrissements. Quelle vocation d'asticots est la nôtre ? Anticiper sur toute fin dans la crucifixion messianique de l'instant !

Dieu demanderait la patience aux hommes, souveraine intériorisation de l'infinitude des fins, de sorte qu'ils lui ressemblent par où ils souffrent le plus de leur situation de créatures, d'êtres tronqués par l'être. L'attente ne peut s'accepter qu'au-delà du désir. Le contraire d'une hystérisation du temps. La vraie patience intériorise la mort et ne peut désirer que la vérité de la vérité - hors toute passion grégaire. Ainsi, la patience mène encore à plus de patience, vers la nudité sans désir de l'attente accomplie.

De qui se moque-t-on, messieurs les pointus, les performants ? Des clochards, là, sur une bouche de chaleur - leur disponibilité princière. Nuls les sentiments, l'amour, Dieu, la délicatesse incompressible des froids intellectuels en leur aparté libidinal. Une bombe à retardement ronfle sous la chaire ! Perdus, c'est déjà presque morts que l'attente en nous s'exacerbe... Oh, belle et tragique enfance (qui sans doute équilibrait l'impossible avec l'évidence), pourquoi me réclames-tu comme un songe d'Atropos ? À toute heure, l'insignifiance nous garde, amis insecourables des bords du monde, enfants de peu de siècles qui courez sur les mains...

Le nihilisme est un esthétisme : on n'a pas le temps de nier la foudre, de poser pour le néant ou pour Dieu ! Tout arrive au même instant ; la vie est trop courte pour faire de son absurdité une attitude, un style, une méta-leçon catastrophique de belle tenue. La plus fière santé n'est que le premier sursaut de l'agonie.

La patience - mot combien présomptueux ! Rien ne présuppose une quelconque durée fondatrice à la créature. En prison pour mille ans, l'antenne impalpable du néant. Un assassin courtise une fée : étrangers l'un à l'autre, ils s'entendent à merveille dans l'instant paradoxal que nul empire n'effleure. La patience, dans la relativité des désirs et des ambitions, se confronte à l'unique absolu qui l'annule - et s'abandonne dès lors à la terrible gratuité de cette nécessité.

La distraction (ou l'ennui), quand les hommes se rassemblent pour s'oublier dans le trouble violent de leur différence. Le désir, la beauté, le pouvoir (seule magie de ce monde au-devant des faibles confits dans leurs superstititions) - légendaire pérennité ! Et les uns de choir dans les autres en rêvant d'identité, comme le suicidé à l'instant perdu du néant.

Toute *activité* (acte obstiné) prétend donc à la *réalisation* (action sur le réel), à l'avantage d'une singularité qui se désire absolument d'un *projet* (rêve d'adéquation d'un désir avec le monde, de greffe du subjectif abstrait sur l'objectif concret) - confirmant l'*existant* (présence que la conscience unifie dans la durée) dans l'opportunité d'une perduration quelconque.

Chaque homme aura été attendu ; serait-ce par sa mère. Pendant neuf mois, il fut identifié au bonheur, à la plénitude. Avant cette pitié que sera l'amour d'une mère pour l'adulte : oh, lointain de mon ventre, je me souviens du temps où tu n'étais pour moi qu'informe patience !

La patience *après la foudre*, comme une sorte de convalescence décidée, mais à reculons.

La religion, dans sa ritualisation d'une révélation toujours à venir, serait l'exercice sacré de la patience. L'on comprend que l'idée même de vérité - seuil panique de toute appréhension - soit rejetée (ou pour le moins repoussée) comme apostasique, dangereuse, propice aux hérésies. Mais on ne peut se débarrasser de l'espèce d'impatience cosmique qui nous guette (dans la mort au revers de chacune de nos secondes) sans dépassionner gravement les enjeux de la temporalité. La sagesse doit se concevoir au risque de la vérité, et cela dans le péril de chaque instant. Bien sûr, il ne s'agit pas là d'*enseignement* (le religieux comme pédagogie immobile !). La poésie, en ce sens, ne sera jamais qu'un spectacle avec l'*esthétique* pour face publique. Si l'on donne à ressentir, c'est dans un acte de parole qui se refuse absolument à la Mimesis. La vérité ne se partage pas ; elle est donc incorruptible, irréductible aux fanatismes de tous ordres (quiconque fomente une *autre morale* ne cherche qu'à mobiliser l'attention à des fins terrestres).

Dès lors que la vérité se laisse soupçonner, l'urgence, envers symptomatique de la patience, dépouille la vie de toute représentation, de toute illusion - en cela la patience nue s'identifie avec l'attente de la vérité. Entendons-nous : la vérité n'est pas extérieure ; mais expérimentale et consubstantielle, elle est à la fois ce que nous n'avons jamais cessé d'ignorer et ce qui brouille nos veilles et creuse nos consciences. Il y a un sens substantiel qui recouvre toutes choses ; pas une direction étymologique ou une déduction sémiologique : un sens insensé, sensitif et essentiel qui, su, moque la connaissance, désacralise, déconnecte et jette à la face de Dieu la poussière humaine. Oh ! l'arbre de feu n'est pas incombustible, il brûle d'un coup comme la foudre ! Mais l'univers entier s'efface avant que tonne l'unique commandement, fruit de la vérité dans l'arbre de l'orage.

Je ne crois pas Zendieu, j'attends la certitude et la vie mesure mon endurance. Un soir d'apesanteur, j'ai manqué mourir sur le tendre visage de l'abîme. C'est maintenant que je bénis la *patience*, car malgré tout je suis vivant et j'ai dans ce monde eu l'extrême distraction d'être père. Que dirai-je à ma fille quand elle aura des mots ? Mon Héloïse, Élie s'assied, vieillard attendu, dans tous les fauteuils du temps. Aie la patience, toi aussi, des multitudes. Les pauvres gens, depuis l'aurore, ont subi sans raison probante la douloureuse condition de reliquaires du néant - avec en prime le pain à gagner, le terrible pain des songes.

Devrais-je, moi - *rien* que le style désigne -, mentir jusque dans la buée de mon souffle ? La patience est résignation, car *tout ce qui dure* en dépend, serait ce le papillon dans son labeur d'astre. Ainsi pourrait-on considérer l'organisation de la nature comme un exemple : la répétition tient lieu d'infinie démonstration. Durer, entre deux métamorphoses, c'est accomplir la morale des figures de la représentation. Pourquoi telle durée mériterait-elle davantage que telle autre une pérennité heureuse (le bonheur s'entend comme un temps accompli dans une plénitude organique) ? À cela, que répondre, sinon que le *temps humain* se distingue par sa capacité d'envisager la *vérité* - non une réponse absolue, mais un accomplissement (le néant en ceci : rapport instantané de l'être à l'être). Patienter, ce n'est pas durer, encore moins attendre, mais vivre le deuil blanc de l'être : tout est consommé, hormis le désir, l'innocence, l'aventure... Je vivrai ma poussière en contemplant les mondes. Et j'accueillerai dans mon sein le vent du désert.

Que si la patience est la *morale* de l'attente, encore faut-il donner un horizon à cette dernière, fût-ce la mort : refuser le suicide serait alors une manière plus réfléchie de mourir. Au bout de toute attente, il y a l'effarement de la relativité - vingt ans de plus ou de moins sont une même façon d'en finir - et la question du pourquoi se pose ailleurs. La patience est sans doute la forme la plus pure d'héroïsme. À l'extrême, c'est la sainteté : *être patient en tout*.

Chiffre - organicité du chiffre - âme ; feu follet sur l'illusion chiffrée dont nous sommes la désespérante apparence. Protégeons-nous des enfants. Protégeons-nous des enfants blessés de la grande blessure enfantine. Protégeons-nous de la fragilité armée de toutes les faiblesses de notre défunte mort. Pour la statue, l'éternité dérobée...

On peut être un mystique sans foi, sans repères d'amour, dans la monstruosité pascalienne de l'attente. C'est exactement comme l'éveil, le rétablissement qualitatif des valeurs de perception - mais à l'envers de la pensée ordinaire. Comme si, non plus le corps, mais la conscience sortait d'un rêve de plein sommeil qui lui laissait croire en la positivité des jours. Tout à coup, quelle mort de Dieu éclaire l'abyssal surgissement de l'être dans l'être !

Le guet, attente active de la satisfaction, à l'encontre de la patience, résignation active à l'attente, quand celle-ci devient une activité en soi. Où l'attente anticipe une jouissance, sorte de prédation mentale, la patience comme espace incréé de la raison, son exigence de sérénité. Merveilleux accomplissement de l'être avec le non-être, chant pur de l'un vers l'autre, sans qu'on sache jamais qui chante et qui se tait !

Les derniers mots de Socrate agonisant : « Criton, nous devons un coq à Asclépios ; payez-le, ne l'oubliez pas. » Même le souffle ultime participe du bien ordinaire, de la vie donc. Au terme du très patient apprentissage avec quoi se confond la conscience, la mort, simple aposiopèse au sein du logos - vaut-elle le coq d'Asclépios ?

Hubert Haddad

Patience

Claude Vigée

Moi qui serai, que suis-je ?
Dans le temps hasardeux
l'étoile est mon vertige,
l'attente est ma compagne.
Mais au bout du combat
qui nous brise tous deux,
si l'un de nous s'abat,
c'est *dans l'autre* qu'il gagne.
Le vent noir sur le seuil
dit l'amant qui pénètre,
l'hiver, quand j'ouvre l'œil,
quel printemps n'ose y naître ?
La nuit d'angoisse endure
déjà l'éclair de l'être :
l'attente est sa blessure
où je peux me connaître.

In *Le Soleil sous la mer*, Paris, Flammarion, 1972.

Poème

Henri Thomas

La patience éclaire ma chambre,
Hier la brume, demain la neige,
En attendant le dur soleil,
Le pain tendu sur une faulx,
Sur l'acier bleu resté dehors
Durant les nuits du long hiver
(Nommons cela le pain des forts).

J'écouterai le monde obscur,
Appelons cela croire en Dieu,
En Dieu qui marche au fond des murs
Et fait craquer les os de l'arche.
Mais le boiteux des nuits pourries
Tournant l'orgue de Barbarie
Dans la neige sale revient,
Sorti des ombres, comme il crie
Avec sa voix d'hiver ancien,
La dernière offre de la vie !

Vais-je espérer, cette nuit même,
Remonter le filon du temps,
Jusqu'au soleil, jusqu'au baptême,
Jusqu'à la mer qui me remmène
À la rencontre des torrents,
Et m'éveiller au seul instant
De l'équilibre et du poème ?

Le patience éclaire le mur,
Aujourd'hui neige, demain vide pur.

*

Quand arriva la fin du monde :
- Un de perdu, dix de r'trouvés !
Chantait une âme vagabonde
Qui fut la mienne en vérité.

In Poésies, *Paris, Gallimard, 1970.*

Henri Thomas

À l'ombre de Narcisse

Anne Baudart

La conception et l'expérience - singulières et fortes - du temps qu'avait Lou Andreas-Salomé méritent l'attention. L'accueil patient de la vieillesse, de la mort sont indissociables, pour elle, de l'inlassable écoute d'autrui dont elle fit preuve en ses multiples rencontres, célèbres ou non, et surtout, en sa pratique de la psychanalyse.

La proximité de Lou Andreas-Salomé procure à Rilke « calme, patience, bonté[1] ». L'aveu du « fils prodigue[2] », le 15 avril 1904 - près de quatre années après le Dernier Appel[3] -, met l'accent sur trois vertus majeures constitutives de l'être de Lou et génératrices, chez autrui, des mêmes attributs essentiels. Être ne consiste-t-il pas, en son sens le plus fort, le plus adéquat, à donner ? Et la vertu la plus haute, la plus noble n'a-t-elle pas nom générosité, prodigalité ? Rilke doit à Lou de connaître à son tour « le calme et la patience », autant de progrès lents, fragiles, à réapprendre chaque matin, tel, pour lui, l'héroïsme au quotidien.

Lové au cœur d'une psychologie, le triptyque vertueux commande aussi une éthique, un art de vivre, d'aimer, d'écouter, de juger, d'écrire. Les événements les plus troublants n'affectent pas en profondeur l'épouse de Friedrich-Carl Andreas. La Première Guerre mondiale, la révolution russe, la montée du nazisme ne l'empêchent pas de persister, envers et contre tout, à voir et croire

1. Rainer Maria Rilke, Lou Andreas-Salomé, *Correspondance*, Paris, Gallimard, 1985, trad. Philippe Jaccottet, 15 avril 1904, p. 130.
2. *Id.*, 15 janvier 1904, p. 117.
3. *Id.*, 26 février 1901, p. 49.

« le monde entier peuplé de grands frères[4] », même si, à certaines heures, « ils sont devenus de véritables démons[5] », même si, alors, l'inconcevable doit bien - hélas - être conçu. Une douleur silencieuse se perçoit à l'arrière-plan de certains écrits. Ce qui advient à sa famille en Russie ne la laisse pas indifférente : elle choisit souvent la pauvreté la plus extrême pour doter les siens de ses gains. Mais jamais ne sourdent en elle révolte, ressentiment, passion réactive, haine ou jouissance, par culture ressassée, du négatif. Au contraire, le précepte nietzschéen - ou stoïcien, comme il siéra - de l'*amor fati* trouve en elle un écho vivant, actualisé jour après jour, devenu *habitus*, seconde nature. Tempérament slave ? Fatalisme russe - « ce fatalisme sans révolte qui fait qu'un soldat russe, quand la campagne lui semble trop dure, finit par se coucher dans la neige », pour reprendre les termes de la fascination nietzschéenne exprimée dans *Ecce Homo* ?

Tout ceci n'est, bien sûr, nullement étranger à la personnalité de Lou, à son appréhension du temps, des événements, de la mort pensée sous le mode du retour et non du départ ou de l'irrémédiable perte, de la vieillesse célébrée comme achèvement, plénitude, affranchissement de limites et ouverture sur l'originaire retrouvé. La réduction au conditionnement culturel ou naturel ne peut totalement satisfaire et éclairer, de façon exhaustive, une « expérience » aux facettes multiples. L'élément, ici, ne peut se substituer au tout ; l'explication ne dispense pas de la compréhension, de l'interprétation. La perception du clair, en la lecture d'une vie, traverse par nécessité les zones d'ombre de l'ambiguïté. « Calme, patience, bonté », trois déterminations nettes, précises, par plusieurs reconnues, même si diversement traduites et appréciées, qui structurent l'être et l'avoir - l'ontologique et le psychologique -, émaillent la complexité d'un devenir, étayent le métier, par excellence, d'écoute et de patience : celui de psychanalyste, ou médecin des âmes, que Lou exerça jusqu'à sa mort, en février 1937.

Isoler la patience comme fil directeur d'un réseau d'expériences, de rencontres, d'écrits, suppose qu'on lui confère une valeur de paradigme, d'idéal type, de point nodal où se croisent et s'imbri-

4. Lou Andreas-Salomé, « Correspondance avec Sigmund Freud », *Journal d'une année*, Paris, Gallimard, 1970, trad. Lily Jumel, 8 février 1913, p. 329.

5. *Id., Lettre de Lou à Freud du 19 novembre 1914*, p. 28.

quent l'essentiel et l'accidentel, l'évanescent et le durable, le stable et le fluctuant. Patience se tient en effet aux lisières de l'actif et du passif, du volontaire et de l'involontaire, du conscient et de l'inconscient - manifeste ou latent -, du devenir et de l'éternité. Vertu temporelle par excellence, disponibilité à l'accueil de la durée, sans précipitation ou dénégation, elle provient d'une ascèse longuement itérée. Acquise par habitude, répétition de la mesure juste - étrangère aux extrêmes par défaut ou excès -, elle prend source dans une disposition naturelle que la pratique actualise, affermit. Lou Andréas-Salomé avait en elle, très fortement ancrée, la puissance d'attendre, de supporter, avec modération et sans murmure, le poids des choses, des êtres, de soi, celui aussi de subir activement les effets de l'étirement temporel, le fruit des épreuves constitutives de la vie, la déchéance graduée du vieillissement, la tension vers la mort - le télos biologique -, expérience ultime d'un passage vers l'ailleurs, le différent, au-delà ou en deçà. La patience - persévérance à poursuivre une œuvre ou être porté par elle -, l'accomplissement et le concours à l'accomplissement d'autrui (même si les voies choisies peuvent, à l'occasion, dérouter, voire heurter), la préférence de la paix et du retrait à toute forme de tapage ou de lutte pour la reconnaissance ou la domination, pour des enjeux ou des fétiches aussi vils que dérisoires, furent les axes constants et éclairants d'un itinéraire existentiel.

Les écrits théoriques, analytiques ou préanalytiques, s'accordent avec l'enseignement du vécu. Le « type féminin » - en vertu du schème essentialiste qui guide l'investigation saloméenne - incarne et symbolise la patience, « la passivité comme la seule vraie aptitude à l'activité en nous[6] ». L'image de la plante, forte de ses racines profondément enfouies dans son sol nourricier, caractérise le mieux le Narcisse féminin. Elle croît et se développe « dans la haute lumière de midi où elle jette son ombre verticalement, où, cachée dans cette ombre, elle la regarde comme le plus tendre reflet de son propre être - s'ombrageant en elle : pour que le grand brasier ne la consume pas avant son temps[7] ». Ce texte de 1914, destiné

6. Lou Andreas-Salomé, *Carnets intimes des dernières années*, Paris, Hachette, 1983, trad. J. Le Rider, janvier-février 1935, p. 131.

7. Lou Andreas-Salomé, *L'Amour du narcissisme*, Paris, Gallimard, 1980, trad. I. Hildenbrand, « Du type féminin », p. 88. Voir aussi le *Journal d'une année* du 11 mai 1913 : « Sublimation », p. 379.

à la revue *Imago*, après d'autres, assigne pour vocation au féminin la patience d'être soi, sans chercher à s'annexer par vol, usurpation ou désastreuse imitation, les attributs de la nature masculine : agressivité, dispersion par fuite en avant, extériorité. La rage impatiente et excessive de l'égalité conduit immanquablement la femme à sa perte et à sa dilution.

« Ce n'est pas la femme qui a tué le père[8]. » Dès lors, il ne lui convient pas de commencer à perpétrer le meurtre. L'exhortation à « s'enraciner robustement dans son sol particulier afin de devenir tout un monde pour l'autre[9] » ne quitte décidément pas Lou. La pratique de l'analyse affine mais ne transforme pas ses *Réflexions* de jeunesse. La femme n'a pas « à chercher son salut ultime dans une carrière professionnelle qui la fait partiellement sortir d'elle-même ; [ni] à se contenter, résignée, de n'être qu'un appendice du mâle... qu'un simple marchepied de ses ambitions[10] ». Il lui faut, au contraire, imposer aux choses la singularité de son sceau en restant à soi fidèle, dans une écoute attentive, sans céder aux tentations de fusion ou d'identification. La patience au féminin n'est autre que l'accueil de virtualités à promouvoir, à féconder, à magnifier, puis à offrir, à partager.

En ce jeu complexe où l'être avoisine l'avoir, où l'avoir se mue naturellement en don et la soumission en action, la figure de la mère s'éclaire et se pare d'un sens nouveau. Compénétration forte, singulière, du passif et de l'actif, la maternité dévoile de façon exemplaire la bisexualité, l'énigme résolue d'une féminité non étrangère alors à la masculinité. « La femme conçoit et enfante mais procrée aussi, protège et domine ce qui est né[11]. » La patience est bien, par une « grâce de la nature », saluée par exemple dans la *Lettre ouverte à Freud*, l'apanage du féminin : elle reçoit, conçoit, elle donne aussi l'existence.

Est-ce pour cette raison que la Vierge Marie détient un statut spécifique ? La mère du Christ offre en effet une combinatoire pres-

8. *Id.*, p. 187. Ce qui découle du fait que ce n'est pas la femme qui a tué le père (1928).
9. Lou Andreas-Salomé, *Eros*, Paris, éditions de Minuit, 1984, trad. H. Plard. « Réflexions sur le problème de l'amour », p. 63.
10. *Id.* « L'Humanité de la femme », p. 39.
11. Lou Andreas-Salomé, Correspondance avec Freud. *Journal d'une année du 17 au 21 octobre 1913*, p. 420. Voir aussi la *Lettre ouverte à Freud*, p. 37 ; et *Les Carnets*, p. 70 ; ainsi que *L'Érotisme*, p. 109 : « La maternité c'est la plus forte passivité de la femme qui se métamorphose en l'extrême de son pouvoir créateur... »

tigieuse de traits que Lou Salomé n'a pas manqué de mettre en valeur dans nombre de ses textes. L'*Autobiographie* de 1931 rappelle qu'il « n'est sur terre aucune Marie qui ne devrait être que la femme d'un Joseph - sans être en même temps le lieu d'une conception virginale, elle que l'ultime énigme de toute existence choisit comme réceptacle[12] ». L'*Érotisme*, écrit en 1910 à la demande de Martin Buber, montre la possibilité de « spiritualiser la notion de madone jusqu'au plus haut niveau de l'activité porteuse de sens... Sensualité et chasteté, épanouissement et sanctification d'elle-même par elle-même s'y confondent[13] ».

La lecture de la figure mariale n'est en rien négative mais hautement valorisante, comme si elle accomplissait en un type idéal, parfaitement réalisé, toutes les virtualités de la femme, comme si chaque femme, au fond d'elle-même, rêvait d'être Marie, vierge et mère, et cela pour l'éternité. En ces deux pôles, contradictoires pour la logique rationnelle, résident « toute la splendeur limpide et toute la magnificence satisfaite d'elle-même[14] ». Patiente à l'infini, persévérante sans faillir dans son être propre, « la mère au pied de la croix » représente, pour Lou Andreas-Salomé, « l'image la plus haute de la femme. Elle sacrifie son fils à l'œuvre de celui-ci, au monde et à la mort[15] ». Elle l'engendre, l'offre dans l'acceptation la plus maîtrisée qui soit et, ensuite, elle se met en retrait, au service de l'autre, désappropriée, pour l'éternité, d'elle-même et, en même temps, affirmée en plénitude, consentante à sa nature comme à l'absolu. « Elle s'est consacrée de tous ses pouvoirs, y compris les pouvoirs non érotiques, à la seule fin de la conception[16]. » Elle a dit oui à son Dieu, elle a dit oui au fils conçu de Dieu et à sa tragique condition ; elle s'épanouit dans l'humilité la plus forte, la plus paisible et, sans doute, malgré tout, la plus heureuse. Le lot de la femme n'est-il pas le bonheur[17], mieux, la joie - et non la résignation ? Et la joie n'est-elle pas la seule perfection ?

---

12. Lou Andreas-Salomé, *Ma vie*, Paris, PUF, 1979, trad. D. Miermont et B. Vergne, p. 35.
13. Lou Andreas-Salomé, *Eros*, « L'Érotisme », p. 109.
14. Lou Andreas-Salomé, *Eros*, « L'Humanité de la femme », p. 20.
15. Lou Andreas-Salomé, *L'Amour du narcissisme*, « Du type féminin », p. 86.
16. Lou Andreas-Salomé, *Eros*, p. 109.
17. Lou Andreas-Salomé, *Lettre ouverte à Freud*, Paris, Lieu Commun, 1983, trad. D. Miermont, p. 37 et 120.

La Vierge Marie représente, et pour Lou, et pour Rilke[18] le féminin transfiguré, la patience parvenue à son acmé. Les cultures orthodoxe, protestante, catholique semblent ici se nouer dans l'élégance, l'harmonie et l'exception radieuse d'un miracle. Rainer, on s'en souvient, a écrit en 1900 une première *Vie de Marie (Das Marien-Leben)* laissée en suspens jusqu'en 1911. À Duino, en janvier 1912, il rédige une nouvelle suite, contemporaine des *Premières Élégies*. Treize séquences poétiques élèvent un hommage, scandent un hymne à la femme, vierge et mère, modèle de l'humanité forte et faible, libre et soumise, active et passive. Il scrute un mois plus tard le *Livre des visions et instructions* de la bienheureuse Angèle de Foligno et médite sur l'intrication du « donner-recevoir », structure de l'être marial, christique, comme de l'expérience mystique de la sainte des XIIIe et XIVe siècles. Il découvre combien Dieu donne véritablement à profusion à ceux qui savent recevoir, et combien recevoir exige de grandeur, de courage, de ténacité. Il envie les compagnons d'élite spirituelle qui savent, sans tapage, dans la diversité des langues et de la foi, se hisser jusqu'à ces hauteurs, y demeurer, y convier d'autres.

Si la piété mariale exerce, chez Rainer et Lou, une telle fascination, il faut y voir aussi l'impact de la culture russe. Rilke découvre la Russie grâce à l'épouse d'Andreas en 1899, à Pâques, puis au printemps de 1900. Il « est vécu » par elle dans une très religieuse intensité. Par un étrange et réparateur paradoxe, il y trouve enfin la patrie, la terre natale qui, jusqu'alors, lui avaient fait défaut. Il y expérimente « la contrainte à la patience et à la tolérance [...], la possibilité de s'exprimer autrement que par la soif de pouvoir et l'esprit de compétition[19] ». La Russie lui révèle l'identité tant attendue et désirée. Il doit à Lou Andreas-Salomé de Saint-Pétersbourg sa naissance, la vraie, celle qui « ne peut se produire qu'une fois », comme il le lui confie le 10 janvier 1912. Après ces mémoriaux séjours, le *Livre d'images* consacre l'idéal de la soumission volontaire propre au *Contemplateur*, comme à la mère du Christ et à l'essence du « type féminin ».

18. Rilke, *Das Marien-Leben*, Sämtliche Werke. Erster Band. Frankfurt am Main Insel Verlag 1955-1962, p. 666-681, « Treize séquences : de la naissance de Marie à sa mort ».
19. Lou Andreas-Salomé, *Rainer Maria Rilke*, Paris, éd. Maren Sell, 1989, trad. J. Le Rider, p. 25.

« Triompher ne le tente pas.
Croître, pour lui : c'est être
profondément vaincu
par une force toujours plus grande. »

En cet exergue, choisi par Lou pour ouvrir, l'été 1927, son livre sur Rilke, n'entend-on pas, telle une voix unique dédoublée, proférée en écho, les derniers mots de l'*Humanité de la femme* : « Tout est à vous ! Mais vous êtes à Dieu » ? Lou s'annexe le texte paulinien (I Corinthiens 3, 22-23) comme elle le fera, deux ans avant sa mort, dans les *Carnets* de janvier-février 1935. « Je vis mais ce n'est pas moi qui vis » (Galates 2, 20). L'analyste qu'elle est devenue donne une chair conceptuelle et théorique à ses intuitions de jeunesse. La maturité et la vieillesse conjuguées à l'expérimentation clinique la confortent dans la mise au jour de la « composante passive [comme] soutènement qui [seul] nous permet de mettre en œuvre une force d'activité ».

Patience et création

Lou Andreas-Salomé ne prit jamais le risque d'être mère. Ses pages les plus belles sur la maternité le sont peut-être à la mesure de l'impossibilité pour elle d'assumer *in concreto* ce pôle, altruiste et égoïste à la fois, de la féminité. Elle l'avoue, et l'analyse lucidement dans l'*Autobiographie*. Mais elle fut, pour Rilke, plus encore qu'une épouse ou qu'une sœur, une « mère » - maïeute et psychagogue - jusqu'à l'échéance ultime de leur relation : la mort de Rainer. Déplacement et sublimation de l'initiale pulsion ? Métamorphose graduée d'une rencontre d'exception rendue nécessaire par la double épreuve du temps et du sentiment ? La réponse, là encore, ne peut être univoque. L'essentiel, pourtant, attesté par *Journal* et *Correspondance*, semble bien résider en cette patience mutuelle qui, toujours, les guida l'un vers l'autre : patience de l'écoute, du diagnostic, de l'encouragement ou du conseil du côté de Lou, patience de l'effort, persévérance - quoi qu'il lui en coutât - dans l'expression génialement créatrice de son charisme, du côté de Rainer. Celui qui se compare à « la petite anémone [du jardin de Rome] qui s'ouvrait si largement le jour que, la nuit, elle ne pouvait plus se refermer[20] », qui souffre de sa dispersion, de la division d'avec soi-même, ne peut entendre sans réconfort les propos éminemment positifs de Lou qui l'incitent à l'œuvre, au dévoilement de ses puissances de création les plus profondes, enfouies - mais bien présentes - sous la douleur.

On sait le rôle primordial qu'exerça Lou Andreas-Salomé dans la décision prise, en 1911-1912, par le poète de ne pas entrer en analyse. Rilke refusa l'aide et le nettoyage trop radicaux de la cure analytique, et leur préféra son désordre[21], son art et ses démons. Treize ans plus tard, le 12 décembre 1925, Lou s'adresse une esquisse de reproche : « C'est moi que Dieu a rendue coupable en ne me permettant pas de mettre à ta disposition, lorsque nous nous sommes connus, mon savoir et ma pénétration d'aujourd'hui. » Mais, très vite, la lecture positive reprend le dessus. Le diable de Rilke n'était-il pas un *deus inversus* qui ne l'a ni vaincu ni délabré mais puissamment aidé à créer et à « voir la face de Dieu en pleine lumière » ?

Rainer a eu la patience de souffrir, de vivre activement son mal ; il l'a métamorphosé en beauté, en objet d'art. La naissance des *Élégies* était à ce prix. On comprend mieux, peut-être, le message de la première : « Le beau n'est rien autre/que le commencement de terrible, qu'à peine à ce degré/nous pouvons supporter encore. » Lou, en ce travail, en cette torture - sorte d'autotraitement -, l'a accompagné. Elle a tout simplement aidé Rilke à habiter, à « demeurer » un peu mieux, un peu moins mal en lui-même. Pour cela, il fallait à chacun du temps, beaucoup de temps, non celui de la vitesse mais du « séjour » en soi, seul durablement initiatique[22], seul conjurateur efficace des forces de mort ou d'anéantissement. Nul ne peut devenir qui il est sans patience, méthode privilégiée, voie d'accès royale à la vie bienheureuse de la création - « orgie de plénitude où l'ivresse et la paix s'unissent dans la même expérience inédite[23] ».

Les rencontres stellaires de Lou - Nietzsche, Rilke, Freud - exhi-

20. Rainer Maria Rilke, Lou Andreas-Salomé, *Correspondance* « Lettre du 26 juin 1914 », p. 307. Voir la réponse de Lou le 2 juillet 1914, p. 311-313.
21. *Id., Lettre de Rilke à Lou du 28 décembre 1911*, p. 217, et du 24 janvier 1912, p. 227-228.
22. Rainer Maria Rilke, *Sonnets à Orphée*, Paris, Le Seuil, 1972, coll. Points. « Sonnet » n° 22, p. 135, trad. A. Guerne.
23. Lou Andreas-Salomé, *L'Amour du narcissisme*, « Le Narcissisme comme double direction (1921) », p. 174.

bent la valeur et la fécondité du chemin pris pour créer. Pour chacun, oui, « Patience est tout », pour reprendre l'aphorisme de Rilke destiné, en 1903, à Franz Xaver Kappus, le jeune poète[24]. La philosophie transmuée en art dionysiaque, la poésie en mystique, la médecine en science des âmes doivent leur devenir et leur constitution au soin accordé à l'attente, au lent mûrissement, à l'acuité de l'écoute, au dévoilement, à l'accueil de l'être. Nietzsche retrace, dans *Ecce Homo*, la genèse du *Zarathoustra*, le processus inouï et bouleversant de la révélation, de l'inspiration poétiques. « On entend, on ne cherche pas ; on prend sans demander qui donne. » L'être le plus obscur, le plus méconnu, le moins maîtrisé par la volonté et la conscience claire se fait soudainement verbe. Rilke exhorte, dans la lettre précitée du 23 avril 1903, à « attendre avec humilité et patience l'heure de la naissance d'une nouvelle clarté. [...] Être artiste [...] c'est croître comme l'arbre qui ne presse pas sa sève ». La croissance s'opère au complet insu du bénéficiaire. Seul progresse véritablement, durablement, celui qui ne se hâte pas. La patience n'est-elle pas, en son sens le plus ontologique cette fois, le travail du temps ? Souterrain, caché, il pétrit nos destinées, tel le maître d'œuvre le plus exercé, le plus obstiné. Il agit en nous, sans nous et aussi avec nous. La symbiose de l'actif et du passif s'opère dans l'art aussi fortement que dans la vie.

« La Vie est œuvre poétique, aime à remarquer Lou Andreas-Salomé dans la *Lettre ouverte à Freud*. Sans en être conscients nous-mêmes, nous La vivons jour après jour par fragments, mais c'est Elle, dans son intangible totalité, qui tisse notre vie, en compose le poème... cette œuvre d'art qu'est notre vie, nous n'en sommes pas l'auteur[25]. » Récusées, une fois de plus, la démarche volontariste, l'illusion de la maîtrise et de l'actif contrôle ! Le patient travail de Freud, tout comme le sien, nourrit ce constat d'évidence. La méthode analytique dissèque, décompose « strate par strate, fibre par fibre », inventorie, certes, le psychisme et provient de la pulsion de mort, du plaisir de mettre en pièces mais, surtout, elle ouvre sur la signification globale, unitaire de l'individu ; elle dégage et met au jour « ce qui a été enseveli vivant », elle exhume « le matériel le plus refoulé, le plus enterré, le plus

24. Rilke, *Lettres à un jeune poète*, Paris, Grasset, 1957, trad. B. Grasset et R. Biemel, p. 35.
25. Lou Andreas-Salomé, *Lettre ouverte à Freud*, p. 14.

exclu de la conscience[26] », le plus passif et le plus actif à la fois, la source profonde du handicap, de l'inhibition, de la souffrance. Pour cela, et pour amener le malade à guérir, à « retourner [chez lui], avec le sentiment d'être accueilli, comblé dans la totalité de [son] être[27] », il faut laisser faire au temps son œuvre, il faut déployer aussi les mille et un trésors de l'investigation patiente et talentueuse.

« Je ne suis qu'une femme », écrivait Lou, dans une parenthèse célèbre, le 4 mai 1932, à celui qui l'avait initiée à l'art et à la science cathartiques. Freud, peu de temps auparavant, à la réception de la *Lettre ouverte*, avait pourtant explicitement reconnu sa supériorité. Et l'éloge funèbre du 5 février 1937 déniera à Lou « les faiblesses féminines et peut-être la plupart des faiblesses humaines » ! Le compliment n'est pas mince de la part du quelque peu misogyne fondateur de la psychanalyse. La « native infériorité sexuelle de la femme » qu'évoque à nouveau la cinquième des *Nouvelles Conférences* de Freud, en 1932, est largement compensée par les qualités intellectuelles et morales de celle qui lui demandait de « la tenir en laisse » et de la garder toujours au plus près de lui. Freud et Lou Andreas-Salomé n'ont-ils pas eu surtout en commun de pratiquer, avec une commune ardeur, un zèle jamais relâché, une étrange complicité, « le plus beau des métiers » ?

La vie de Lou attendait la psychanalyse depuis la sortie de l'enfance. Toutes ses expériences l'y ont graduellement conduite. « En rassemblant ses souvenirs », une fois de plus, le 6 mai 1926, pour le 70e anniversaire de Freud, elle le remarque, elle en rend grâces. S'est-elle jamais départie du sentiment profond, invariant, d'être « comblée de cadeaux » ? N'est-ce pas là, d'ailleurs, l'essentielle motivation de son attrait durable, de sa passion longanime pour la science freudienne ?

Le sentiment de gratitude envers l'existence dont la source provient du féminin - comme si son essence était bien de remercier, de reconnaître les incommensurables bienfaits d'une nature supérieure - anime Lou de la jeunesse au déclin. « Trop ! J'ai eu trop ! Trop de bonnes choses pour une seule vie. Cela rend humble », écrit-elle à Frieda von Bülow, peu après la mort de Paul Rée, le

26. *Id.*, p. 52-53.
27. *Id.*, p. 17.

28 octobre 1901. L'aveu peut résumer et unifier l'ensemble de ses « expériences », y compris celle de sa mort. « Tout est bien, vraiment tout... [Maintenant] le mieux est que la mort vienne. » Elle consent à abdiquer sans amertume ou révolte, sans résignation crispée mais dans un acquiescement serein, presque joyeux, à ce que la temporalité apporte avec elle : le terme qui, pour Lou, a nom retour à l'indivise et originaire totalité dont la naissance nous a un jour, douloureusement, spoliés. La patience du dire oui à la « grande mort que tout homme porte en soi » tisse ainsi l'ultime assomption d'un vécu : sans dérobade, sans excessive angoisse, dans la plus irénique acceptation de la naturelle issue, composante intime de toute vie.

Le mythe de Narcisse véhicule avec lui un symbolisme adéquat, semble-t-il, à comprendre, même par fragments et métaphores, le nerf, le nœud d'un cheminement. Non le Narcisse triste de la stricte légende dont Lou admet, dans le *Journal* du 5 mars 1913, qu'il « subit passivement son destin », mais plutôt celui qui ne se mire pas en son image - « miré par elle », il s'engendre - et surtout « celui qui part à la découverte de lui-même, qui se reconnaît lui-même ». Les trois formes coexistent à des degrés d'intensité, de présence, d'expressivité divers en tout un chacun et très particulièrement en Lou. De leur harmonieuse ou disharmonieuse combinatoire dépend l'insertion réussie ou manquée dans le réel. Santé ou maladie, souffrance ou joie, capacité ou non à éprouver l'amour, à en mûrir les fruits, patience de vivre ou impatience de mourir relèvent de ce narcissisme sur lequel Freud et Lou se sont laborieusement penchés. Quelles que soient leurs divergences ou complémentarités de vue - les « hérésies » même de Lou - sur tel ou tel point théorique, le recours au schème hérité de l'antique mythologie guide l'investigation clinique, accompagne diagnostic et thérapie. Le « héros du miroir » hante aussi la création et l'imaginaire rilkéens. Est-ce un narcissisme très - trop - fort qui empêcha Lou Andreas de vivre « les trois formes d'accomplissement de l'amour [le mariage, la maternité et le pur lien érotique] » ? Elle y travailla du premier au dernier jour, confie-t-elle dans l'*Autobiographie*, et là lui semble, au fond, l'essentiel.

Narcisse était sourd aux pressions amoureuses qu'il subissait, sourd à l'insistante passion de la nymphe des bois et des sources, Écho. En quête seulement de lui-même, il œuvrait dans une course sans frein, à sa recherche. Sa route le conduisit - ou plutôt celle de Némésis - à l'autocontemplation suivie de mort. La fable rapporte que sur le Styx, encore, il cherchait désespérément à distinguer ses traits aimés éperdument. Puni par l'irrémédiable pour n'avoir aimé que lui-même, métamorphosé en fleur qui rappelle sa mémorable erreur, Narcisse demeure celui qui expérimenta à la fois l'infinie patience de se trouver et l'impatience folle de capter, dans la fulgurance de l'aveuglement, l'image spéculaire. L'ambivalence sied comme souvent à l'allégorie. Elle émaille aussi l'interprétation et ses jeux subtils. La psychanalyste et collaboratrice de Freud le sait mieux que quiconque. Le *Narcissisme comme double direction*, en 1921, en donne un notoire et vigoureux exemple. La capacité de théoriser ne relève-t-elle pas en effet, pour Lou, de la capacité à vivre, dans la chair muette et ardente de l'expérience, d'abord, ce que les concepts abstraits établiront après. La patience de l'élaboration conceptuelle n'a de sens, de portée, d'influence qu'intensément ancrée dans le vécu. Le Narcisse féminin irradie ses écrits de sa force vitale. Autour de lui se dessinent des « cercles de plus en plus larges » à la mesure de sa puissance, de sa patiente - lumineuse et troublante - singularité, de son infrangible insularité.

Anne Baudart

« La patience est belle[1] »

Farida Benlyazid

On admet souvent que la patience soit requise des femmes. D'aucuns disent même que la vie d'une femme se passe à attendre. Cette nouvelle réfléchit à cette temporalité féminine telle qu'elle se vit dans une famille fidèle à l'islam et à ses traditions, une famille pourtant déjà marquée, en certains de ses membres, par la tentation de la modernité.

L'instant[2]

Au nom de Dieu : le Clément, le Miséricordieux.

Par l'Instant !
Oui, l'homme est en perdition,
à l'exception de ceux qui croient ;
de ceux qui accomplissent des œuvres bonnes ;
de ceux qui s'encouragent mutuellement
à rechercher la vérité ;
de ceux qui s'encouragent mutuellement
à la patience.

Lala Fadoul égrenait son chapelet tout en jetant de temps à autre un regard au pendule du milieu qu'elle pouvait apercevoir, de sa place, à travers la porte de la grande salle. De là ou elle était assise elle pouvait également savoir qui entrait et qui sortait, bien qu'elle ne vit pas la porte d'entrée qu'on laissait la plupart du temps entrouverte dans la journée. Qui traversait le grand hall de la maison à

1. Coran, 12, Joseph.
2. Coran, Sourate III, trad. D. Masson.

l'architecture judéo-mauresque ne pouvait éviter son regard. Le visiteur étranger ne la voyait pas forcément, pour cela il lui fallait se retourner après s'être avancé ou encore se diriger directement vers la porte de la grande salle. Cela lui donnait le temps, en cas de présence masculine, de se couvrir la tête du pan de sa *mansouria*. Les enfants s'en amusaient quand c'était un de leurs copains qui s'était aventuré jusque-là. Hayat l'espiègle lui disait d'ailleurs en riant : « Tu as peur qu'il tombe amoureux de toi, grand-mère ? »

Lala Fadoul haussait alors les épaules et bougonnait que de son temps c'était ainsi, on ne se laissait pas voir par des hommes, quel que soit leur âge ou leur condition. Et ce n'était pas maintenant qu'elle était vieille qu'elle allait changer... C'est ainsi qu'elle ne sortait qu'en de très rares occasions, pour assister au mariage ou à l'enterrement d'un proche. Elle allait cependant au bain, un jour par semaine, avec les filles dont elle soignait avec amour la longue chevelure. Le reste du temps, elle se contentait, sans bouger de sa place stratégique, d'entrouvrir à peine la fenêtre, de façon à voir sans être vue. Elle aimait particulièrement le passage des touristes en troupeaux qu'elle détaillait et commentait. Elle s'étonnait de les trouver sympathiquement humains, tout en s'amusant de leurs habillements et leurs comportements.

Maintenant la fenêtre était fermée et Lala Fadoul se demandait si elle aurait le temps de terminer le nombre de louanges à Dieu qu'elle s'était fixé. Elle nota mentalement là où elle s'était arrêtée. Elle se dit qu'elle reprendrait plus tard, rien ne servait de continuer, sa concentration s'était envolée. Les enfants allaient bientôt rentrer de l'école, c'en était fini de sa douce quiétude. Sept enfants en âge scolaire, s'échelonnant de six à dix-sept ans ! Seul Dieu pouvait dispenser la patience nécessaire pour venir à bout de leur éducation et les contenter. L'aînée, Ghita, s'était mariée du temps de sa mère. Cette dernière les avait quittés pour se marier aussi avec un autre. Quel scandale, mon Dieu. Ça ne s'était jamais vu... il faut dire qu'elle avait trop fréquenté les Nazaréens et les juifs, dès son plus jeune âge. C'est ça, les filles de riches... Il avait fallu que ce soit le sort de son fils... Cette femme n'était pas faite pour lui, mais Dieu en avait décidé ainsi, c'était écrit dans son destin. Cependant, elle n'arrivait pas à comprendre comment une femme pouvait abandonner ses enfants, la chair de sa chair, pour l'amour d'un homme. Comment pouvait-elle faire confiance à un homme ?... Mais Dieu ne ferme une porte qu'après en avoir ouvert plusieurs.

Lala Fadoul avait quitté sa petite maison où elle pensait finir seule ses jours pour venir s'installer avec son fils et prendre la charge de ses petits-enfants. Elle les aimait tous profondément, elle connaissait bien leurs caractères et leurs goûts si différents. Rien que d'y penser elle en était toute remuée. Son fils avait passé une année à chercher une mère à ses enfants. Un homme ne doit pas rester sans femme, elle-même se sentait vieille et ne savait combien de temps il lui restait à vivre... Il finit par la trouver en la personne d'Aïcha, une jeune veuve qui s'était avérée stérile dans son premier mariage. Elle était prête à chérir les enfants mais avait demandé à Lala Fadoul de rester vivre avec eux pour l'aider dans cette lourde tâche. Grâce à Dieu, elles s'entendaient bien.

De fil en aiguille, ses pensées suivaient les méandres de ses souvenirs. Elle n'avait pas été contente de sa première bru, Malika. Dès le départ, trop de choses les séparaient. À l'époque son fils était un jeune orphelin, d'une famille honorable de *Chorfas*, mais sans le sou. Courageux, travailleur et honnête, il s'était vu offrir la fille du pacha de la ville, qui avait remarqué son sérieux et l'élégante sobriété de sa mise... Ah ! le destin... Il n'y a que la patience pour déjouer ses tours et en atténuer les chocs. Elle-même était restée veuve très jeune avec deux filles et un garçon, jamais elle n'avait acceptée l'idée d'un second mariage. Si Mohamed, son aîné, n'avait que neuf ans. Elle le revoyait si petit et si responsable ! Il revenait de l'école coranique en courant pour aller porter les habits qu'elle avait passé une bonne partie de la nuit à couper et à coudre pour les boutiquiers du souk. C'est lui qui livrait, encaissait et prenait les commandes. Elle remerciait Dieu de le lui avoir donné, si elle avait eu à sortir, elle se serait sentie comme la plus misérable des femmes. Mais Dieu qui est avec les patients lui avait épargné cette honte. Oum Keltoum, en djellabah, prête à partir, vint prendre congé. Lala Fadoul la pressa de partir.

- Va ma fille va, tu es en retard.

- Oui, je me dépêche, j'ai tout préparé pour le goûter des enfants à la cuisine, mais je n'ai pas desservi là-haut, la femme ne semble pas prête à partir.

- C'est bien, tu n'as rien oublié ? Le pain ? Le repas ?

Oum Keltoum désigna le panier à ses pieds, puis le ramassa

pour partir aussitôt. Lala Fadoul aimait bien cette brave fille aux joues pleines de santé, et admirait son endurance de fille de la campagne. Elle savait qu'elle se levait tôt pour déjeuner avec son père juste après la prière de l'aube. Ensuite, elle lui préparait son repas de midi, faisait le ménage et prenait le chemin du travail. Une heure de trajet, qu'elle faisait à pied été comme hiver, matin et soir. Toutes ses sœurs s'étaient mariées, mais elle avait décidé de rester avec son vieux père. Lala Fadoul était très touchée par le dévouement exemplaire de cette fille vertueuse et gaie, qui jamais ne se plaignait. Elle travaillait toute la journée sans fléchir. Sa propreté et son honnêteté lui valaient le respect de ses patrons, qui lui avaient permis de prendre avec eux son repas du soir. Lala Fadoul se mettait à sa place. Cela lui évitait de préparer le dîner après une journée bien remplie. Le repas copieux comprenait la part du père. Cela ne faisait pas partie de ses gages, mais lui était offert au nom de Dieu. Qui méritait mieux que ce vieil homme qui savait garder ses distances et sa dignité dans sa confiance en son créateur ? Hayat arriva à ce moment, elle jeta son cartable dans le couloir en rentrant, et vint embrasser sa grand-mère qui lui pinça affectueusement le menton, qu'elle avait légèrement pointu.

- Ma Doul, j'ai faim.

- Bien sûr, ma chérie, tout est prêt, dès que les autres arrivent je vous sers.

- J'ai beaucoup de devoirs, je vais me servir toute seule, je ne peux pas attendre.

Elles se dirigèrent, l'une en sautillant, l'autre en traînant la jambe, jusqu'à la cuisine. Soudain, la porte fut poussée d'un coup de pied violent. C'était, bien sûr, Khalid la terreur. La grand-mère l'accueillit en se fâchant comme à l'habitude.

- Mais ça va pas ? Tu vas finir par casser cette porte... Qu'est-ce que tu crois, que tu nous fais peur ? Je peux encore te donner une raclée tu sais.

Khalid, qui dépassait la grand-mère d'une bonne tête, sourit d'un air suffisant, et la grand-mère prit Dieu à témoin. Avec sa moustache naissante Khalid croyait être devenu un homme accompli, et cherchait à faire reconnaître un statut qu'on ne lui accordait pas encore. Il ne voulait plus faire partie des petits mais n'arrivait pas à s'imposer comme le faisaient les grands qui étaient déjà plus autonomes. Lala Fadoul continua à le morigéner tout en s'affairant à les servir.

- Votre belle-mère reçoit une invitée dans ses appartements, alors je vous prie d'être discrets.

Sur ce arrivèrent en chahutant Rachid et Leyla, les deux derniers, qui avaient encore l'horaire régulier de l'école primaire. Elle leur fit la même réflexion, et s'empressa de les servir sur la grande table rectangulaire de style européen qui trônait avec ses chaises au milieu du hall. Aidée par Hayat, elle avait posé le pain et le beurre, la confiture, le miel, le fromage ainsi que le plateau contenant le lait, le café et le chocolat. Elle connaissait les goûts de chacun et essayait de faire patienter les uns et les autres. Pour les enfants, elle était l'image personnifiée de la rigueur. Elle vaquait à ses occupations avec une telle conviction que les enfants ne pouvaient l'imaginer autrement. Pour eux c'était comme si elle était née pour remplir ce rôle indéfiniment. Sa présence dégageait un sentiment d'immuabilité tout à fait réconfortant. Parfois, Hayat coquine lui posait des questions sur sa vie antérieure. Elle esquivait ses questions par une pointe d'humour.

- Tu veux savoir comment j'ai connu ton grand-père ? Mais voyons c'était à l'hôtel.

Bien sûr, elle n'avait jamais vu son mari avant la nuit de noces.

Les enfants avaient fini leur goûter et s'étaient dispersés qui à jouer, qui à faire ses devoirs. Les trois grands ne rentraient que plus tard, mais tout le monde devait être là avant neuf heures. Heure à laquelle leur père revenait de son commerce. L'amie de la belle-mère était partie. Lala Fadoul venait de terminer sa prière de *Maghroub* quand arriva Ghita, le visage décomposé. Un grand sac à la main, elle poussait devant elle son gros ventre et la poussette de Chaïma qui s'était endormie. Elle s'effondra sur le premier matelas près de la porte en sanglotant. Le sourire d'accueil de Lala Fadoul fit vite place à une mine préoccupée. Elle se releva aussi vite qu'elle le put, et s'approcha de Ghita.

- Qu'est-ce qui se passe ? Dis-moi, qu'est-il arrivé ?

Ghita tenta de ravaler ses larmes et commença à raconter en hoquetant.

- C'est fini, je ne veux plus vivre avec cet homme.

- Mais raconte, que s'est-il passé ?

- Rien, il se moque de moi, c'est tout. Pour moi c'est fini ! Tu te rends compte ? Cette fois il n'est pas rentré de toute la nuit !

Qu'est-ce que ça veut dire ? Il se fout de moi, alors c'est pas la peine qu'on reste ensemble.

Lala Fadoul lui prit la tête entre les bras, la serra sur son cœur, puis commença à lui caresser les cheveux tendrement.

- Que le nom de Dieu te protège ma fille, calme-toi, ça ne vaut pas la peine que tu te mettes dans cet état. Pense à la vie qui pousse en toi. Tu la chagrines en pleurant comme ça. Les hommes sont ainsi, il ne faut pas te laisser ronger par le chagrin.

Ghita se reprit à sangloter doucement dans le giron de sa grand-mère, qui continua à lui parler avec tendresse.

- Sois patiente, avec la patience on voit les choses venir. Une chose qui paraît mauvaise aujourd'hui peut s'avérer constructive à la longue, l'erreur est de croire qu'on a raison de façon définitive. Or rien ne dure en dehors de la face de Dieu. Quand les choses semblent aller contre toi, même si tu es convaincue d'avoir raison, remets-toi à Dieu, c'est comme ça qu'on est musulman. La réaction ne doit pas être démesurée et pousser à des actes qu'on serait amené à regretter. Reste avec nous, repose-toi, prends le temps de réfléchir, mais ne pense pas tout de suite à détruire ton foyer, disperser ta famille.

Ghita réagit vivement, et s'arracha des bras de sa grand-mère.

- Mais c'est pas moi, c'est lui qui ne pense pas à sa famille.

- Réfléchis... Si lui est fou, tu dois toi faire ton possible pour sauvegarder les choses. Quand le sort te dépasse, quand les choses ne dépendent pas de ta volonté, il faut savoir accepter que le destin se déroule. Nous n'avons pas le choix, nous sommes menés, dit le bon sens populaire. Grands ou petits, riches ou pauvres, puissants ou faibles, hommes ou femmes, personne n'échappe à ce qui est écrit d'avance. Ce qui nous est demandé c'est de réfléchir sur la volonté divine, et d'attendre que cela passe. Le bonheur se construit avec la patience.

Ghita l'arrête avec amertume.

- La patience finit par meurtrir à la longue.

Lala Fadoul comprend que Ghita ne veut pas entendre ces paroles. Elle change de ton.

- Ton mari, c'est toi qui l'as choisi après tout, on ne peut pas dire qu'on te l'a imposé ! Tu dois trouver le moyen de le récupérer au lieu de ruer dans les brancards comme une mule. Pense à ta responsabilité en tant que mère, tu n'es plus seule en cause. Tu dois garder la tête froide.

L'idée d'être seule à œuvrer pour un bonheur qui n'en était plus un continuait à faire bouillonner Ghita intérieurement. Elle interrompit Lala Fadoul avec impatience.

- Je suis d'accord mais ce n'est pas une vie. Il pourrait faire un effort aussi. Alors lui peut tout se permettre, et moi je dois être patiente ? Pourquoi ? C'est injuste !

- Bien sûr, personne n'accepte l'injustice et tout le monde te dira qu'il est dans son tort.

- Ça ne me suffit pas qu'on dise qu'il est dans son tort. Et si je faisais pareil ?

Lala Fadoul l'arrêta, outrée.

- Ah non ! Toi, tu es une femme...

Ghita aussitôt l'arrêta en hurlant.

- Et alors, si je suis une femme ?

- Allons, calme-toi, calme-toi. On va t'entendre de la rue. Lala Fadoul accompagnait ses paroles par des gestes de la main pour ramener le calme.

Ghita haussa les épaules, toujours aussi furieuse.

- Non Madame, je suis désolée, je ne peux accepter de vivre dans une société qui permet tout à l'homme et rien à la femme. Je vais demander le divorce et partir.

Lala Fadoul haussa les sourcils avec ironie.

- Partir ? Où irais-tu ? Les hommes sont partout les mêmes.

- Peut-être, mais ce que je veux, moi, c'est mener une vie comme je l'entends, sans avoir à tenir compte tout le temps de l'avis de tout le monde.

La petite Chaïma fut réveillée par le ton véhément de sa mère. Elle n'aimait pas la voir crier et commença à pleurer. Aïcha la belle-mère était descendue, attirée par le bruit. Elle s'approcha de l'enfant et la prit dans ses bras avec tendresse. Chaïma lui sourit.

Ghita, interrompue, la regarda faire avec reconnaissance. Lala Fadoul fit une grimace de circonstance et expliqua laconiquement :

- Elle s'est fâchée avec son mari.

Aïcha secoua la tête en guise de commentaire et murmura :

- Que Dieu arrange les choses.

Puis elle s'adressa à Chaïma tout en sortant de la pièce :

- Allons, ma petite chérie, tu dois avoir faim.

Aïcha avait réussi à se faire aimer de tout le monde pour son calme. Elle n'intervenait jamais inopinément dans les affaires des autres, et savait parer au plus urgent. En ce moment, c'était éloigner l'enfant, la nourrir et la distraire, pendant que la mère vidait son cœur avec la grand-mère. Elle préférait ne pas se mêler des histoires de ménage. Les couples finissaient par se réconcilier et par vous tenir rigueur de ce que vous aviez pu dire pour abonder dans le sens de l'un ou de l'autre.

Bien qu'à peine plus âgée que Ghita, Aïcha se considérait d'une autre génération. Les choses étaient allées si vite... Une nouvelle race de femmes était née avec la scolarisation. Maintenant, elles savaient se défendre. Aïcha les enviait et leur donnait raison. Son grand regret dans la vie était de ne pas avoir fait d'études. Grâce à Dieu, elle n'avait plus à se plaindre de son sort. Elle avait tenté ce mariage comme une fuite, c'était son unique et peut-être dernière chance d'échapper aux murs de la grande maison. Elle était à bout et ne supportait plus les vexations et les mesquineries des belles-sœurs depuis la mort de son mari. N'ayant pas d'enfants, elle n'avait plus aucun statut. N'étant pas méchante, elle leur pardonnait, maintenant qu'elle se trouvait hors d'atteinte, il lui arrivait d'y repenser avec tendresse.

Ce monde clos avait ses joies et ses peines, mais la surenchère qui y régnait l'avait petit à petit écartée des devants de la scène. Au fil des jours, elle n'eut plus son mot à dire. On avait commencé à disposer d'elle, sans lui demander son avis. Elle avait perdu tout droit à la parole avec la mort de son mari. Personne ne prenait sa défense auprès de l'irascible vieillard qui gérait la maison et intervenait dans la vie de tous les habitants. Ses fils, bien que terrorisés, arrivaient à défendre leurs femmes. Mais elle, la petite veuve, était devenue comme on dit le « mur bas », celui qu'on enjambe sans réfléchir. Ses parents morts, où pouvait-elle aller ? Ce n'était pas une question économique. Son père, sa mère et son mari lui avaient laissé des biens, mais l'idée de partir était totalement inconcevable. Elle ne s'imaginait pas vivant seule, sans aller jusqu'à ce que vont dire les gens... Quand son oncle était venu lui proposer ce mariage elle avait sauté sur l'occasion. Tout le monde autour d'elle le lui avait déconseillé... Huit enfants ! Même si on ne disait que du bien de ce mari abandonné par sa femme... Elle avait été touchée par cet homme sans le connaître. Quant aux enfants, ne s'occupait-elle pas déjà d'une vingtaine sans que cela lui soit reconnu ?

Elle n'écouta que son cœur et s'en remit à Dieu. Elle n'eut pas à le regretter, une belle histoire d'amour naquit entre ces deux êtres malmenés par la vie.

Lala Fadoul, voyant Ghita plus calme, s'assit près d'elle. Elle laissa tomber un profond soupir.

- Que Dieu disperse les Nazaréens comme ils nous ont dispersés...

Ghita, piquée au vif, répliqua aussitôt.

- Mais que viennent faire les Nazaréens là-dedans ?

Lala Fadoul hocha la tête d'un air entendu.

- C'est eux qui nous mettent ces idées de liberté dans la tête. Vous les prenez comme référence alors que nous n'avons ni la même façon de penser ni la même façon de vivre... Que Dieu nous protège, on n'arrive plus à se comprendre au sein d'une même famille. Quand tu vois que, même au niveau de la langue, on ne comprend plus ce que se racontent nos enfants. N'est-ce pas une catastrophe, ça ?

Ghita ne percevait pas très bien la mesure de la catastrophe. Pour elle, parler plusieurs langues était un grand acquis. Elle avait fait ses études au Lycée français et parlait couramment l'anglais et l'espagnol. Elle avait voyagé avec son mari à travers le monde, et avait même travaillé au début de son mariage. Son univers mental allait bien au-delà de sa maison, de sa ville ou même de son pays. Elle avait cru à une vie idéale avec un mari qui lui correspondait. Et voilà que tous ses rêves étaient par terre. Elle se retrouvait aussi impuissante que n'importe quelle autre femme... Déformée, alourdie par une grossesse qu'il lui fallait assumer seule... La désillusion n'en avait été que plus grande. Elle qui s'était dit que son mari, son couple ne seraient pas comme les autres... Quelle déception !

Les pendules carillonnèrent, mêlant leur voix aux timbres différents. Ghita ferma les yeux à l'écoute du bruit familier de la maison de son enfance.

Lala Fadoul reprit tout doucement d'un ton peiné :

- Tu ne vas pas suivre l'exemple de ta mère, quand même ?

Ghita réagit aussitôt.

- Et alors, pourquoi pas ? Mais je n'attendrai pas d'avoir huit enfants.

Lala Fadoul hocha la tête tristement.

- Si tu savais ce qu'ont supporté les femmes pour leurs enfants...

- Non, Madame, vous, vous réagissiez comme ça parce que vous étiez résignées. Les choses ont bien changé, et je n'ai pas l'intention de gâcher ma vie.

Lala Fadoul eut un sourire ironique.

- Tu parles que les choses ont changé ! Vous voulez que les hommes soient comme les femmes et vice versa, mais cela n'arrivera jamais.

- Il ne s'agit pas de ça. Il s'agit des droits. Les hommes ont tous les droits et les femmes n'en ont aucun.

- Qui t'a dit ça ? Ce n'est pas vrai. Dieu a donné à chacun ses droits et ses devoirs. Dieu a créé les hommes plus forts et les femmes plus rusées. Quant à la patience, elle est demandée aux deux. Celui qui ne veut pas en user en subira les conséquences. Chacun, homme ou femme, sera jugé pour ses propres actes. Donc tes actes doivent être mûrement réfléchis et non dictés par réaction avec une idée de vengeance. Si lui fait n'importe quoi, à toi il t'incombe de t'organiser pour que ses actes aient le minimum de répercussion sur la famille que tu as voulu constituer sous la direction de Dieu. C'est ça l'islam, ce n'est pas seulement jeûner et prier. Viendra le temps où lui-même se repentira.

- Ça sera trop tard, je ne l'aime plus.

- Pfuit ! Ah oui, l'amour... Vous le voyez aussi éternel... Tu as raison de dire que les choses ont changé, de notre temps on ne parlait pas d'amour. Il existait et c'était visible, et il disparaissait et cela se voyait. Comme toute chose. Comme la santé, la fortune et tous les acquis terrestres. Le seul véritable amour est celui de Dieu. Tu connais l'histoire de notre seigneur Job, que Dieu nous donne un peu de sa patience.

- Encore ces histoires anciennes ! Qu'est-ce que cela a à voir avec ma vie ?

Lala Fadoul perçut l'exaspération et expliqua sur le même ton :

- Ah oui, et que veux-tu que je te dise ? Que c'est un salopard qui ne vaut rien ? Qu'il faut l'envoyer promener, lui jeter ses enfants, et vivre ta vie comme il te plaît ? C'est ça que tu veux m'entendre dire ? Allons donc, arrête tes enfantillages ! Moi, ce que je te demande, c'est de marcher sur ton amour-propre pour sauver ton foyer. Dans le Coran, il est dit que le paradis est sous les pieds des mères pour cela même.

- Mais écoute, essaie de me comprendre au lieu de mêler tout le temps la religion à tout.

- Je suis désolée, c'est comme ça que je vois la vie et je ne peux pas te conseiller autrement.

- Alors d'accord, n'en parlons plus. Je sais ce que j'ai à faire.

Elles se turent un instant. Lala Fadoul ne voulait pas que la discussion se termine de cette façon. Elle pallia les mots par des gestes de tendresse. Elle aida Ghita à s'allonger. Dans le silence ses traits accusaient une grande fatigue. Elle déplia la couverture qui traînait à portée de sa main et la couvrit.

- Essaie de te reposer. Tu verras plus clair ensuite. Dans la vie, ma chérie, tu auras souvent à souffrir, c'est le lot de tous les humains. Seule la patience vient à bout de la souffrance. Elle en estompe la brûlure. Tu comprends, c'est ça qu'il faut retenir.

Elle lui sourit gentiment tout en appuyant ses paroles d'un regard profond.

- D'ailleurs, on dit communément que le paradis a plusieurs portes. La plus facile d'accès est la porte de la patience. Personne ne s'y précipite, puisqu'on n'y entre que par la patience. Autant dire qu'il n'y a pas foule.

Lala Fadoul se rendit compte que Ghita s'était endormie et ne l'entendait plus.

Elle retourna à sa place et reprit son chapelet.

« Pensif, pensant... »

Guy Walter

Est-il une écriture qui participe à la douleur de l'homme et lui permet, comme on dit, de « prendre son mal en patience » ? L'écrivain voudrait parfois réparer la douleur qui le tient, et devant laquelle le monde passe indifférent, par un récit qui tente d'ordonner la douleur à un sens. Mais souvent il doit reconnaître son échec, et préférer une autre modalité de la patience d'écrire, celle qui ouvre le vide encore plus largement.

Qu'il soit d'amour ou d'une autre nature, c'est au mal que nous devons le courage renouvelé de chercher à le dire, et peut-être la tâche obscure d'écrire. De la lettre que nous écrivons à l'autre secourable, au poème où nous voudrions condenser la douleur singulière qui nous envahit en blessure universelle et partageable, de la confidence, péniblement arrachée à la gorge, hoquetée dans les pleurs ou murmurée dans la fatigue, au récit que nous faisons à celui qui nous écoute ou à celui qui pourra nous lire, il n'est peut-être question que de cela : *prendre son mal en patience*, tenter de moins souffrir en essayant envers et contre tout de mettre en *forme* cette douleur qui travaille à nous *défigurer*.

De la vertu cachée d'une expression triviale, nous pourrions déduire la tâche vraie de l'écriture. À la question naïve et familière, courante et presque dévitalisée, que nous adressons sans grande conviction à celui que nous rencontrons (c'est à son sujet, peut-être au sujet d'un autre) : comment vas-tu ? (va-t-il, elle...) nous est souvent répondu sans que nous nous inquiétions plus avant : pas très en forme (moi, lui, elle...). Ne devrions-nous pas justement nous en alerter comme d'un danger qui menace ? En effet, à cette réponse aussi banale que l'adresse qui l'aura commandée, ne pourrions-nous déceler la preuve indubitable d'un mal en puissance, ravageur et tenace, qui mine jusqu'au fondement de notre être ? À ce travail de sape, à ce bouleversement minutieux et pervers, obstiné et régulièrement destructeur, une douleur lancinante qui touche à tout, ne laisse rien en paix, décale, dérange, refuse de rester à sa place, se travestit, fausse et révise l'organisation entière de toute notre personne, l'écriture ne pourrait-elle s'opposer, patiente et doucement réparatrice, cherchant plutôt qu'à circonscrire au moins à contenir, plutôt qu'à décrire au moins à *figurer* ?

C'est là l'entreprise d'un livre : *Le Lac de caresse* de Renaud Camus (Éditions POL, 1991). « Continuer, continuer, surtout ne pas laisser la réalité de la douleur s'échapper de ce lacis de mots où nous essayons de l'enserrer, le regret subvertir ce glacis de phrases que nous tâchons d'opposer à son avance, l'humeur noire submerger les paragraphes qui s'éreintent et s'érigent à la contenir » (page 37).

La douleur, certes, naît avec les événements, occasionnelle à n'en point douter, toujours inopportune mais savamment pertinente, ponctuelle et judicieuse. Elle vient frapper au cœur quand il relance le sang, court nos veines sans plus tarder et nous pénètre vite, à ce point que nous ne savons plus la reconnaître qu'à la condition de lui confier notre corps tout entier pour qu'elle ait au moins un visage : le nôtre. Car le pire serait enfin qu'elle ne ressemble à rien, qu'elle ne soit à personne et qu'elle ne puisse prendre *figure*. La douleur a cette cruelle qualité de se dissoudre en nous. Elle nous infuse si patiemment qu'une étiologie pointilleuse et régressive ferait crédit à la cause quand toute cause a perdu son empire. Le généalogiste des souffrances chercherait vainement à remonter le cours du temps.

Pourtant, la mémoire du présent, pour ne pas périr informe et béante, construit patiemment une histoire. Elle a toutes les raisons de le faire parce qu'elle se souvient. Le récit nous sauvegarderait ainsi de l'abîme. Il mettrait un terme en trouvant un début. Il ferait confiance à l'ordre linéaire des faits, accepterait l'enchaînement des mots. Pour faire face à l'invasion des troupes ennemies, il marcherait avec elles, ferait cause commune, se les réconcilierait en les enchantant de l'évocation de leur propre avancée. Des vertus curatives de cette stratégie narrative, il faudrait espérer un mieux. Le récit ferait rendre les armes au mal en lui traçant un territoire reconnu, désormais sien. Mais cet historien-géographe pacificateur croirait encore à la topologie et à la chronologie, « cette chimère dont font aisément leur affaire l'anagramme, la métaphore, l'incise, la parenthèse, la note en bas de page, la notule et même le contrepet » (page 32).

La patience, telle que l'entendrait notre narrateur sagace, serait minutieuse et archéologique. Elle aurait la pugnacité d'une connaissance méthodique qui remettrait autant de fois qu'il le faudrait l'ouvrage sur le métier jusqu'à ce que se dessine, enfin le motif d'un trouble que son nom même montre réticent à se préciser. Somme toute, ce serait au terme d'un travail de clarification, d'élucidation que le narrateur viendrait à bout de sa souffrance, enfin résorbée dans le récit qui l'ordonne à la maîtrise d'un savoir, d'un sens où elle s'acclimate et se rend à ses propres données.

Dire reviendrait à diminuer sa douleur en réussissant à l'exprimer. Il faudrait au narrateur cette patience de qui déjoue les pièges d'une vérité qui sans cesse se dérobe pour se retrouver en dernière instance lui-même. La douleur, en nous déchirant, nous mettrait à distance de nous-mêmes et de cette aliénation, le récit serait dialectiquement vainqueur en restaurant l'unité perdue d'un sujet morcelé par la douleur qui le nie. Ce narrateur ne manquerait pas d'une confiance ancestrale, mythique peut-être, dans le pouvoir de la compréhension qui s'approprierait l'étrangeté d'un mal sourd en en faisant l'épisode momentanément abscons de notre destin, qui nous aveugle pour autant que nous avons du mal à l'entendre.

Mais c'est à une autre aventure que nous invite *Le Lac de caresse*. Le moi s'y expose, que la douleur d'amour affaiblit, avive tout autant, désespère et taraude. Livré à l'insomnie et à l'incessant tourment, le moi s'en remet à la politesse d'une langue exquise et patiente qui renonce à l'assurance vulgaire et empressée d'un négoce contrôlé avec soi, où il s'agirait d'acheter sa quiétude et sa force en payant hâtivement son tribut à la raison. D'être l'esclave de sa douleur ne signifierait pas qu'il faille sans plus tarder s'en faire le maître par un patient jeu de forces qui calcule ses chances et rêve orgueilleusement son impossible conversion.

Il ne s'agirait nullement de retourner la situation à son avantage mais de la vivre dans l'infinie désolation d'une attente, dans la déréliction attentive de qui veut suspendre sa douleur sans renoncer pour autant à ce que recèlent d'incontrôlable, d'inouï et de profondément humain ses précieuses faiblesses, sans vouloir non plus se complaire dans une servilité abandonnée et doloriste. Plutôt que l'affirmation glorieuse d'un moi qui retrouve son empire sur soi et recourt au discours comme à la preuve d'une maîtrise recouvrée, mieux vaut l'humilité précautionneuse et hésitante de qui sait le bonheur fragile et l'équilibre précaire, et qui confie à une langue églogale et douce le soin d'en panser les plaies : « Mais renonce, je t'en conjure, fils des Hommes Semés, à cette déplorable ambition d'être toi-même, sinistrement petite-bourgeoise, et qui va ruiner ton destin symbolique » (page 76).

À la capitalisation patiente de ses souffrances, qui de la patience fait une vertu laborieuse œuvrant par l'expérience à l'enrichissement de soi grâce à une exploitation de sa douleur et à une redéfinition toujours plus exacte d'une identité qui se soumet l'aléa comme monnaie d'échange de la certitude, ne faudrait-il pas opposer le désœuvrement patient d'un moi qui, dans la défaite du sujet, reconnaît l'échec du discours et la naissance d'une autre forme de récit que le sens n'oriente plus vers sa fin, et qui de la patience fait une vertu appauvrissante que seul tente le rien, et qui de la prose, si c'est là sa tentation, voudrait faire « une prose de rien ».

À l'écriture qu'obsède un sens en mal de littéralité, qui voudrait transformer le latent en manifeste, et qui souhaite intégrer tout ce qui s'en échappe, cette autre forme de patience opposerait l'extraction de la douleur comme sa mise en exergue. À une première modalité de la patience, qui chercherait à combler le vide qu'occasionne en nous la douleur en l'emplissant d'un sens qui lui corresponde et fasse disparaître le vertige que nous ressentons à ses bords, « ... le sens, avec sa prodigieuse horreur du vide, a tôt fait de se tendre, s'étendre, se bercer, prendre ses aises » (page 69), Renaud Camus oppose une autre modalité de la patience qui fuit le sens et ouvre le vide plus largement encore au point que la langue écarte ses mots comme les bords d'une plaie, que le texte se troue et laisse à eux seuls certains mots qui prennent alors sur eux de ne plus cimenter une prose que le sens solidifiait déjà : « Plus porte que la porte la

''porte'', ou bien la

porte,

c'est-à-dire celle qu'un églogal amour a tiré du discours sans césure d'exister,... qu'un désir d'ornement, de liberté, de lumière ou de solitude a souhaité ouvrir dans le tissu des jours, ou dans la plate maçonnerie de durer... » (pages 71-73).

Au point de vue discursif, rétrospectif et totalisateur de qui veut faire par le récit retour sur soi pour qu'il s'assemble, se ressemble et se restaure dans une authenticité sincère qui résorberait l'écart que la douleur a creusé en lui, ce que sous une certaine forme fait l'autobiographe qui cherche à résoudre les fractures en se racontant, Renaud Camus opposerait une écriture qui participe à la douleur en respectant le suspens qu'elle impose au temps de la vie comme à la temporalité du récit, par là même au sens, et qui donc ne masque plus l'effondrement du sujet. Se reconfigurent par là même et le sujet et son récit, une autre forme de parole, que deux citations peuvent esquisser, deux citations qui nous inviteront à une redéfinition de la patience comme à une attitude différente devant la vie.

Du récit d'abord : « ... c'est une histoire quand bien même elle n'irait nulle part, elle non plus ; un récit que je fais, ou du moins que j'évoque, et dont je ne saurais être à la fois l'auteur et l'un des personnages. Qui plus est, qui moins est, c'est un récit mal engagé, qu'on ne parvient pas à comprendre très nettement... » (page 75).

Du sujet ensuite : « Le sujet fait du surplace, remarquait jadis à propos de leur narrateur, le préfacier de petits récits semblablement obstinés, à leur manière... Il n'est plus ce fil doit tendu vers un sens éternellement à venir, ou du moins à perfectionner, à préciser, affiner, mais plutôt une façon de pelote en spirale, passablement entremêlée ; non pas la cible, ni la flèche, mais plutôt une vibration de la corde, sa tension, sa détente » (page 31).

L'une des définitions classiques de la patience est d'accepter de se mettre à l'épreuve du temps, de ne pas vouloir en accélérer le cours, d'en tolérer pudiquement les rythmes, les accélérations, voire les précipitations, les ralentissements, voire les immobilisations. Ne pas faire prévaloir notre orgueilleuse volonté qui voudrait que le monde consonne avec elle et la suive serait au moins un début de sagesse. L'homme patient sait attendre. Il sait aussi, pas à pas, arriver à ses fins. Le monde ne s'est pas fait en un jour. Il croit encore à l'histoire : c'est dire qu'il faut, d'une part, enchaîner les épisodes pour qu'elle se construise et finisse par signifier qu'un destin se trace, celui d'un homme comme celui de l'humanité, d'autre part que le temps s'oriente progressivement vers un sens, le sens de la marche, de la marche du temps, toujours plus complexe et qui tient compte de tout ce qui s'y inscrit et que nous ne savons pas toujours lire.

La sagesse consisterait à renoncer à la prétention de vouloir tout comprendre et tout formuler mais elle consisterait aussi à ne pas se départir d'une confiance dans le sens que nous ne savons pas trouver, posant inversement que la folie serait d'en douter, d'en désespérer et ne plus tenter de le dire. L'échec du récit serait encore la victoire du sens, la tentation du sens, le début d'un récit présumé.

À l'attente patiente d'un sens à venir, Renaud Camus propose l'alternative d'un récit mis en attente, immobile et profond, celui d'un homme qui, déchiré par le mal d'amour, mis à l'écart de lui-même, se préserverait, volontairement dédoublé, et qui déléguerait à l'autre qui écrit, son frère et son sauveur, le difficile soin de suspendre la douleur sans en témoigner autrement qu'en se chargeant de l'enchevêtrer à une surface diaprée de mots, où elle s'enlise et s'entremêle sous la forme tue d'un vide prenant figure de silence, d'espace où le sens continue à faire sens en se libérant de lui-même comme par défaut de vérité, et qui n'aurait comme recours que d'être enserré par des souvenirs, des fragments de récits, des citations, ou que lui-même d'en enserrer les contenus fugitifs. Ici, le sens fait sens par une pratique originale de la citation dont le protocole, nous le savons, est le guillemet.

« ... c'était le très sage projet de mon double si prudemment guillemetté, d'enchevêtrer le plus de blanc possible au plus petit nombre concevable de lettres... » (page 27).

Risquons-nous, dès lors, à penser une autre forme de patience qui n'est plus celle qui œuvre mais celle qui désœuvre. L'une s'inscrit dans l'être et le sens, l'autre se refuse à l'être et au sens. Mais où pourrait-elle se refuser sinon au cœur même d'une œuvre ? Imaginons donc cette œuvre paradoxale qui œuvre à son désœuvrement et nous obtenons ce livre étrange, *Le Lac de caresse*, ce livre de rien où l'autrement qu'être s'enchâsse à l'être.

Ce serait le livre d'un homme qui « ne pourrait plus supporter d'émettre le moindre sens » (page 9), d'un homme qui souffrirait d'amour et dont la suffisance d'une signification trouvée, d'un sens arrimé ne rendrait plus compte de la dérive. Car, si nous souffrons, c'est que le sens s'en est allé, et s'il nous manque, ce n'est pas qu'il nous faille le trouver mais qu'il nous faille en accepter le défaut et l'écart fondateur. Dans cette vacance de la douleur, rien ne se dit, et si nous lui arrachons des paroles, c'est que nous souhaitons parler à sa place. Il faudra, certes, beaucoup de patience pour donner une bouche à ce qui n'a pas de visage, pour donner figure à ce qui n'a pas de corps. Mais cette patience qui œuvre à la restauration d'un sens et qui voudrait convertir ce qui n'a plus d'être, la douleur, en ce peu d'être mais qui suffit, le sens hasardeux d'une souffrance, la consolation de l'effet pour une cause enfin trouvée, cette patience-là va trop vite encore, se refuse à la mesure de ce qui n'a plus d'être et qui peut-être se charge de nous dire que toutes les cohérences sont provisoires et les cohésions fragiles.

Est-ce à dire que nous devons sombrer dans l'aphasie d'une souffrance sans fond ? « Si d'écrire l'être et son chagrin les fige, les affecte, les fausse, les sophistique et les met à distance... ils ne sont eux-mêmes, eux, les objets de cette transmutation cabalistique, plus ou moins réussie, qu'une pose, une afféterie, voire une ombre, un fantôme, une création de l'esprit, un jeu de mots. » (page 33) ; si d'écrire l'être et son chagrin les fige, c'est que nous n'avons pas su faire preuve de cette forme la plus fine de la patience qui laisse au sens qui se retire le soin d'évider la forme trop pleine de nos évidences hâtivement conquises en discours tenu, c'est que nous avons voulu que le sens nous déleste de notre poids de souffrance informulable, c'est que nous n'avons pas su prendre sur nous la douleur qui nous enrichit d'une absence. N'est-ce pas pour nous confier cela que Renaud Camus convoque en son texte cette citation d'Yves Bonnefoy, entendue comme son cœur battant : « Quand nous avons à défier l'absence d'un être, le temps qui nous a dupé, le gouffre qui se creuse au cœur même de la présence, ou de l'entente, que sais-je, c'est à la parole que nous venons comme à un lieu préservé. Le mot est l'âme de ce qu'il nomme... »

Ce qu'appelle Renaud Camus par l'intercession du poète, c'est la patiente dévastation de la suprématie du logos, du discours organisé selon les lois d'une raison souveraine, qui à tout veut donner un sens pour ne pas perdre en pouvoir. Ce qu'il oppose au discours tenu, c'est la parole ouverte, c'est la voix donnée à ce qui au fond de nous murmure qu'elle n'en veut plus, une voix si pudique et si discrète qu'elle s'efface dans le texte qu'elle écrit, dans des blancs, dans des vides, dans des mots qu'elle choisit d'esseuler, d'isoler, dans des citations qu'elle emprunte, dans des fragments de vie qu'elle assemble. « S'il ne s'agissait que de ne pas dire, afin de ressentir un peu moins, mais cependant d'écrire, afin de garder forme un peu plus... » (page 27).

Et pourtant « ...il ne trouverait de secours à son effarouchée déréliction, qu'en l'obsédante idée d'écrire ; et d'écrire au sens le plus plein, même, et le plus solennel, je veux dire d'écrire un *livre*, si mince soit-il... » (page 10). Loin de discourir à n'en plus finir sur la douleur qui nous accable en la confiant au lecteur dans un élan de sincérité qui va droit au but et l'accable à son tour, il s'agirait plutôt de s'en tenir à sa douleur dans un « texte immobile ». « Il conviendrait alors qu'il se creusât, plutôt que de s'allonger. Dans les deux cas, bien sûr, son volume s'accroît. Mais au lieu que dans l'un, s'étirant avec les jours qui passent, il se tend vers un hypothétique ailleurs du temps, qui ne peut être qu'un ailleurs de lui-même, dans l'autre qu'on envisage ici, s'écartant pour le neuf, l'aléa, l'antithétique et le scrupule, il s'en pénètre sans bouger, buté dans un autre refus, d'avancer autant que de dire. C'est qu'avançant, bien sûr, il est contraint de dire beaucoup, bavard à force d'immobilité. » (page 31).

Ainsi, la plus extrême patience saurait-elle laisser faire à rebours d'une patience cursive et industrieuse qui tisse au jour le jour son ouvrage. Loin de tendre vers un sens construit, « il ne pourrait plus supporter d'émettre le moindre sens » (page 9), l'écrivain tendrait le texte comme une toile où tout ensemble se donneraient à lire les figures inoubliables de ce qui fut, ce qu'on a vécu, pensé, lu, entendu, autant de motifs esquissés, et la douleur d'amour, l'oubli de soi où elle nous plonge puisqu'elle nous défait d'une identité qui nous aurait encore assuré la sincérité et sa prise. « ... que la sincérité l'emporte, que le sens assure définitivement sa prise élémentaire, que la rhétorique rende l'âme et que prendre un repas ne soit plus en effet que *manger*, comme ils disent, alors, je, je, je *je* ne verra pas la fin de cette nuit. » (page 75).

Le risque est grand que, pour y voir clair, nous nous empressions de donner un sens à ce que nous souffrons dans la confession sincère que nous en faisons. Dessinant un motif, un sens qui obstrue le sens, nous renonçons au vide qui le soutient et où le sens patiemment fait sens, sens offert et immaîtrisable de la douleur. « Comment se soustraire un moment au sens sans choir, aussitôt, dans le non-sens son double, son revers, son frère, sa garantie bancaire, son ballon d'oxygène, son rictus, son sens ? Comment enclore de la vacuité vraie parmi les colonnes de mots ? » (page 67). Comment, sinon en trouvant la patience de faire place entre les mots à ce que sur leurs bords il se dit sans nous, entre les phrases, entre quelques échappées de récit ? Comment, sinon en trouvant la patience de parler pour ne rien dire ?

Exquise politesse de celui qui tait sa douleur au sein de sa parole, la citant à comparaître au lieu de s'exposer, tissant, phrase après phrase, les vides qui les lient, les lacunes qui les trouent. Subtile patience de qui sait qu'il faut payer de son *être* sa personne pour qu'il n'en soit rien de la douleur. Il suffirait de parler de choses et d'autres, les mélangeant les unes aux autres, pour qu'entre elles le vide se charge de nous alléger de notre souffrance. « Mots j'entrelace, pensif, pensant… » dit Raimbaut d'Orange. Dans l'entrelacement, pris dans son lacis de lettres, nous trouvons un lac : « Moi-même, ç'aurait été la première parole qui me serait venue, sans doute, à la bouche, à la plume, à l'esprit, si j'avais voulu ne rien dire, et cependant parler, montrer, graver, décrire. » (page 49).

Pour que pensant nous restions pensifs, il faut que nous restions suspendus à nos lèvres, comme si une parole allait encore venir qui ne viendra jamais, celle que nous avons commencé à citer et que nous taisons patiemment, pour laquelle nous avons ouvert des guillemets que nous ne fermerons jamais parce que ici, ne l'oublions pas, pour garder une âme ici doit manquer à lui-même, « L'âme est le mot de ce qui manque, le nom de ce qui se creuse, la lettre centrale, ronde et bien gardée, mais ouverte, fêlée, d'un ici crevassé, dès l'origine mal convaincant, dès la béante et très mal convaincante origine. » (page 70). Maintenant, nous souffrons patiemment, « Offrons-nous réciproquement une vacance, une lacune, une solution de continuité, dans l'entrelacs trop serré de vivre entre nos pairs ».

Guy Walter

Orientations bibliographiques

Peu de livres traitent explicitement *de la patience, cependant, outre ceux mentionnés dans chacun des articles, les titres suivants peuvent orienter la réflexion*

Sénèque, « De la vie heureuse », « De la constance du sage », « Lettre à Lucilius » in *Les Stoïciens*, trad. E. Bréhier, Paris, Gallimard, La Pléiade, 1962.

Tertullien, *De la patience*, trad. J.-C. Fredouille, Paris, Cerf, 1984.

Saint Augustin, « De la patience », in *Œuvres de saint Augustin*, t. 2, *Problèmes moraux*, trad. G. Combès, Paris, Bibliothèque augustinienne, Desclée de Brouwer, 1948.

Maïmonide, « Épitre au Yemen » in *Épîtres*, trad. J. de Hulster, Lagrasse, Verdier, 1983.

Descartes, *Règles pour la direction de l'esprit*, trad. J. Sirven, Paris, Vrin, 1966 (particulièrement la règle 5).

H. Bergson, *L'Évolution créatrice*, Paris, PUF (1907).

E. Lévinas, « Les Vertus de patience » in *Difficile liberté*, Paris, Albin Michel, 2 éd., 1976.

E. Lévinas, *Autrement qu'être ou au-delà de l'essence*, La Haye, Nijhoff, 1974 (particulièrement les pages « Patience, corporéité et sensibilité »).

M. Blanchot, *L'Attente, l'oubli*, Paris, Gallimard, 1962.

M. Butor, *Patience*, Paris, Littérature métailé, 1991.

D. Buzzati, *Le Désert des Tartares*, Laffont, coll. Classiques pavillon, 1984.

Ishiguro, *Les Vestiges du jour*, trad. S. Mayoux, Paris, Bourgeois-poche, 1990.

M. Proust, *Le Temps retrouvé*, Paris, Gallimard, Folio, 1989.

Nouvelle Revue de psychanalyse, numéro 34 sur « L'attente », automne 1988.

Biographie des auteurs

Chantal Amiot — Philosophe et théologienne.

William Baranès — Philosophe et juriste, ancien élève de l'ENA.

Anne Baudart — Professeur agrégé de philosophie en classes de lettres supérieures. Maître de conférences à l'Institut d'études politiques de Paris. Coauteur avec Myriam Revault d'Alonnes : *La Nature ; Le Droit ; Le Langage ; La Liberté ; L'histoire,* « coll. Dia », Belin.

Farida Benlyazid — Scénariste marocaine. *Poupées de roseau*, réalisé par Jillali Permati, sélectionné par la Quinzaine des réalisateurs à Cannes, en 1981. Coscénariste de *Badis* réalisé par M. Abderahman Tazi, premier prix du festival de Khouribga en 1898. Scénariste et réalisatrice de *Une porte sur le ciel*, troisième prix du festival d'Annaba. A participé à *Maroc, signes de l'invisible*, Autrement, 1990.

Christian Bobin — Écrivain, a publié en 1991 *La Vie passante* (Fata Morgana) ; *L'Autre Visage* (Lettres vives) ; *Une petite robe de fête*, Gallimard ; *La Merveille et l'obscur* (Paroles d'Aube).

Gérard Chaliand — Géopoliticien. A enseigné à l'ENA entre 1980 et 1989. A publié *Anthropologie mondiale de la stratégie, des origines au nucléaire*, Paris, Laffont, 1990 ; *De la persuasion de masse*, Paris, Laffont, 1992.

Catherine Chalier — Philosophe. A publié, entre autres, *La Persévérance du mal*, Cerf, 1987 ; *L'Alliance avec la nature*, Cerf, 1989 ; *L'Histoire promise*, Cerf, 1992.

Anne-Marie Debarbieux — Professeur certifié de lettres classiques. Publication en 1990 d'un « poème autobiographique », réflexion et témoignage sur la vie avec Xavier, enfant trisomique : *Son ombre nous éclaire*, Nouvelle Cité. Secrétaire sur le secteur de Roubaix du GEIST (Groupe d'étude pour l'insertion sociale des trisomiques 21).

Jacques Ellul

Professeur honoraire de droit, à Bordeaux, protestant. A publié quarante-deux livres, dont *La Technique ou l'enjeu du siècle*, Economica ; *Le Bluff technologique*, Hachette ; *La Raison d'être. Méditation sur l'Écclésiaste*, Le Seuil.

Danièle Gualda

Professeur de philosophie au lycée Louis-le-Grand, Paris.

Hubert Haddad

Écrivain. Dernières publications : *Oholiba des songes*, Table ronde, 1989 ; *Clair Venin du temps*, Dumerchez, 1990 ; *Saintes Beuveries*, José Corti, 1991 ; *Le Secret de l'immortalité*, Criterion, 1991.

Marc-Alain Ouaknin

Rabbin et docteur en philosophie. Dirige le centre de recherches et d'études juives ALEPH (Paris). Est l'auteur, notamment, du *Livre brûlé, lire le Talmud*, Lieu Commun, 1986 ; *Lire aux éclats, éloge de la caresse*, Lieu Commun, 1989 ; *Concerto pour quatre consonnes sans voyelles*, Balland, 1991.

Betty Rojtman

Directrice du département de langue et de littérature française de l'université hébraïque de Jérusalem, où elle est professeur de littérature française depuis 1985.
A publié : *Feu noir sur feu blanc, essai sur l'herméneutique juive,* Lagrasse, Verdier, 1986 ; *Formes et signification dans le théâtre de Beckett*, Paris, Nizet, 1987, 2e édition ; *Une grave distraction*, préface de Paul Ricœur, éd. Balland, 1991.

Marie-Claude Tarnero-Pansart

Psychanalyste.

Bertrand Vergely

Professeur de philosophie. A publié des articles dans des revues de philosophie. Traduction du *Mythe de l'État* de Cassirer, Gallimard.

Elizabeth Visuvalingam

Docteur en ethnologie. PHD de philosophie indienne (Bénarès, Hindu University, 1983). Terrain en Inde du Nord et dans la vallée de Kathmandou entre 1984 et 1989.
A publié : « Bhairava Kotwal of Varanasi » in *Varanasi through the Ages*, Bharatiya Itihas Sankalan Samiti Publication, 1986, Varanasi ; « Bhairava's royal Brahmanicide : The Problem of the Mahabrahmana » in *Criminal gods and demon Devotees*, Alf Hiltebeitel, State University of New York Press, 1989, p. 157-229.

Guy Walter

Directeur artistique de l'unité de recherches contemporaines de la Villa Gillet à Lyon. Poèmes publiés dans *L'Ire des Vents. Poésie*, 1990. Articles sur Edmond Jabès (actes du colloque de Cerisey) et Emmanuel Lévinas (L'Herne).

Table des matières

Déjà parus dans la même collection

La Fidélité. Un horizon, un échange, une mémoire.
N° 1. Dirigé par Cécile Wajsbrot.

La Politesse. Vertu des apparences.
N° 2. Dirigé par Régine Dhoquois.

L'Honneur. Image de soi ou don de soi : un idéal équivoque.
N° 3. Dirigé par Marie Gautheron.

Le Pardon. Briser la dette et l'oubli.
N° 4. Dirigé par Olivier Abel.

La Tolérance. Pour un humanisme hérétique.
N° 5. Dirigé par Claude Sahel.

Le Courage. En connaissance de causes.
N° 6. Dirigé par Pierre Michel Klein.

À paraître dans la même collection

L'Humilité.
N° 8. Dirigé par Gaëtane Lamarche-Vadel.

La Pudeur.
N° 9. Dirigé par Claude Habib.

Éditions Autrement

Directeur-rédacteur en chef : Henry Dougier. *Rédaction :* Béatrice Ajchenbaum-Boffety. Jean-Claude Béhar. Nicole Czechowski. Chantal Dahan. Richard Figuier. *Fabrication/Secrétariat de rédaction :* Bernadette Mercier, *assistée de* Hélène Dupont. *Maquette :* Patricia Chapuis. *Service financier :* Éric Moulette. *Gestion et administration :* Anne Allasseur. Agnès André. Hassina Mérabet. Christian Da Silva. *Service commercial :* Jean-François Platet. *Attachée de presse :* Magalie Cornetto.

Abonnements au 1er janvier 1992 : la collection « Morales », complémentaire des Séries « Monde », « Mutation », « Mémoires » et « Sciences en société » est vendue à l'unité (98 F par ouvrage) ou par abonnement (France : 315 F ; Étranger : 370 F) de 4 titres par an. L'abonnement peut être souscrit auprès de votre libraire, ou directement à Autrement, Service abonnements, 4, rue d'Enghien, 75010 Paris. Établir votre paiement (chèque bancaire ou postal, mandat-lettre) à l'ordre de NEXSO (CCP Paris 1-198-50-C). Le montant de l'abonnement doit être joint à la commande. Veuillez prévoir un délai d'un mois pour l'installation de votre abonnement, plus le délai d'acheminement normal. Pour tout changement d'adresse, veuillez nous prévenir avant le 15 du mois et nous joindre votre dernière étiquette d'envoi. Un nouvel abonnement débute avec le numéro du mois en cours.
Vente en librairie exclusivement. Diffusion : Éditions du Seuil.

Directeur de la publication : Henry Dougier, Revue publiée par Autrement
Comm. par. 55778. Corlet, Imp. S.A., 14110 Condé-sur-Noireau. N° 2813.
Dépôt légal : mars 1992
ISSN : 1154-5763.
ISBN : 2-86260-363-5. *Imprimé en France*